Ulrike Zenk, Hatice Gündoğdu

Interkulturelle Kompetenz und praktische Integration

Kulturelle Umwelten

1. Auflage

Bestellnummer 51003

Haben Sie Anregungen oder Kritikpunkte zu diesem Produkt?
Dann senden Sie eine E-Mail an 51003_001@bv-1.de.
Autorinnen und Verlag freuen sich auf Ihre Rückmeldung.

www.bildungsverlag1.de

Bildungsverlag EINS GmbH
Hansestraße 115, 51149 Köln

ISBN 978-3-427-**51003**-1

© Copyright 2011: Bildungsverlag EINS GmbH, Köln
Das Werk und seine Teile sind urheberrechtlich geschützt. Jede Nutzung in anderen als den gesetzlich
zugelassenen Fällen bedarf der vorherigen schriftlichen Einwilligung des Verlages.
Hinweis zu § 52 a UrhG: Weder das Werk noch seine Teile dürfen ohne eine solche Einwilligung eingescannt und
in ein Netzwerk eingestellt werden. Dies gilt auch für Intranets von Schulen und sonstigen Bildungseinrichtungen.

Inhaltsverzeichnis

Grußwort 4

Vorbemerkungen 5

1 Ausgangssituation: Die Lage der Integration in Deutschland 7

2 Interkulturelle Kompetenz 13
2.1 Praktische Anregungen 14
2.2 Welche Kompetenzen umfasst „interkulturelle Kompetenz"? 17
2.3 Interkulturelle Kompetenz in der Erzieherausbildung 22
2.4 Interkulturelle Kompetenz in der Bildungsförderung
    für Kinder von 0 bis 10 Jahren 23

**3 Entwicklungsprozesse bei Kindern und Jugendlichen mit
    Migrationshintergrund aus dem bildungsbenachteiligten Milieu** 27
3.1 Der Ansatz der Individualpsychologie Alfred Adlers 28
3.2 Der migrationspädagogische Ansatz von Ahmet Toprak 39
3.3 Der biografische Ansatz von Jan I. Kızılhan 50
3.4 Der lebensweltliche Ansatz von Ursula Boos-Nünning
    und Yasemin Karakaşoğlu 53

4 Entwicklung eines pädagogischen Handlungskonzeptes 65
4.1 Elternkooperation und Stärkung der Erziehungskompetenz der Eltern 68
4.2 Sprachförderung und Förderung der Zweisprachigkeit 76
4.3 Verstehensorientierte Handlungskompetenz 84
4.3.1 Prinzipien der Ermutigung 84
4.3.2 Biografiearbeit 87
4.3.3 Reflexion der Werte 91
4.4 Lenkende Handlungskompetenz 98
4.4.1 Regeln, Grenzen, Konsequenzen 100
4.4.2 Konfrontative Gesprächsführung 104

5 Anhang 119
5.1 Grafiken und Diagramme: Ergebnisse der Messung von Integration 120
5.2 Textauszüge aus: Ungenutzte Potenziale. Zur Lage
    der Integration in Deutschland, Berlin, 2009 126
5.3 Lernsituation mit Prüfungsaufgabe, Erwartungshorizont und Lösung ... 129

Literaturverzeichnis 142

Bildquellenverzeichnis 151

Sachwortverzeichnis 152

Grußwort

Menschen aus Zuwandererfamilien bereichern unser Land mit ihren vielfältigen Erfahrungen und ihrer kulturellen Vielfalt. Viele von ihnen sind in Schule, Ausbildung und Beruf erfolgreich. Im Vergleich zu Einheimischen haben junge Migrantinnen und Migranten im Bildungssystem jedoch häufiger mit Problemen zu kämpfen. Jugendliche mit Migrationshintergrund verlassen die Schule fast doppelt so häufig ohne Abschluss wie Jugendliche ohne Migrationshintergrund. Aber: Die jüngste PISA-Studie zeigt, dass sie aufholen.

Bildung ist der Schlüssel zur Integration und die Voraussetzung für den sozialen Aufstieg – deshalb sollten wir alles tun, um die Bildungschancen dieser jungen Menschen zu erhöhen. Zahlreiche Sozialpädagoginnen und -pädagogen haben die Herausforderung bereits angenommen: In ihrer Tätigkeit betreuen, beraten und motivieren sie einzelne Personen, Familien oder Personengruppen in schwierigen Situationen. Sie unterstützen Kinder und Jugendliche aus Zuwandererfamilien beispielsweise dabei, die deutsche Sprache zu erlernen, ihre schulischen Leistungen zu steigern oder einen Ausbildungsplatz zu finden. Darüber hinaus helfen sie ihnen, die Kultur unseres Landes kennenzulernen sowie neue Kontakte zu knüpfen. Interkulturelle Kompetenz ist für all dies unerlässlich und daher ein wichtiger Ausbildungsinhalt.

Die Autoren des vorliegenden Lehrbuches haben es sich zur Aufgabe gemacht, das Engagement der sozialpädagogischen Fachkräfte zu unterstützen und die interkulturellen Kompetenzen für Ihre Arbeit anzuregen.

Ich wünsche Ihnen, liebe Leserinnen und Leser, eine interessante und motivierende Lektüre!

Mit freundlichen Grüßen

Staatsministerin Prof. Dr. Maria Böhmer
(Die Beauftragte der Bundesregierung für Migration, Flüchtlinge und Integration)

Vorbemerkungen

In diesem Buch wird von Erziehern gesprochen. Auch alle anderen Funktionsbezeichnungen, die im Sinne der Lesbarkeit in der maskulinen Form verwendet werden, schließen stets Frauen und Männer ein.

Die Autorinnen beziehen sich in diesem Buch auf die Erzieherausbildung in NRW und das Unterrichtsfach (Natur und) Kulturelle Umwelten sowie auf die Grundsätze zur Bildungsförderung für Kinder von 0 bis 10 Jahren in NRW (2010).

Die Beispiele in diesem Lehrbuch enthalten kulturelle Muster. Kulturelle Muster sind mehr oder weniger weit verbreitet, haben aber keine Allgemeingültigkeit, da Menschen derselben kulturellen Zugehörigkeit nicht homogen sind, sondern sich untereinander wiederum unterscheiden. Ihre Handlungsweisen werden von kulturellen, aber auch noch von sozialen, wirtschaftlichen, regionalen und individuellen Faktoren beeinflusst. Innerhalb einer Kultur entstehen „soziale Milieus" oder „Subkulturen". Kulturen sind dynamisch und veränderbar. Die handelnden Personen in den Beispielen sind anonymisiert.

Das Buch verfolgt die folgenden Ziele:

- Es soll die interkulturelle Kompetenz und Engagiertheit der sozialpädagogischen Fachkräfte fördern und der Gefahr kultureller Zuschreibungen und weiterer Diskriminierungen entgegenwirken.
- Es soll mithilfe zahlreicher Beispiele kulturelle Muster in der Besonderheit einer konkreten situationsbezogenen Handlung veranschaulichen und Lebenswelten der Kinder und Jugendlichen mit Migrationshintergrund erfahrbar machen.
- Es soll Risikofaktoren und Ressourcen in den Entwicklungsprozessen von Kindern und Jugendlichen mit Migrationshintergrund verdeutlichen.
- Es soll an den Lebenswelten der Kinder und Jugendlichen mit Migrationshintergrund orientierte und bedarfsgerechte Ansätze pädagogischen Handelns für die sozialpädagogische Praxis aufzeigen, mit dem Ziel, die kindlichen Potenziale und schöpferischen Kräfte für ihren Prozess der Selbstverwirklichung zu nutzen.

Das Buch richtet sich an folgende Zielgruppen und Institutionen:

- Fachschulen für Sozialpädagogik
- Sozialpädagogen, Sozialarbeiter, Lehrer
- Fachkräfte der Jugendhilfe
- Migrationssozialdienste, Jugendmigrationsdienste
- Migrantenselbstorganisationen
- Fachöffentlichkeit

Zu den Autorinnen

Hatice Gündoğdu, 1978 als Kind einer türkischen Einwandererfamilie in Duisburg-Marxloh geboren. Ihre Eltern stammen aus der Schwarzmeer-Region. Sie absolvierte das Lehramtsstudium der Fächer Deutsch und Türkisch an der Universität Duisburg-Essen. Nach ihrem Referendariat nahm sie 2006 die Unterrichtstätigkeit am Gertrud-Bäumer-Berufskolleg des Märkischen Kreises auf, ist Klassenlehrerin der Integrationsklassen und Mitglied des Arbeitskreises Integration.

Ulrike Zenk, Jahrgang 1952, studierte Erziehungswissenschaften, Psychologie und Soziologie. Sie promovierte an der Westfälischen Wilhelms-Universität in Münster über den kindlichen Erwerb der kommunikativen Kompetenz. Seit 1978 arbeitet sie als Lehrkraft in der Ausbildung von Erziehern in Berlin und am Gertrud-Bäumer-Berufskolleg des Märkischen Kreises. Ihren außerunterrichtlichen Schwerpunkt hat sie im schulischen Arbeitskreis Integration.

1 Ausgangssituation:
Die Lage der Integration in Deutschland

PISA-Ergebnisse belegen allgemein, dass ein erfolgreicher Bildungsprozess im deutschen Bildungssystem maßgeblich von der sozialen Herkunft und dem familiären Bildungshintergrund abhängt. PISA 2006 weist zudem große Leistungsunterschiede zwischen einheimischen Schülern und Schülern mit Migrationshintergrund nach. Bei Migranten der zweiten Generation ist der Abstand zu einheimischen Schülern so groß wie in keinem anderen OECD-Land (vgl. OECD, Berlin, 2006). Daher verständigte sich die Bundesregierung in einem „Nationalen Integrationsplan" 2007 auf eine nachhaltige Integrationspolitik.

Dieses Lehrbuch soll Sozialpädagogen qualifizieren, die Integration der in Deutschland lebenden Migranten zu verbessern. Der Erwerb **interkultureller Handlungskompetenz** hat vorrangig das Ziel, die ungenutzten Potenziale zu nutzen.

„Verschiedenheit eröffnet Chancen des Kennenlernens unterschiedlicher Lebenswelten, die Akzeptanz des Anderen in seiner Besonderheit, den Abbau von Vorurteilen etc. Hieraus ergibt sich eine unvermeidliche Orientierung am einzelnen Kind, seinen Stärken und Entwicklungspotenzialen. Vor diesem Hintergrund gilt es, Bildungsbegleitung und -förderung von Kindern so zu gestalten, dass beeinträchtigende Unterschiede weitestgehend ausgeglichen werden."
(Grundsätze zur Bildungsförderung, 2010, S. 29)

Migranten sind Menschen, die eine eigene oder eine familiäre Zuwanderungsgeschichte haben. Bei wie vielen Generationen immer noch von Migranten gesprochen wird, das ist eine Frage der Definition. Es gibt eingebürgerte Migranten (Deutsche) und nicht eingebürgerte (Ausländer).

Den Prozess der Integration beschreibt das Bundesamt für Migration und Flüchtlinge (2010) auf seinem Integrationsportal folgendermaßen:

„Integration ist ein langfristiger Prozess. Sein Ziel ist es, alle Menschen, die dauerhaft und rechtmäßig in Deutschland leben, in die Gesellschaft einzubeziehen. Zuwanderern soll eine umfassende und gleichberechtigte Teilhabe in allen gesellschaftlichen Bereichen ermöglicht werden. Sie stehen dafür in der Pflicht, Deutsch zu lernen sowie die Verfassung und die Gesetze zu kennen, zu respektieren und zu befolgen."
(Bundesamt für Migration und Flüchtlinge, 2010)

Das Berlin-Institut für Bevölkerung und Entwicklung betont den gegenseitigen Prozess erfolgreicher Integration:

> ### Definition
> *„Integration lässt sich allgemein als ein gegenseitiger Prozess der Angleichung zwischen Menschen mit Migrationshintergrund und der schon ansässigen Bevölkerung beschreiben. Dieser Prozess muss mit einer Öffnung der Aufnahmegesellschaft sowie dem Integrationswillen der Migranten einhergehen. Annäherungen sind dabei vor allem beim rechtlichen und sozialen Status, dem Bildungsstand, der*

Erwerbsbeteiligung, dem Einkommen und dem gesellschaftlichen Engagement anzustreben" (Berlin-Institut, 2009, S. 9).

> *Merksatz*
> *Integration umfasst in vier Bereichen folgende Integrationsleistungen (vgl. Toprak, 2010, S. 161):*
> - *Soziale Integration: Eingliederung in private Sphären der Mehrheitsgesellschaft, z. B. Freundschaften, Lebenspartner, Peergroup, Vereine*
> - *Kulturelle Integration: Spracherwerb als Grundlage für Verständigungsprozesse, Entwicklung neuer kognitiver und kultureller Muster*
> - *Strukturelle Integration: Eingliederung der Migranten in Kerninstitutionen wie Wirtschaft, Arbeitsmarkt, Wohnungsmarkt, Bildungs- und Qualifikationssysteme, Zugang zur Staatsbürgerschaft*
> - *Identifikatorische Integration: Zugehörigkeitsgefühle der Migranten zur Aufnahmegesellschaft*

Der aktuelle Begriff der **Inklusion** (Einbeziehung) geht noch weiter als der der Integration: Während der Prozess der Integration auf ein bereits vorhandenes System von Gemeinschaftsleben abzielt, weist Inklusion darauf hin, dass der Einbezug einer Vielfalt von Kindern mit individuellen Fähigkeiten auch eine Veränderung des Gemeinschaftslebens erfordert, um den pädagogischen Auftrag der individuellen Förderung tatsächlich einlösen und Ausgrenzung verhindern und überwinden zu können.

Zur Erforschung der rund 15 Mio. Menschen mit Migrationshintergrund – das sind circa 20 % der Gesamtbevölkerung – hat das Berlin-Institut 2009 einen **Index zur Messung von Integration (IMI)** entwickelt, der mithilfe von 20 Indikatoren aus den Bereichen rechtlich-kultureller Assimilation, Bildung, Erwerbsleben und soziale Absicherung die Situation der Migranten im Vergleich zur deutschen Mehrheitsgesellschaft beschreibt. Im Anhang (5.1, Abb. 1–7) finden Sie einige Messungsergebnisse von Integration.

Die zweitgrößte Gruppe der Migranten bilden mit 3,4 % an der Gesamtbevölkerung Menschen mit türkeistämmigem Migrationshintergrund. Obgleich lediglich die Hälfte der 2,8 Millionen Menschen zugewandert ist und die andere Hälfte hier geboren, schneidet sie im Integrationsvergleich am schlechtesten ab (vgl. Berlin-Institut, 2009, S. 18). Diese Ergebnisse machen die Verbesserung von Integration notwendig:

- **Integration – eine Dringlichkeit in pragmatischer Hinsicht:** Für verfehlte Integration zahlt der Staat einen hohen Preis. Es ist nicht zu vertreten, dass junge Menschen so schlecht ausgebildet werden, dass ihre Potenziale später ökonomisch nicht genutzt werden und sie kaum etwas zur Volkswirtschaft beitragen können. Sowohl auf der Einnahmenseite (Steuern) wie auf der Ausgabenseite (Sozialversicherungen, Transfers wie Arbeitslosen- und Wohngeld, Kinder- und Erziehungsgeld, Renten und Pensionen, indirekte Ausgaben für das Bildungssystem, die Gesundheitsversorgung, die Exekutivorgane wie Polizei und Landesverteidigung) zahlt der Staat für die Folgen verfehlter Integration nach einer Studie der Bertelsmann Stiftung 2008 schätzungsweise zwischen 11,8 bis 15,6 Milliarden Euro pro Jahr (vgl. Berlin-Institut, 2009, S. 76).

- **Integration – eine Dringlichkeit in sozialer Hinsicht:** Neben dem fiskalischen erzielt Integration einen sozialen Gewinn. Eine Gesellschaft ist umso gesünder, je geringer ihre „Schere" ist, das heißt, je ausgewogener sie Einkommen verteilt (vgl. Wilkinson, 2001). Dadurch entfaltet sie starke soziale Bindekräfte und ein hohes Maß an Gemeinschaftssinn sowie einen großen sozialen Zusammenhalt. Die Menschen beteiligen sich an sozialen, ethischen und menschlichen Belangen der Gesellschaft und verfolgen gemeinsam umfassendere soziale Ziele.

- **Integration – eine Dringlichkeit in gesundheitlicher Hinsicht:** Richard Wilkinson sieht aufgrund breiter sozialepidemiologischer Untersuchungen am Trafford Centre for Medical Research der Universität von Brighton (GB) im sozialen Zusammenhalt den Schlüssel der gesundheitlichen Entwicklung. Der Grund: Menschen betrachten subjektiv Statusunterschiede als Spiegelbild innerer Werte, als Folge von Unzulänglichkeit, niedrigem Selbstwert, so als ob sie „aus einem selbst" erwüchsen, obgleich sie sich vielmehr aus niedrigem sozialen Status und fehlendem sozialen Zusammenhalt ergeben. Es kommt zu chronischem Stress und in der Folge zu Krankheiten sowie zu Gewalt und Kriminalität (vgl. Wilkinson 2001, S. 180 ff.).

- **Integration – eine Dringlichkeit in schulischer Hinsicht:** Integration ist ein Schulauftrag. Der schulische Integrationsauftrag ist in den Schulgesetzen formuliert. So heißt es zum Beispiel im Schulgesetz NRW von 2005, zuletzt geändert 2009, 1. Teil Allg. Grundlagen, 1. Abschnitt § 2 (10):

> „Die Schule fördert die Integration von SchülerInnen, deren Muttersprache nicht Deutsch ist, durch Angebote zum Erwerb der deutschen Sprache. Dabei achtet und fördert sie die ethnische, kulturelle und sprachliche Identität (Muttersprache) dieser SchülerInnen."

Fazit: Integration lohnt sich! Investitionen in erfolgreiche Integration erzielen langfristig hohe Gewinne für den Staat, das Gemeinwesen, für jeden einzelnen Menschen, und zwar mit und ohne Migrationshintergrund.

Bildung ist eine genauso wichtige Voraussetzung für eine gelungene Integration wie der offene Umgang der Mehrheitsgesellschaft mit den Migranten, um deren Potenziale für die Gesellschaft besser zu nutzen (vgl. Berlin-Institut, 2009, S. 8).

Im Fokus stehen in diesem Lehrbuch Kinder und Jugendliche aus dem bildungsbenachteiligten Milieu, zu denen in erster Linie Kinder und Jugendliche mit türkeistämmigem Migrationshintergrund zählen. Sie haben den größten Integrationsnachholbedarf.

Ein Gegenbegriff zur Integration ist die Assimilation. Assimilation ist ein einseitiger Prozess und meint die Anpassung oder Angleichung eines Individuums oder einer Gruppe an eine neue Umgebung, wobei die eigene kulturelle Orientierung aufgegeben, die ursprünglichen Identitätsmerkmale also verändert werden.

Aufgaben

1. Diskutieren Sie in Kleingruppen die im Anhang (5.1, Abb. 1– 7) abgebildeten empirischen Ergebnisse unter folgender Fragestellung: Welche Aufgabenstellungen ergeben sich für sozialpädagogische Institutionen? Tragen Sie Ihr Gruppenergebnis vor.

2. Erfassen Sie die grafische Darstellung im Anhang (5.1, Abb. 8) „Wie sich missglückte Integration etablieren kann" für einen Kurzvortrag in einem gut gegliederten Text.

3. Studieren Sie im Anhang (5.2) die Textauszüge zur Lage der Integration in Deutschland aus der Publikation „Ungenutzte Potenziale", herausgegeben vom Berlin-Institut für Bevölkerung und Entwicklung 2009 (den Link zur kompletten Publikation im PDF-Format finden Sie im Literaturverzeichnis). Stellen
Sie für die vier Schlussfolgerungen des Berlin-Instituts für eine erfolgreiche Integration (vgl. Ungenutzte Potenziale, Berlin-Institut, 2009, S. 83–86) konkrete Ideen in einem Ideen-Pool zusammen:
   a. Gruppenspezifische Konzepte: Stärken und Schwächen der einzelnen Herkunftsgruppen identifizieren
   b. Bildungssystem reformieren: Schulen als Integrationszentren
   c. Vielfalt nutzen: Parallelgesellschaften entgegenwirken
   d. Grundlagenwissen erweitern: Datenlage verbessern

4. Laden Sie das Jahresgutachten „Einwanderungsgesellschaft 2010" des Sachverständigenrates deutscher Stiftungen für Integration und Migration (SVR) mit Integrationsbarometer herunter (www.svr-migration.de). Das SVR-Integrationsbarometer misst die doppelseitige und interdependente Eigendynamik von Integrationsprozessen in der Einwanderungsgesellschaft durch die Analyse von Selbstbeschreibungen und wechselseitigen Zuschreibungen von Mehrheits- und Zuwandererbevölkerung.
   a. Je ein Studierender fasst eine der 15 Kernbotschaften des Sachverständigenrates (S. 13–26) prägnant zusammen und vermittelt diese anschließend an einer Station an Paare, die sich aus der Lerngruppe gebildet haben und die nun von Station zu Station ziehen (Zeitlimit: 10 Minuten pro Station). Jeder Stationsverwalter sammelt wichtige Nachfragen, Einwände, Kommentare und präsentiert diese im Zusammenhang mit seiner Botschaft in einer Abschlussrunde.
   b. Bereiten Sie in geeigneter Weise eine Präsentation der wichtigsten Aussagen und Zusammenhänge des Kapitels „Schule und Bildung" (S. 137–157) vor. Gegebenenfalls wählen Sie für Ihre Präsentation ein anderes Kapitel, das Ihr Interesse hervorruft.
   c. Fassen Sie die Ergebnisse des Integrationsbarometers (S. 29–62) zusammen und stellen Sie vergleichend Ihre subjektiven Empfindungen und Einschätzungen gegenüber.
   d. Nehmen Sie Stellung zu den Folgerungen aus dem SVR-Integrationsbarometer für Integrationspolitik und Integrationspraxis (S. 63 f.).

5. *Diskutieren Sie in einer Kleingruppe den Integrationsbegriff. Erarbeiten Sie in Form einer Mindmap die impliziten Forderungen an die Aufnahmegesellschaft (Mehrheitsgesellschaft) und an die Migranten (Minderheitsgesellschaft).*

6. *Grundlage der Integration ist unsere freiheitliche und demokratische Ordnung, die im Grundgesetz (GG) verfassungsrechtlich verankert ist. Studieren Sie die Grundgesetzartikel und begründen Sie, welche Artikel besondere Bedeutung im Rahmen der Integrationsdebatte haben.*

7. *Erstellen Sie eine Hausarbeit zum Thema: Fremdenfeindlichkeit und Gewalt (Literaturtipp: APuZ, Aus Politik und Zeitgeschichte, Beilage zur Wochenzeitung Das Parlament, hrsg. von der Bundeszentrale für politische Bildung, Heft 37, Bonn, 2007, S. 3–10 und 31–38).*

8. *Nehmen Sie Stellung zu folgender Aussage: „Ein Ich wird man nicht allein, ein Ich braucht ein Gegenüber, das antwortet. Niemand kann von sich aus Teil der Gesellschaft werden, wenn die Gesellschaft ihm keinen Platz anbietet. Das trifft in demselben Maß auf den Einheimischen zu wie auf den Dazukommenden. Kein Gesetz und keine Absichtserklärung wird eine Berührung ersetzen können, die der Betroffene für sein Wachsen und für das Verwachsen mit seiner Umgebung braucht."*
(Demirkan, 2008, S. 14 f.)

2 Interkulturelle Kompetenz

2.1 Praktische Anregungen

2.2 Welche Kompetenzen umfasst „interkulturelle Kompetenz"?

2.3 Interkulturelle Kompetenz in der Erzieherausbildung

2.4 Interkulturelle Kompetenz in der Bildungsförderung für Kinder von 0 bis 10 Jahren

2.1 Praktische Anregungen

Führen Sie zunächst ein paar praktische Übungen im Klassenverband durch, um alle Teilnehmer für interkulturelle Prozesse zu sensibilisieren.

1. In der Raummitte liegen auf einem Tuch mehrere Gegenstände. Hier ist der Schulort. Wählen Sie einen Spielleiter. Er stellt folgende Fragen und die Teilnehmer gruppieren sich entsprechend im Raum:
   - Wo wohnst du?
   - Wo hast du vor zehn Jahren gewohnt?
   - Wo bist du geboren?
   - Wo hast du im letzten Jahr Urlaub gemacht?
   - Wo wirst du im nächsten Jahr Urlaub machen?
   - Wo willst du in fünf Jahren leben?

2. Ein Teilnehmer beginnt, jemandem einen Ball zuzuwerfen, mit der Frage: Wo stehst du im Moment, was deine interkulturelle Kompetenz betrifft? Du hast 100 Punkte, schätze dich spontan ein und gebe ein kurzes Statement. Danach wird der Ball mit derselben Frage dem nächsten Teilnehmer zugeworfen.

3. Der Spielleiter hat mehrere Definitionen von „Kultur" mitgebracht. Er liest sie einzeln vor. Nach jeder Definition gibt es eine kurze Nachdenkpause und danach positionieren sich diejenigen, die der Definition zustimmen, links im Raum und die Nicht-Zustimmenden rechts. Es folgt die nächste Definition. Die Übung schließt mit einer Reflexionsphase ab.

4. Auf dem Boden liegt ein Plakat mit der Kulturpyramide in Anlehnung an Kluckhohn/Murray (s. S. 17): In der Spitze ist das „Ich", in der Mitte sind „Einige", unten „Alle". Es folgt eine kurze Auseinandersetzung und Reflexion in der Gruppe.

5. Ein Spielleiter sammelte im Vorfeld Bilder/Fotos mit ein bis zwei abgebildeten Menschen, z. B. aus Werbe-/Reiseprospekten und Katalogen. Er legt sie in Postkartengröße (ohne Werbung) in die Mitte eines Stuhlkreises. Die Teilnehmer wählen jeweils einen Partner. Jedes „Paar" nimmt ein Bild/Foto und hat nach einer kurzen Vorbereitungsphase die Aufgabe, dieses Bild/Foto zu „beschreiben". Nach jeder „Beschreibung" stellt der Spielleiter an die Gesamtgruppe folgende Fragen: War es eine Beschreibung oder eine Interpretation? Was ist Wahrnehmung?

6. Es werden zwei Gruppen (A und B) gebildet, die sich gegenübersitzen. Jede Gruppe erhält eine Aufgabenstellung:
   - A: „Eigene Kultur", was verbinden Sie damit? Welche Assoziationen werden hervorgerufen, wenn Sie an „eigene Kultur" denken? Sammeln Sie in der Gruppe in Form eines Brainstormings Ihre Ideen und schreiben Sie diese in Stichworten auf Karten. Ordnen Sie diese sinnvoll und präsentieren Sie sie nach circa 15 Minuten der anderen Gruppe.
   - B: „Fremde Kultur", was verbinden Sie damit? Welche Assoziationen werden hervorgerufen, wenn Sie an „fremde Kultur" denken? Sammeln Sie in Form eines

Brainstormings Ihre Ideen und schreiben Sie diese in Stichworten auf Karten. Ordnen Sie diese sinnvoll und präsentieren Sie sie nach circa 15 Minuten der anderen Gruppe.

7. Der Spielleiter hat ein Plakat vorbereitet. Darauf steht: „Empfundene Fremdheit führt zu Angst und Unsicherheit. In der Folge ist die Entwicklung von Überwindungsstrategien notwendig, das heißt konkret *interkulturelles Lernen*." Es folgen spontane Assoziationen und eine kurze Gruppendiskussion.

8. Der Spielleiter bringt einen DIN-A-3-Papierbogen, Aquarellfarben und viele Pinsel mit. Die Teilnehmer versammeln sich um den Papierbogen herum. Nun malt jeder nacheinander ein „Feld" aus, indem er Farbe, Form, Größe, Position selbst bestimmt. Es entsteht ein Aquarellbild. Die anschließende Bildbetrachtung soll der Gesamtgruppe helfen, die Frage zu klären: „Was bedeutet Integration?"

9. Eine Gruppenhälfte bleibt im Raum (A), die andere (B) verlässt ihn. Für das Aufeinandertreffen gibt der Spielleiter folgende Instruktionen: Gruppe A soll beim Aufeinandertreffen mindestens eine Armlänge Abstand halten, das Gesicht abwenden, jeden Blickkontakt vermeiden. Die hereinkommende Gruppe B soll „den Neuen" so nahe und dicht wie möglich kommen, sie an Arm und Schulter berühren, leicht umarmen, so oft wie möglich. Anschließend lässt der Spielleiter die Erfahrungen reflektieren und auf alltägliche Lebenssituationen übertragen.

10. Initiieren Sie ein dreitägiges Unterrichtsprojekt, ggf. klassenübergreifend mit einer anderen Klasse mit hohem Migrantenanteil. Thema: a) „Typisch deutsch – typisch türkisch" oder b) „Brücken bauen". Arbeitsauftrag: Stellen Sie in Kleingruppen künstlerische Produkte, z. B. Skulpturen, her. Kooperieren Sie mit Ihrer Stadtbücherei oder der Stadtverwaltung, um eine Ausstellung in geeignetem Rahmen zu organisieren. Laden Sie zwecks Öffentlichkeitsarbeit lokale Zeitungen ein. Jede Gruppe gibt ihrer Skulptur einen Titel und bereitet sich auf die Kunstpräsentation vor. Beispielhafte Projekt-Ergebnisse:

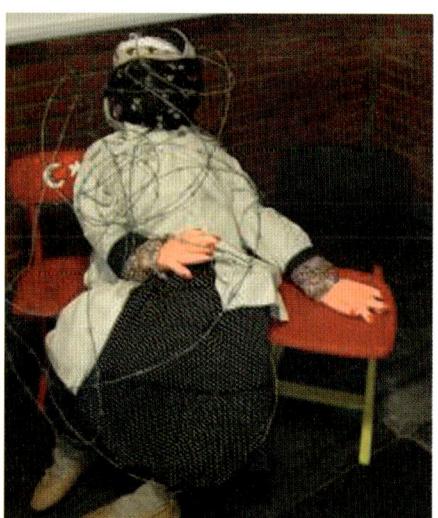

„Raus aus dem Schrott – rein in die Integration" von Anika Krugler, Charlene Kerpen, Cinja Turowski, Jessica Grund und Natascha Odebralski, Studierende des GBBK des MK, Projekt: Brücken bauen, 2009

„Zwischen den Stühlen" von Sara Berridy Y Fernandez und André Tumbrock, Studierende des GBBK des MK, Projekt: Typisch türkisch – typisch deutsch, 2008

11. Schlagen Sie in Ihrer Schule oder Einrichtung ein interkulturelles Türkei-Projekt vor. Lesen Sie Beispiele auf www.gertrud-baeumer-bk.de.

Interkulturelles Türkeiprojekt des GBBK des MK in Istanbul, 2007, Sultanahmet Camii (Blaue Moschee)

Interkulturelles Türkeiprojekt des GBBK des MK in Istanbul, 2007, Avrupa-Koleji (Europa-Kolleg)

Interkulturelles Türkeiprojekt des GBBK des MK in Istanbul, 2007, Kapalı Çarşı (Großer Basar)

Interkulturelles Türkeiprojekt des GBBK des MK in Kappadokien, 2008

Interkulturelles Türkeiprojekt des GBBK des MK in Kappadokien, 2008

Weitere empfehlenswerte Übungen zur interkulturellen Kompetenz finden Sie in Zimmermann-Kogel u. a., 2005, S. 58 ff., Viernickel u. a., 2009, S. 130 ff. und Handschuck u. a., 2004, S. 47 ff.

> *Interkulturelle Kompetenz ist allgemein die Fähigkeit, mit Menschen anderer Kulturkreise erfolgreich zu kommunizieren.*

Definition
Kultur wird in der Kulturanthropologie definiert als
„ein System von Konzepten, Überzeugungen, Einstellungen, Wertorientierungen, die sowohl im Verhalten und Handeln der Menschen als auch in ihren geistigen und materiellen Produkten sichtbar werden. Ganz vereinfacht kann man sagen: Kultur ist die Art und Weise, wie die Menschen leben und was sie aus sich selbst machen." (Maletzke, 1996, S. 16)

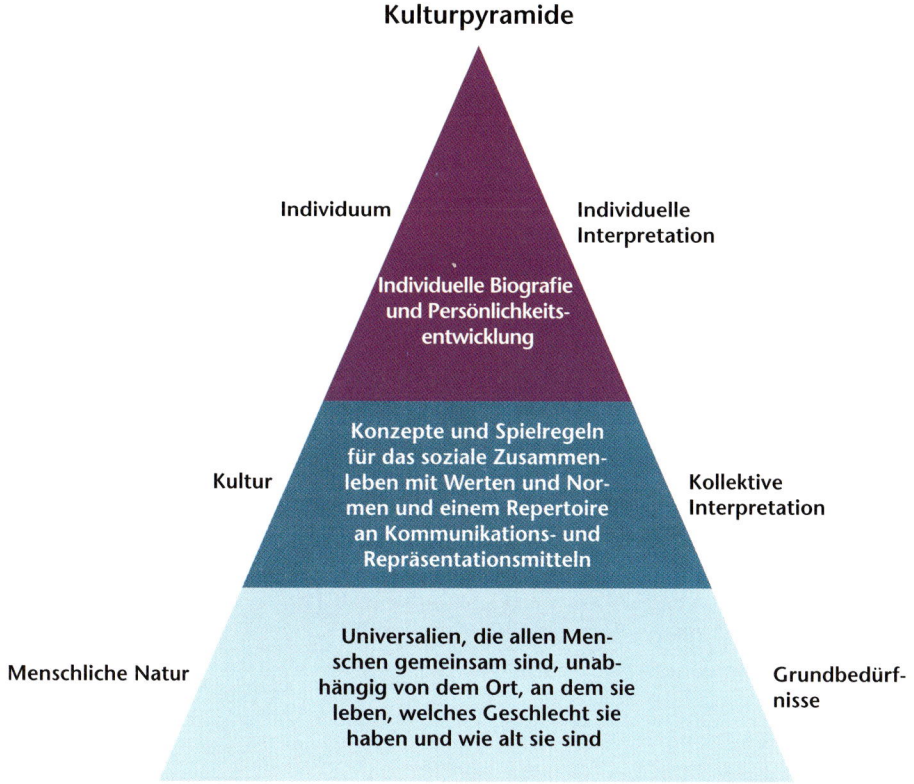

Kulturpyramide (vgl. Kluckhohn/Murray, in: Handschuck/Klawe, 2004, S. 79)

2.2 Welche Kompetenzen umfasst „interkulturelle Kompetenz"?

Die übergreifende interkulturelle Kompetenz des Erziehers ist die, im Alltag eine konsequent demokratische und antirassistische Haltung entsprechend dem Allgemeinen Gleichbehandlungsgesetz (AGG) einzunehmen und in der sozialpädagogischen Einrichtung eine Kultur des „Miteinander-Wachsens" zu stiften (vgl. Schlösser, 2004, S. 19). Dazu zählt auch eine Haltung der Gleichberechtigung gegenüber den Einwanderer-Eltern der Kinder und Jugendlichen.

Das AGG (2006, zuletzt geändert 2009) hat das Ziel, Benachteiligungen aus Gründen der Rasse oder wegen der ethnischen Herkunft, des Geschlechts, der Religion oder Weltanschauung, einer Behinderung, des Alters oder der sexuellen Identität zu verhindern oder zu beseitigen.

Interkulturelle Kompetenz umfasst kognitive Kompetenzen **und** Handlungskompetenzen. Bildet ein Sozialpädagoge nur kognitive Fähigkeiten aus, so kann das sogar kontraproduktiv sein, da das Wissen über fremde Kulturmuster einerseits zwar eine Offenheit für Kulturdifferenzen, aber andererseits auch eine Stereotypisierung begünstigen kann.

Kognitive Kompetenzen:

- Auseinandersetzung mit der eigenen Kultur/kulturellen „Normalität" sowie den eigenen Bildern/Vorstellungen vom Fremden
- Beschreibende Wahrnehmung kultureller Unterschiede, ohne sie überzubetonen – Respekt und Verständnis für fremdkulturelle Verhaltensmuster

Kenntnisse über

- die Herkunftsgesellschaften und -sprachen, Ursachen von Migration, Migrationsverläufe und -folgen
- die Mehrheitsgesellschaft des Einwanderungslandes (Geschichte, Kultur, Identitätsentwicklungen)
- die Heterogenität der Einwanderergruppen und deren Schichtung
- den rechtlichen, politischen und sozialen Status der Migranten
- das migrationsspezifische Versorgungsnetz
- Formen und Ursachen von Vorurteilsbereitschaft und Rassismus
- Methoden interkulturellen Lernens und antirassistischer Arbeit
- die verschiedenen Religionen (das Gemeinsame und das Eigentümliche) und die religiösen Feiertage (interreligiöser Kalender)
- die Kulturdimensionen (vgl. Hofstede, Lokales Denken, 2006) und die unterschiedlichen Zeitsysteme (vgl. Hall, 1983), die die menschlichen Haltungen und Verhaltensweisen tendenziell prägen:

Vorherrschende Kulturdimensionen in westlich industrialisierten Gesellschaften, Europa, Nordamerika, Japan	Vorherrschende Kulturdimensionen in Südeuropa, Lateinamerika, im Mittleren Osten
Individualismus: Das „Ich" wird hochbewertet; das Individuum strebt nach selbstständiger, unabhängiger Persönlichkeitsentwicklung im Sinne von Selbstverwirklichung; Denken in „Ich"-Begriffen; individuelle Interessen dominieren gegenüber kollektiven; eigene Meinungen sind gefragt; der Sachbezug überwiegt gegenüber der Beziehungsorientierung.	Kollektivismus: Die „Gruppe" (z. B. Familie) hat einen hohen Stellenwert, sie bietet Schutz und verdient dafür Loyalität; Harmonie und Konsens in der Gesellschaft sind hoch bewertete Ziele; Denken in „Wir"-Begriffen; kollektive Interessen dominieren gegenüber individuellen; Meinungen werden durch Gruppenzugehörigkeit vorbestimmt; die Beziehungsorientierung hat Vorrang vor der Aufgabe.

Vorherrschende Kulturdimensionen in westlich industrialisierten Gesellschaften, Europa, Nordamerika, Japan	Vorherrschende Kulturdimensionen in Südeuropa, Lateinamerika, im Mittleren Osten
Normübertretungen führen zu Schuldgefühlen/zum Verlust der Selbstachtung. Das Privatleben wird hoch bewertet.	Normübertretungen führen zu Beschämung bei sich selbst und der Gruppe. Die Privatsphäre wird von der Gruppe dominiert.
Geringe Machtdistanz: Die Menschen erwarten/wollen wenig Hierarchie und Statusdifferenzierung.	Große Machtdistanz: Die Menschen erwarten/bejahen strukturelle Hierarchie und Statusdifferenzierung.
Feminität: Die Geschlechterrollen überschneiden sich, sowohl Männer als auch Frauen sind an ihrem beruflichen Erfolg interessiert und gleichwohl einfühlsam.	Maskulinität: Die Geschlechterrollen sind klar festgelegt. Die Männer sind stark und für den materiellen Erfolg zuständig. Die Frauen sind bescheiden und zärtlich.
Schwache Unsicherheitsvermeidung: Die Menschen fühlen sich durch ungewisse/unbekannte Situationen nicht schnell bedroht.	Starke Unsicherheitsvermeidung: Die Menschen fühlen sich in neuen/unbekannten Situationen schnell bedroht.
Langzeitorientierung: Im Interesse eines künftigen Erfolges zeigt man Sparsamkeit, Beharrlichkeit und andere Tugenden.	Kurzzeitorientierung: Die Erfüllung gegenwärtiger sozialer Pflichten verlangt den Respekt gegenüber Traditionen.

Monochrones Zeitsystem	Polychrones Zeitsystem
Der Umgang mit Zeit erfolgt linear. Zeit verläuft nach Uhrzeit. In einem Zeitplan wird ein Ablauf der Erledigungen im Voraus nacheinander strukturiert. Pünktlichkeit und zeitliche Verbindlichkeit sind wichtig! Eine Unterbrechung ist nicht willkommen.	Das Zeitempfinden ist zyklisch bestimmt, orientiert sich an wiederkehrenden Ereignissen. Mehrere Dinge können gleichzeitig erledigt werden. Der Zeitplan ist offen und flexibel.

Darüber hinaus gibt es noch andere Aspekte, die kulturell unterschiedlich sind und das Verhalten formen: Körperkontakt/körperliche Nähe, Reden/Schweigen, Lautstärke des Sprechens, die Mimik, Blickkontakt, Riten (z. B. Hochzeitsritual), Bräuche (z. B. Beerdigung), Traditionen (z. B. Bekleidung), Umgang mit „öffentlichem" und „privatem" Raum.

Handlungskompetenzen:

- Sensibilität und Offenheit für andere Kulturen, Sitten und Gebräuche und Akzeptanz unter dem Aspekt der Gleichwertigkeit
- Beziehungsaufbau zu anders kulturell sozialisierten Menschen (interkultureller Habitus)
- Geschicklichkeit und Anpassungsfähigkeit im Umgang mit Fremden und Fremdem
- Schaffung von Erlebnis- und Begegnungsräumen, die ein friedliches, tolerantes und demokratisches Zusammenleben von Menschen unterschiedlicher Kulturen aktiv fördern und gestalten

- Entwicklung und Durchführung integrationsförderlicher didaktischer Einheiten/Projekte ausgehend von einer Handlungssituation
- Zwei- und Mehrsprachigkeit, einfache Sätze in den Begegnungssprachen der Kinder wie Gruß-, Abschieds- und Dankesformeln, korrekte Aussprache der Namen der Kinder
- Sprachförderkompetenz auf dem Gebiet Deutsch als Zweitsprache
- Interreligiöser Dialog, Gestaltung von Festen mit religiösem Ursprung in der Tradition konkreter Religionen
- Entgegenwirken wahrgenommener Diskriminierung (gesellschaftspolitisches Engagement)
- Umsetzung eines interkulturellen Leitbildes in der Konzeption der sozialpädagogischen Einrichtung, z. B. Prinzip „Vorurteilsbewusste Erziehung" (vgl. Viernickel u. a., 2009, S. 57 ff.)
- Kooperation mit Fachdiensten und Institutionen, die für das kindliche Wohl verantwortlich sind

Ahmet Toprak bildet für die interkulturelle Begegnung im pädagogischen Feld ein Konstrukt der interkulturellen Kompetenz aus vier Kompetenzbereichen:

1. **Empathie:** Die Bereitschaft und Fähigkeit, sich in Denken und Handeln von Menschen anderer Kulturen, in ihr Anderssein hineinfühlen, ihren „hybriden kulturellen Hintergrund" ernst nehmen und verstehen zu können.

   Beispiel: So antwortet Ayhan (19 Jahre) auf die Frage, ob er einen deutschen Pass haben wolle: „Ich will den deutschen Pass nicht. Was soll ich damit? Ich bin doch Türke! ... Ich denke nicht wie Deutsche. Ich will auch keinen deutschen Pass. Ich kann nicht wie Deutsche denken und reden" (Toprak, 2006, S. 18).

2. **Rollendistanz:** Fähigkeit der kulturellen und sozialen Selbstwahrnehmung und des Perspektivenwechsels. Der Sozialpädagoge begegnet dem migrantischen Kind/Jugendlichen als Individuum mit subjektiven Wahrnehmungen und beschreibt seine Rolle unabhängig von seiner sozio-kulturellen Herkunft. Er vermeidet es zu verallgemeinern, zu kategorisieren und zu kulturalisieren.

   Beispiel: Zwei Jugendliche (Metin, 21 Jahre, und Ali, 16 Jahre) können die Frage nach der Bedeutung der Jungfräulichkeit ganz unterschiedlich beantworten:

   „Weißt du, ich will eine Frau haben, die noch sauber ist. [...] Solche Frauen, weißt du, haben Ehre, na ja, die vor dem Heiraten mit niemandem was hatten. [...]"

   „Wenn man doch jemanden liebt, dann achtet man nicht auf so etwas. Männer machen ja nur Frauen an und gehen mit denen ins Bett. [...] Wenn beide sich lieben, soll doch die Vergangenheit meiner Meinung nach nicht mehr so wichtig sein" (Toprak, 2006, S. 19).

3. **Ambiguitätstoleranz:** Fähigkeit, das Spannungsverhältnis zwischen unvereinbaren Gegensätzen und Mehrdeutigkeiten „aushalten" und respektieren zu können, seien es Unterschiede zwischen der eigenen und der fremden kulturellen Identität oder Mehrdeutigkeiten und widersprüchliche Argumentationsstränge innerhalb der eigenen oder der fremden Kultur.

   Beispiel: Ein Sozialpädagoge begegnet beispielsweise folgendem Widerspruch: „Negative Erfahrungen im ‚Einwanderungsland' werden mit dem ‚Heimatland' verglichen bzw. idealisiert und umgekehrt werden die negativen Erfahrungen im ‚Heimatland' kritisiert und mit dem ‚Einwanderungsland' verglichen und positiv bewertet" (Toprak, 2006, S. 20). Andere erlebbare Widersprüche betreffen etwa divergierende Vorstellungen von der Rolle der Frau oder von Erziehungszielen und -stilen. Ziel ist hier nicht, alles hinzunehmen oder verstehen zu wollen, sondern sich mit Gegensätzen kritisch auseinandersetzen und letztlich respektieren zu können.
   Es sind auch unterschiedliche – religiöse wie nicht religiöse – Motivationen anzuerkennen, warum islamische Mädchen ein Kopftuch tragen: Gewohnheit, Tradition, Schutz vor ungünstigen Umweltfaktoren oder Belästigungen, selbstbewusste Darstellung der muslimischen Bedeutung von Körperlichkeit und weiblicher Identität (gegenüber der westlichen), Demonstrieren der religiösen Zugehörigkeit, Gründe der Ästhetik, Ausdruck familiärer Unterwerfung (vgl. Toprak, Integrationsunwillige Muslime, 2010, S.19 ff.)

4. **Kommunikative Kompetenz:** Sprach-, Dialog-, Aushandlungsfähigkeit und Verständigungsorientierung. Dazu zählen die Fähigkeiten des Respekts vor Fremdem, der Verständigung mit „Fremden", dem Entwickeln von Gemeinsamkeiten, dem Gestalten interkultureller Begegnungen, dem Hinterfragen eigener Werte, Klischees und Vorurteile ebenso wie die Verständigung über „ungleiche Behandlungen" und etwaige Diskriminierung. Eine wichtige Rolle spielt die kommunikative Kompetenz beispielsweise

   - bei Elternkontaktaufnahmegesprächen, im Gestalten eines kontinuierlichen Prozesses der Elternkooperation, bei Elternkonfliktgesprächen (offene Fragen, Paraphrasieren, Ich-Botschaften), bei der Planung und Durchführung von Angeboten mit den/für die Eltern, bei Hausbesuchen.

   - auf dem Gebiet der Konfliktlösung zwischen Pädagogen und migrantischen Kindern/Jugendlichen.

     Beispiel: Schülerin Sibel wird „ausfällig", weil sie sich von Lehrer X abwertend behandelt fühlt. Lehrer X erwidert: „Typisch türkisch!" Er ethnisiert das Schülerverhalten. Sibel sieht ihre Erfahrungen bestätigt: „Wir sind hier unerwünscht."

   - bei der Thematisierung kulturell geprägter Werte, wie z. B. der Ehre. Wird bei einem Ehrenmord Ehre (*türkisch: namus*) als Legitimationsgrundlage angegeben, so kann eine genauere Analyse ergeben, dass „persönliche Motive wie Eifersucht, Missbrauch, Minderwertigkeitskomplexe oder Macht eine wichtigere Rolle spielen" (Toprak, Integrationsunwillige Muslime, 2010, S. 59).

- beim Verhandeln der Werte und Normen der Migranten und der Mehrheitsgesellschaft, um einen tragfähigen dritten Weg einzuschlagen. Denn nur so wird Integration mit Inhalten gefüllt (vgl. Toprak, Integrationsunwillige Muslime, 2010, S. 172).

2.3 Interkulturelle Kompetenz in der Erzieherausbildung

Kulturelle Umwelten ist ein Bildungsbereich in der Kinder- und Jugendarbeit sowie Teil des Unterrichtsfaches Natur/Kulturelle Umwelten in der Erzieherausbildung.

In den Richtlinien und Lehrplänen zur Erprobung für die Fachschulen des Sozialwesens in NRW (2010), Fachrichtung Sozialpädagogik, wird folgendes Ausbildungsziel formuliert:

„Erzieherinnen und Erzieher arbeiten interkulturell und interreligiös und müssen sich der eigenen kulturell und religiös geprägten Identität bewusst werden. [...] Sie vermitteln Orientierungen und gestalten Lern- und Erfahrungsorte der Gleichberechtigung, Chancengleichheit, Antidiskriminierung und Gewaltfreiheit. Sie stärken die Kinder für die „Eine Welt". Sie unterstützen die Eigenaktivität von Kindern ab 0 Jahren und Jugendlichen in Entwicklungs- und Bildungsprozessen und geben ihren Selbstbildungspotenzialen Rahmen und Raum."
(Richtlinien und Lehrpläne zur Erprobung für die Fachschulen des Sozialwesens in NRW, 2010, S. 18)

Die berufliche Handlungskompetenz, die an der Fachschule des Sozialwesens erworben werden soll, wird in vier Dimensionen bestimmt (vgl. Richtlinien und Lehrplänen, 2010, S. 7). Die interkulturelle Qualifizierung muss sich entsprechend in diesen Dimensionen vollziehen:

- Fachkompetenz: Berufliche Aufgaben selbstständig, sachgerecht und methodengeleitet bearbeiten und die Ergebnisse beurteilen können. Interkulturell erfordert dies u. a. ein kultursensibles Vorgehen, die Öffnung der Einrichtung für alle Bevölkerungsgruppen, eine interkulturelle Konzeptionsentwicklung in der sozialpädagogischen Einrichtung.

- Human- und Sozialkompetenz: In beruflichen Situationen verantwortungsvoll handeln und in Teamarbeit Kommunikationsprozesse gestalten können. Interkulturell werden hier u. a. Empathie, Rollendistanz, Ambiguitätstoleranz und kommunikative Kompetenz bedeutsam.

- Methodenkompetenz: Planungsverfahren, Arbeitstechniken und Lösungsstrategien zur Bewältigung von Aufgaben selbstständig auswählen, anwenden und weiterentwickeln können. Hier spielt die interkulturelle Projektarbeit ebenso eine große Rolle wie die konfrontative Methode oder die erfolgreiche Organisation und Gestaltung der Elternkooperation.

- Lernkompetenz: Lerntechniken und Lernstrategien entwickeln können. Die permanente interkulturelle Weiterqualifizierung wird zu einem wichtigen Anliegen sowohl in alltäglichen beruflichen Begegnungen wie durch professionelle Fortbildungen.

Der Studierende erwirbt diese Kompetenzen in seiner 3-jährigen Ausbildungszeit zum Erzieher über die Bearbeitung von Entwicklungsaufgaben in vier Lernfeldern (vgl. Richtlinien und Lehrpläne, 2010, S. 29 ff.). Lernfelder sind didaktisch begründete, schulisch aufbereitete Handlungsfelder und als komplexe Handlungsaufgaben formuliert:

1. Kinder und Jugendliche in ihrer Lebenswelt verstehen und Beziehungen zu ihnen entwickeln
2. Gruppenpädagogisch handeln und soziales Lernen fördern
3. Entwicklungs- und Bildungsprozesse unterstützen
4. Professionell in sozialpädagogischen Einrichtungen arbeiten

Das Lernen in Lernfeldern wird über didaktisch ausgewählte, konkretisierte praxisrelevante Lernsituationen organisiert. Das Lernen in Lernsituationen ist ein handlungsorientiertes Lernen.

> *Merksatz*
> *Interkulturelle Kompetenz ist ein Qualitätsstandard von Sozialpädagogen.*

2.4 Interkulturelle Kompetenz in der Bildungsförderung für Kinder von 0 bis 10 Jahren

Das 2008 in NRW in Kraft getretene Kinderbildungsgesetz (KiBiz) konkretisiert in § 13 den Bildungsauftrag der Einrichtungen:

> „Die Bildungs- und Erziehungsarbeit zielt darauf ab, das Kind [...] in seiner Entwicklung zu einer eigenständigen und gemeinschaftsfähigen Persönlichkeit zu fördern, es zu Verantwortungsbereitschaft, Gemeinsinn und Toleranz zu befähigen, seine interkulturelle Kompetenz zu stärken, die Herausbildung kultureller Fähigkeiten zu ermöglichen und die Aneignung von Wissen und Fertigkeiten in allen Entwicklungsbereichen zu unterstützen."

Das Ministerium für Schule und Weiterbildung des Landes NRW und das Ministerium für Generationen, Familie, Frauen und Integration des Landes NRW haben 2010 „Grundsätze zur Bildungsförderung für Kinder von 0 bis 10 Jahren in Kindertageseinrichtungen und Schulen im Primarbereich in Nordrhein-Westfalen. Mehr Chancen durch Bildung von Anfang an" vorgelegt.

Erstmalig gesetzlich verankert ist die zusätzliche Sprachförderung. Da eine gut entwickelte Sprachkompetenz ein wichtiger Schlüssel für erfolgreiche Bildungs- und Lernprozesse ist, muss der Bedarf einer zusätzlichen Sprachförderung möglichst früh erkannt werden. Die Teilnahme an der Sprachstandsfeststellung zwei Jahre vor der Einschulung sowie eine sich daraus ergebende Fördermaßnahme sind verpflichtend. Unter anderem bieten Familienzentren Sprachfördermaßnahmen an.

Kulturelle Unterschiedlichkeit und deren Anerkennung sind in den Grundsätzen zur Bildungsförderung als Leitgedanke und Ziel formuliert:

„Interkulturelle Kompetenz wird durch alltägliche Erfahrungen gefördert, durch Austausch über Besonderheiten und Anerkennung von Verschiedenheiten, über Kommunikation und Lernprozesse. Mehrsprachigkeit und Vielfalt der Kulturen bieten die Chance, miteinander und voneinander zu lernen. Interkulturelle Erziehung bezieht Zuwanderungskultur und Herkunftskultur der Kinder und ihrer Familien in den Bildungsprozess von Kindern ein. Sie wendet sich gegen eine Stigmatisierung und lehnt eine starre Fixierung auf die Herkunftskultur ab. Die Kultur des Herkunftslandes ist nicht mehr der entscheidende Bezugspunkt der pädagogischen Bemühungen, sondern die kulturellen Elemente und das Lebensmilieu der hier lebenden Menschen mit Zuwanderungsgeschichte."
(Grundsätze zur Bildungsförderung, 2010, S. 30)

Bildung der 0- bis 10-Jährigen soll sich in den Dimensionen von drei Basiskompetenzen entfalten:

> *Definition*
> *1. Selbstkompetenz*
> *„Selbstkompetenz ist die Fähigkeit, die eigene Identität zu entwickeln, zu erproben und zu bewahren sowie eigene Fähigkeiten und Stärken zu kennen und damit verantwortlich und situationsgerecht umzugehen" (Grundsätze zur Bildungsförderung, 2010, S. 40).*

Dazu zählen unter anderem: Ein positives Selbstkonzept entwickeln, sich selbst als handlungsfähig und wirksam erleben, Schutzfaktoren und Bewältigungsmechanismen entwickeln, Umgang mit Erfolgen und Misserfolgen lernen, eigene Fähigkeiten einschätzen, Urteilsfähigkeit und Entscheidungsfähigkeit weiterentwickeln.

> *Definition*
> *2. Sozialkompetenz*
> *„Sozialkompetenz ist die Fähigkeit, Bedürfnisse, Wünsche, Interessen und Erwartungen anderer zu erkennen und im eigenen Verhalten angemessen zu berücksichtigen" (Grundsätze zur Bildungsförderung, 2010, S. 41).*

Dazu zählen unter anderem: Meinungsunterschiede wahrnehmen, eigene Interessen in der sozialen Interaktion vertreten, sich in einem sozialen Zusammenhang als zugehörig erleben und daran mitwirken, Vorurteile überwinden, Empathie weiterentwickeln, Kommunikationsfähigkeit differenzieren, interkulturelle Kompetenz und Rollenkompetenz aufbauen, Verantwortung übernehmen, Konfliktfähigkeit entwickeln, Kooperationsfähigkeit aufbauen.

> *Definition*
> *3. Sach-/Methodenkompetenz*
> *„Sachkompetenz ist die Fähigkeit, sachbezogen zu urteilen, entsprechend zu handeln und Wissen auf unterschiedliche Situationen zu übertragen" (Grundsätze der Bildungsförderung, 2010, S. 42).*

Dazu zählen unter anderem: Fertigkeiten zur Handhabung von Materialien, Techniken, Gegenständen, Werkzeugen erlernen, Komplexität erfassen, mit Komplexität umgehen, verschiedene Handlungsmöglichkeiten ausprobieren und weiterentwickeln, Lernverhalten reflektieren und regulieren, Neugierde weiterentwickeln, Wissen erwerben, anwenden und transferieren, Kommunikationsfähigkeit – insbesondere durch Sprache – ausbauen.

Grundlegende Bildungs- und Erfahrungsprozesse werden in den Grundsätzen zur Bildungsförderung in insgesamt 10 Bildungsbereichen erfasst. Der für die Identitätsentwicklung und den Bildungserfolg bedeutsamste ist der zentrale *Bildungsbereich (3): Sprache und Kommunikation* (S. 61–63):

„Sprachliche Bildung ist grundsätzlich in den Alltag von Kindertageseinrichtungen integriert und greift vielfältige Sprachanlässe auf. In der Beschäftigung mit anderen Bildungsbereichen nimmt sie eine zentrale Bedeutung ein. Jedes Handeln ist immer auch sprachliches Handeln, egal ob man anderen etwas erklärt oder Erklärungen zuhört, eine Geschichte erzählt oder Aktivitäten sprachlich begleitet. In diesen Handlungen entwickelt sich sprachliche Abstraktionsfähigkeit, werden neue Begriffe erworben, können andere Perspektiven eingenommen und eigenes Denken reflektiert werden. Die Anerkennung und Förderung der Herkunftssprache – vor allem in Zusammenarbeit mit den Eltern – ist ein wichtiger Bestandteil der Sprachentwicklung. Neben der Sprachkompetenz in deutscher Sprache ist Zwei- und Mehrsprachigkeit eine wesentliche Kompetenz, die als Leistung und Chance wertgeschätzt und begriffen wird."
(Grundsätze zur Bildungsförderung, 2010, S. 61)

Der *Bildungsbereich (4)* umfasst *soziale, kulturelle und interkulturelle Bildung* (S. 64–67):

- Ziel

    „Ziel ist, auf das Leben in einer hinsichtlich der Lebensstile und Kulturen vielfältigen Gesellschaft vorzubereiten, die Kinder darin zu unterstützen, ihre eigene Kultur und Herkunft kennen zu lernen und darauf aufbauend eine eigene Kultur und einen persönlichen Lebensstil zu entwickeln. Vielfalt in persönlicher, sozialer, kultureller, physischer und psychischer Hinsicht soll ein selbstverständlicher Teil des Alltags der Kinder sein."
    (Grundsätze zur Bildungsförderung, 2010, S. 64)

- Leitidee

    „Selbstvertrauen ist die Grundvoraussetzung, um offen und tolerant gegenüber Anderem und Fremdem zu sein. Die eigene Persönlichkeit und Identität des Kindes werden anerkannt und gestärkt sowie Selbstvertrauen und Offenheit der Kinder ermöglicht. Neugierig stellen Kinder Unterschiede fest und haben die Möglichkeit, sich damit auseinander zu setzen. [...] Aufgeschlossenheit gegenüber fremden Lebensstilen und Kulturen wird durch alltägliche Erfahrungen gefördert. Die Kinder haben Gelegenheit, Wissen über fremde und die eigene Kultur zu sammeln, sowohl über Schrift, Sprache, Religion und Kultur als auch über verschiedene Formen der Familien und des Zusammenlebens, und diese auch praktisch zu erleben. Kinder nehmen wahr, dass sie jeweils unterschiedliche Interessen und Bedürfnisse haben, diese äußern können und ernst genommen werden. Sie erkennen Möglichkeiten, ihre Interessen anderen zu vermitteln und Lösungswege für

Konflikte zu finden. Sie erfahren, dass ihre Gefühle und Meinungen wichtig, sie Teil einer Gemeinschaft sind und sie Verantwortung für sich und andere übernehmen können."
(Grundsätze zur Bildungsförderung, 2010, S. 65)

- Bildungsmöglichkeiten

„Kindern wird die Möglichkeit gegeben,
- Verantwortung für das eigene Handeln zu übernehmen,
- ihre Wünsche und Bedürfnisse zu äußern,
- Meinungen und Vorstellungen anderer Menschen zu erfahren,
- unterschiedlichen Menschen und Kulturen zu begegnen und diese kennen zu lernen,
- Bräuche und Normen und deren Hintergründe zu erfahren,
- Regeln gemeinsam zu erarbeiten,
- ihre eigene Herkunft zu erkunden und eine eigene Kultur sowie einen eigenen Lebensstil zu entwickeln,
- ihre Emotionen zuzulassen und zeigen zu können,
- ihre Rechte kennen zu lernen (UN-Kinderrechtskonvention)."

(Grundsätze zur Bildungsförderung, 2010, S. 66)

Aufgaben

Interkulturelle Pädagogik ist nach den Grundsätzen zur Bildungsförderung NRW (2010) eine Querschnittsaufgabe des pädagogischen Alltags mit dem Ziel, das Zusammenleben von Menschen unterschiedlicher Herkunft zu stärken.

1. *Präsentieren Sie Ziele und Leitideen des 4. Bildungsbereichs und entwickeln Sie konkrete Ideen für die Bildungsmöglichkeiten sowie Materialien/Settings.*

2. *Wählen Sie die Zielgruppe Ihres anstehenden Praktikums und erstellen Sie eine grobe Planung innerhalb dieses Bildungsbereiches für die folgenden zwei Monate.*

3. *Planen Sie ein integrationsförderndes Projekt. Ideen finden Sie beispielsweise bei Elke Schlösser (2004, S. 137–147).*

4. *Falls Sie ein Praktikum mit älteren Kindern oder Jugendlichen absolvieren, planen Sie ein Projekt: Abenteuer- und Erlebnissport. Stellen Sie in Ihrem Begründungszusammenhang die besondere pädagogische Bedeutung dieses Projektthemas für Kinder und Jugendliche mit Migrationshintergrund aus dem bildungsbenachteiligten Milieu dar. Reflektieren Sie nach der Projektdurchführung die Projektergebnisse, Ihre Beobachtungen und die Feedbacks der Teilnehmer.*

5. *Praktikumsaufgabe: Erkunden Sie in Ihrer Einrichtung, inwiefern sich die kulturell verschiedenartigen Kinder in herkunftssprachlichen Sozialpädagogen, im Raumkonzept, dem Buchangebot, den Lied- und Spielmaterialien, in Alltagsgegenständen, den Wochenplänen wiederfinden. Verwenden Sie ggf. den Reflexions-/Evaluationsbogen unter www.familienbildung-in-nrw.de. Arbeiten Sie für Ihre Einrichtung einen Ausstattungsvorschlag aus, sodass sich die Kinder besser repräsentiert fühlen.*

3 Entwicklungsprozesse bei Kindern und Jugendlichen mit Migrationshintergrund aus dem bildungsbenachteiligten Milieu

3.1 Der Ansatz der Individualpsychologie Alfred Adlers

3.2 Der migrationspädagogische Ansatz von Ahmet Toprak

3.3 Der biografische Ansatz von Jan i. Kızılhan

3.4 Der lebensweltliche Ansatz von Ursula Boos-Nünning und Yasemin Karakaşoğlu

Im Fokus stehen in diesem Buch Kinder und Jugendliche mit Migrationshintergrund, die herausforderndes Verhalten zeigen. Es handelt sich dabei in erster Linie um Kinder und Jugendliche aus dem bildungsbenachteiligten Milieu.

Unter diesen Kindern und Jugendlichen stellen diejenigen mit türkischem Migrationshintergrund sozialpädagogisch die größten Aufgaben:

„Mit Abstand am schlechtesten integriert ist die Gruppe mit türkischem Hintergrund. [...] Die in Deutschland geborenen Türken haben zwar doppelt so häufig das Abitur wie die selbst Zugewanderten, aber selbst der hoffnungsvolle Wert der Jüngeren liegt immer noch zu 50 Prozent unter dem Niveau der Einheimischen. Die hohe Erwerbslosigkeit unter den selbst Zugewanderten bleibt bei den Jüngeren bestehen. Ein Nachteil dieser Gruppe ist ihre Größe: Weil es vor allem in Städten so viele sind, fällt es ihnen leicht, unter sich zu bleiben. Das erschwert gerade zugewanderten Frauen, die häufig nicht erwerbstätig sind, die deutsche Sprache zu erlernen. Damit fehlt auch den Kindern eine wesentliche Voraussetzung für gute Integration. [...] Parallelgesellschaften, die einer Angleichung der Lebensverhältnisse im Wege stehen, sind die Folge."
(Berlin-Institut, 2009, S. 7)

Um im bildungsbenachteiligten Milieu migrantentypisches Denken, Verhalten und Handeln von Kindern und Jugendlichen zu verstehen, müssen die Ziele erkannt werden, die die Kinder und Jugendlichen verfolgen. „Menschliches Tun und Lassen ist letzten Endes immer nur von der Frage des ‚Wozu?' beherrscht" (Dreikurs, 1997, S. 54).

Zur Erklärung der Entstehung realitätsunangepasster Verhaltensmuster dient als grundlegende Theorie aus zwei Gründen die Individualpsychologie Alfred Adlers. Sie ermöglicht,

1. Verhalten von Kindern und Jugendlichen durch ihre Ziele zu verstehen und
2. Entwicklungsprozesse von Kindern und Jugendlichen in Abhängigkeit von sozialer Zusammengehörigkeit zu begreifen.

Anschließend werden aktuelle migrationsspezifische Ansätze behandelt.

3.1 Der Ansatz der Individualpsychologie Alfred Adlers

In der Persönlichkeitstheorie Alfred Adlers ist der Mensch immer eingebunden in ein größeres soziales Ganzes. Ein Mensch mit einem niedrigen Gemeinschaftsgefühl wird in den drei Lebensfragen Beruf, Liebe und soziale Eingliederung versagen. Dagegen korrespondiert ein entfaltetes Gemeinschaftsgefühl mit einem hohen Selbstwertgefühl und Engagement für das Gemeinwohl.

Ein *entfaltetes Gemeinschaftsgefühl* (vgl. Dreikurs, 1997, S. 23 ff. und Ansbacher u. a. 2004, S. 105 ff.) drückt sich aus als …

… ein Zusammengehörigkeits- und Verbundenheitsgefühl mit anderen, ein Auf-den-anderen-Gerichtetsein, ein Sich-gleichwertig-Fühlen, ein sicheres Gefühl, einen Platz in der Gemeinschaft zu haben.

Ein Beispiel für ein mangelhaft entfaltetes Zusammengehörigkeits- und Verbundenheitsgefühl liefert bei Betrachtung einer beliebigen Schulklassengemeinschaft häufig folgendes Phänomen: Ab der Klassenneubildung bis zum Ende der Klassengemeinschaft findet eine Polarisierung statt, wonach türkeistämmige (aber auch deutsche) Schüler, so weit möglich, uneingeschränkt und bedingungslos während ihrer Anwesenheit und bei allen ihren Aktivitäten in ihren Gruppen sind. Das sehr stark ausgeprägte Zusammengehörigkeits- und Verbundenheitsgefühl innerhalb dieser Untergruppe fördert nicht unbedingt das Zusammengehörigkeits- und Verbundenheitsgefühl innerhalb der gesamten Klassengemeinschaft. Das Gemeinschaftsgefühl kann sich demnach nicht entfalten.

… das Bewusstsein, Teil eines größeren Ganzen zu sein und sein Leben stimmig mit diesem auszurichten, d. h., alle seine Kräfte zur Wohlfahrt der Menschen zu benützen.

Türkeistämmige Jugendliche haben oft ein sehr stark ausgeprägtes „Heimatgefühl". Auch wenn dies nicht zu verwechseln ist mit dem *Bewusstsein, Teil eines Ganzen zu sein*, fühlen sie sich auf emotionaler Ebene *eher* der türkischen Community in Deutschland bzw. der Türkei verbunden. Das Bewusstsein, eine Einheit mit Deutschland zu bilden, ist in großen Teilen noch nicht vorgedrungen, sodass, je schwächer dieses Bewusstsein ist, die sogenannten Parallelgesellschaften stärker hervortreten.

… die Einsicht, dass die Lebensaufgaben nur gemeinsam in sozialer Gleichwertigkeit und im Interesse des gemeinsamen Wohls und einer besseren Zukunft für die Menschen engagiert und mutig bewältigt werden können.

> *Beispiel: Sinan, ein sportlicher und athletisch gebauter Junge, spielt in einem türkischen Verein Fußball. Es ist selbstverständlich, sich in diesem Fußballverein zu engagieren, weil diese Sportart in der türkischen Community schon über allen anderen (auch nationalen) Aktivitäten steht. Früher waren es Pfeil- und Bogenschießen, Reiten oder Ringen. Jetzt ist dies eine neue Form der Wettbewerbsfähigkeit und der Bekundung von Stärke. Demnach spielen türkeistämmige Jungen Fußball. Vorwiegend spielen sie in türkischen Fußballvereinen! Sinan ist ein guter Sportler. Aber schon die Schule kann nicht von ihm profitieren, weil er sich im Sportunterricht nicht engagiert. Entweder lässt er sich nicht im Unterricht blicken oder er hat seine Sportbekleidung nicht dabei. Dies führt natürlich zu einer schlechten Bewertung wegen nicht erbrachter Leistungen, obwohl er über alles verfügt, seine Fähigkeiten auch in der Schule einzubringen.*

Je weniger der Mensch sein Gemeinschaftsgefühl entfalten kann, umso mehr entsteht in ihm das hoffnungslose Gefühl des grundsätzlichen Nicht-Könnens bzw. Nicht-Dürfens. Er entwickelt ein abnormales Minderwertigkeitsgefühl, einen Minderwertigkeitskomplex, der wiederum der Nährboden für Prozesse der seelischen Fehlentwicklung und Krankheiten ist.

Einen *Minderwertigkeitskomplex* definiert die Individualpsychologie als

… Unterlegenheitsgefühl anderen Menschen gegenüber beim Vergleich mit ihrer Größe, Macht und ihren Fähigkeiten (vgl. Dreikurs, 1997, S. 33).

Sprache ist, was das Unterlegenheitsgefühl betrifft, die empfindlichste Stelle für türkeistämmige Jugendliche. Dabei muss man sich nicht nur Beispiele anschauen, die nur schlechte Leistungen zeigen.

> *Beispiel: Eine türkeistämmige Schülerin, die sehr gute schriftliche Leistungen in dem Fach Deutsch erbringt, ist im mündlichen Teil sehr zurückhaltend. Der Grund dafür kann bzw. wird häufig als Schüchternheit gesehen. Das wird auch zu einem Teil stimmen. Aber auch andere Faktoren sollten einkalkuliert werden. Deutsch ist nicht die Muttersprache dieser Schülerin. Sie lernt diese Sprache erst ab ihrem sechsten Lebensjahr in der Schule. Sie ist aber in Deutschland geboren und hat auch durchgehend in Deutschland gelebt. Bei dieser Schülerin gibt es weitere Gründe für ihre Schüchternheit. Ihr Sprachwissen hat sie sich in der Schule und meist aus Büchern angeeignet. Das Fernsehen war auch ein wichtiger Faktor, denn es gab zu Hause keine türkischen Sender, weil der Vermieter keine Satellitenschüsseln erlaubte. Es war gutes Sprachwissen. Der Schülerin fiel aber auf, dass die anderen, die Deutschen, anders sprachen. Zum einen sprachen sie flüssiger, zum anderen verwendeten sie die sogenannte Jugendsprache, die nicht aus Büchern gelernt werden konnte. Sie selbst hatte außerhalb der Schule gar keinen Kontakt zu Deutschen, weshalb sie nie die Möglichkeit hatte, Artikulationsübungen zu machen und etwas Umgangssprache oder Jugendsprache zu lernen. Hinzu kam, dass bei einigen Sprechversuchen die deutschen Schüler die türkeistämmige Schülerin nicht verstanden, weil sie die „Bücher-Sprache" nicht beherrschten. Das türkische Mädchen dachte sich zu der Zeit aber noch nicht, dass die Deutschen Schwierigkeiten mit der deutschen Sprache haben könnten und kam zu der Annahme, es müsse an ihr liegen, sie könne nun mal nicht Deutsch sprechen. Erst als sie ihr Abitur hatte und sah, dass ihre ehemaligen deutschen Klassenkameraden, denen sie sich ständig unterlegen fühlte, gerade mal einen Hauptschulabschluss hatten, konnte sie dieses Gefühl ablegen.*

… Unzulänglichkeitsgefühl gegenüber gesellschaftlichen Wertauffassungen. Der Mensch fühlt sich nicht stark genug, Probleme in sozial wertvoller Weise zu lösen (vgl. Ansbacher u. a., 2004, S. 209).

> *Beispiel: Sinem hat eine streng gläubige islamische Familie. Sie muss sich verschleiern. Hinzu kommt, dass sie immer einen Mantel anziehen muss, wenn sie das Haus verlässt. Sinem befindet sich in einem Dilemma. Einerseits erkennt sie innerlich demokratische Wertevorstellungen an, sie wirkt offen, beteiligt sich an Diskussionen, argumentiert kopfgesteuert, andererseits kann sie diesen Wertevorstellungen äußerlich nicht entsprechen. Ihre geistige Offenheit, mit Ausnahme von wenigen Themen, steht im Gegensatz zur körperlichen Offenheit – nicht zu verwechseln mit der körperlichen Freizügigkeit! Körperliche Offenheit bezeichnet die Ergänzung der demokratischen Wertevorstellungen in Form von individueller Persönlichkeitsentfaltung. Das Körperkonzept und die äußere Erscheinung dürfen in ihrer Bedeutung in keinem Fall als sekundär eingestuft werden. In diesem Beispiel*

sieht man, dass es auch so weit kommen kann, dass sich die Schülerin, um diesem Dilemma zu entgehen, für eine dieser gegensätzlichen Lebensweisen entscheiden wird. Welcher der leichtere Weg in Deutschland ist, ist bekannt. Die Schülerin beugt sich den Vorstellungen ihrer Familie aus folgenden Gründen: 1. Sie macht sich glauben, dass es auch der von ihr selbst gewählte Weg ist; dies fällt ihr auch nicht zuletzt deshalb leicht, weil sie aufgrund ihrer Äußerlichkeit sich ohnehin nicht richtig im öffentlichen Leben angenommen fühlte. 2. Der Weg der Aufklärung war schon immer der schwierigere, seit es ihn gibt. 3. Sie sieht für sich keinen Weg, sich nach den gesellschaftlichen Wertauffassungen zu entfalten.

… elementare soziale Angst, in einer Gemeinschaft keine soziale Anerkennung oder einen schlechten sozialen Status zu bekommen bzw. seinen Platz zu verlieren.

Sinem flüchtet in den Teil der türkischen Community, in dem sie aufgrund ihrer äußeren Erscheinung, aufgrund ihrer Religiosität, einen besonderen sozialen Status erlangen kann, weil sie in der großen Gesellschaft bereits einen schlechten sozialen Status besitzt und die elementare soziale Angst sie in diesen sozialen Status drängt, weshalb die Kluft zwischen dem großen Ganzen und ihr größer wird.

Türkeistämmige Jugendliche (aber auch Erwachsene) wollen nicht bloß erkannt, sondern anerkannt, nicht bloß beachtet, sondern geachtet werden. In ihrem Bestreben danach versuchen sie, sich an der Lebens- und Verhaltensweise der deutschen Peer-Group zu orientieren und laufen damit Gefahr, vonseiten der türkischen Community als Verräter angesehen zu werden, weshalb ihr Ansehen in dieser Community geschädigt wird und die ihnen entgegengebrachte Anerkennung sinkt und in Verachtung übergeht. Der Jugendliche, der nach einem guten sozialen Status strebt, gerät in die Schlinge der elementaren sozialen Angst. Er hat drei Möglichkeiten: 1. Er hält die Anerkennung in der türkischen Community aufrecht, indem er sich komplett dieser Community zuwendet. 2. Er wendet sich von der türkischen Community ab, um im großen Ganzen Anerkennung zu erlangen. 3. Er versucht, die gesellschaftliche Anerkennung im großen Ganzen zu erlangen und den sozialen Status in der türkischen Community zu behalten. Die dritte Möglichkeit eröffnet noch zwei Vorgehensweisen: Der Jugendliche lebt in Parallelwelten und switcht von einer zur anderen oder er verbindet für sich beide Welten und lebt in einer Synthese. Der erste Weg ist in der Regel am leichtesten zu gehen.

… Ergebnis von subjektiver Wahrnehmung, durch Vergleich mit anderen und Einschätzung ihrer Überlegenheit, weitgehend unabhängig vom wirklichen „Wert" des Menschen.

Türkeistämmige Jugendliche erleben subjektiv in ihrem Alltag fast täglich Diskriminierung. Diese führen sie aus ersichtlichen Gründen auf ihr Türkischsein zurück. In den meisten der Fälle wird dieser Zusammenhang auch verbal formuliert („He, Türke!"). Das Gefühl der Diskriminierung wird demnach, aufgrund der Häufigkeit des Auftretens, generalisiert für fast jeglichen Kontakt zu Nicht-Türken.

> *Beispiel: Spricht ein türkeistämmiger Schüler in der Pause türkisch und wird von einem Lehrer aufgefordert, deutsch zu sprechen, so könnte er diese Aufforderung auch als einen*

gut gemeinten Tipp zur Sprachförderung aufnehmen. Er wird diese Aufforderung aber, ausgehend von seinen Erfahrungen, subjektiv als Aversion seiner Muttersprache, also sich selbst gegenüber, wahrnehmen. So kommt es nicht selten vor, dass Lehrpersonen auch zu Unrecht als ausländerfeindlich bezeichnet werden.

Als *Ursachen eines Minderwertigkeitskomplexes* sieht die Individualpsychologie *frühkindliche entmutigende Faktoren*. Das Kind sammelt und ordnet mit seiner „schöpferischen Kraft" seine Erfahrungen und Erlebnisse und formt sie zu seinem subjektiven Lebensstil. Bereits im Alter von vier bis sechs Jahren hat das Kind seinen individuellen Lebensstil ausgebildet. Es ist sein Plan, wie es die von ihm wahrgenommenen Schwierigkeiten überwinden kann, d. h., welche Verhaltensweisen ihm dienlich erscheinen, seine Minderwertigkeitsgefühle zu überwinden. Parallel zum Lebensstil setzt sich beim Kind ein privates Apperzeptionsschema durch, welches beeinflusst, wie sich das Kind selbst und seine Außenwelt sieht. Situationen, Milieueinflüsse und Erlebnisse haben keine direkte kausale Wirkung und auch keinen objektiven Wert, sondern einen relativen: „Ihre Bedeutun g und Wirksamkeit entfaltet sich sozusagen im intermediären seelischen Stoffwechsel" (Ansbacher u. a., 2004, S. 146).

Ursachen eines Minderwertigkeitskomplexes:

- Organminderwertigkeit im Sinne einer relativen Schwäche im Erleben des Kindes (vgl. Dreikurs, 1997, S. 38 f.) sowie Schönheitsfehler (vgl. Ansbacher u. a., 2004, S. 47), aufgrund derer das Kind – je nach Erziehungsmethode – die Hoffnung verlieren kann, eine nützliche Rolle in der Gemeinschaft spielen zu können und sich persönlich von der Welt gedemütigt betrachtet (vgl. Ansbacher u. a., 2004, S. 296): Türkeistämmige Schüler geben häufig an, dass sie ihre schwarzen Haare als Erkennungsmerkmal für ihre türkische Identität als Belastung empfinden. Gemessen am Westeuropäer nimmt sich ein Türkeistämmiger bei einer durchschnittlichen Körpergröße auch als viel zu klein wahr. In schlimmeren Fällen geht es so weit, dass türkeistämmige Kinder/Jugendliche so vielen gesellschaftlichen Vorurteilen begegnen, dass gar ihre Abstammung sie so stark überbürdet, dass sie sie am liebsten leugnen.
- Verzärtelung: Das Kind ist darin trainiert worden, dass seine Wünsche wie Gesetze gelten, dass es nehmen kann, ohne zu geben. Es hält seine Vorrangstellung für sein Geburtsrecht. Es hat nicht gelernt, Aufgaben selbstständig oder in Kooperation zu erledigen und beantwortet sie mit Forderungen (vgl. Ansbacher u. a., 2004, S. 297 f.). Wenn seine Wünsche nicht mehr zu erfüllen sind, kommt es zur Revolte gegenüber den Eltern und zur Tyrannei gegenüber Schwächeren. Da der Vorgang der Verzärtelung nicht unbegrenzt fortgesetzt werden kann, wird jedes verzärtelte Kind zu einem gehassten.

  Beispiel: In einem Gespräch mit dem Schüler Kaan über seine bisher misslungene schulische Sozialisation sagte er Folgendes: „Ich habe alles bekommen, egal, was ich wollte. Vielleicht nicht sofort, aber auf jeden Fall! Halt in der nächsten Woche." Im weiteren Verlauf des Gesprächs sagte er: „Ich möchte etwas tun, was meine Eltern sehen, vor allem mein Vater, und dass sie stolz auf mich sind. Mein Vater glaubt nicht mehr, dass ich die Schule noch packe." Aufgrund dieser Gesprächsfetzen werden schon Fehlhaltungen in der Familie deutlich. Durch die Tatsache, alles zu bekommen, ohne etwas dafür tun zu müssen, wurde Kaan in die Passivität gedrängt, was u. a. seine Lernbereitschaft und Pflichten betrifft. Die Eltern haben durch ihre verwöhnende Erziehung unerwünschtes Verhalten unterstützt. Zu einem viel späteren Zeitpunkt haben sie die Fehlentwicklung des Kindes im schulischen Bereich erkannt, sind aber nicht zu der Einsicht gelangt, dass diese durch ihre eigene Fehlhaltung verursacht wurde, denn sie setzen dieses Verhalten fort.

- Vernachlässigung: Das Kind, das weder Liebe noch Kooperation kennengelernt hat, erwartet, dass sich die Gesellschaft immer kühl verhalten wird. Es wird nicht erkennen, „dass es Liebe und Wertschätzung durch Handlungen gewinnen kann, die für andere nützlich sind" (Ansbacher u. a., 2004, S. 298). Bei Aufgaben überschätzt es den Schwierigkeitsgrad oder unterschätzt die eigenen Fähigkeiten zur Lösung der Aufgabe. Erlebnisse der Hartherzigkeit verstärken im Kind seine Annahme von Mangelhaftigkeit und verweigern ihm das Gefühl, so, wie es ist, etwas wert zu sein (vgl. Dreikurs, 1997, S. 34 f.).

  Beispiel: Fundas Mutter kann sich kaum um die Erziehung ihrer drei Kinder kümmern. Das Leben in der Fremde habe sie einsam und krank gemacht. Aufgrund schwerer Depressionen wird sie medikamentös und in längeren stationären Aufenthalten behandelt. Die Kinder sind sehr viele Stunden sich selbst überlassen. Der Vater ist zwar früh berufsunfähig geworden, verbringt aber den Tag außer Haus. Er bringt die Kinder nicht regelmäßig in die Kita und holt sie auch nicht wie vereinbart ab. Die Kinder fürchten ihn und seine harten Strafen. Lediglich der Opa spendet Wärme, jedoch verbringt er nur eine Jahreshälfte in Deutschland.

- Bevorzugung:

  „Bevorzugung bedeutet entweder Verzärtelung oder Aufhetzen zur Rivalität und Eifersucht anderen Kindern gegenüber. [...] Beinahe jede Entmutigung in der Kindheit entspringt dem Gefühl, dass ein anderer bevorzugt wird. Manchmal ist dieses Gefühl keineswegs gerechtfertigt, [...]. Es ist nicht damit getan, dass Eltern [und Sozialpädagogen, Anm. d. Verfasser] sagen, sie bevorzugten niemanden. Sie müssen auch darauf achten, dass in keinem ihrer Kinder auch nur der Verdacht der Bevorzugung aufkommt."
  (Ansbacher u. a., 2004, S. 303)

Erfahren türkeistämmige Kinder schon in der Kita oder spätestens in der Grundschule, dass „Türkischsein" von ihrer Umgebung eher negativ betrachtet wird, dann fühlen sie sich verletzt.

Beispiel: Im Sportunterricht kommt es zu einer Streitigkeit zwischen den Mädchen deutscher und türkischer Herkunft. Es geht darum, dass die türkischen Mädchen sich unter dem Handtuch umziehen, wobei die deutschen Mädchen sich der Öffentlichkeit des Umkleideraumes zeigen. Die deutschen Mädchen fangen an, abwertend über dieses Verhalten zu sprechen. Die türkischen Mädchen fühlen sich in ihrem „Türkischsein" angegriffen, schon auch deshalb, weil die deutschen Mädchen verallgemeinernd formulieren: „Warum seid ihr Türken denn so?" Als es zu einer stärkeren Auseinandersetzung kommt, schaltet sich die Klassenlehrerin ein. In einer Klassenlehrerstunde direkt im Anschluss an die Sportstunde hört sich die Lehrerin beide Seiten an, um zu einer Problemlösung anzusetzen. Sie möchte anscheinend das Schamgefühl der türkischen Schülerinnen verstehen und leitet mit der unglücklichen Frage ein: „Warum seid ihr Türken denn so?" Das ist taktisch unklug, da die Lehrerin in dem Moment (unbewusst) von dem tatsächlichen Problem ablenkt und weil aus der Sicht der Schülerinnen die Lehrerin ihre Neutralitätspflicht verletzt und sich auf die Seite der Deutschen stellt, also gegen die Türken ist. Das türkische Mädchen wird in Zukunft alles Unrecht, das auf sie fällt, durch den Umstand der ungünstigen Stellung in der Bezugsgruppe erklären.

- Ungünstige Stellung in der Geschwisterreihe und Konkurrenzkampf zwischen den Geschwistern (vgl. Dreikurs, 1997, S. 86 ff.): Hat sich die türkeistämmige Tochter hauptsächlich auf die hauswirtschaftliche Mitarbeit in der Familie zu konzentrieren, während ihr Bruder in den Genuss einer höheren Bildung kommt, dann kann sie sich zurückgesetzt und entmutigt fühlen. Ebenso wenn der Junge in und außerhalb der Familie große Freiheiten genießt, während für seine Schwester vorrangig rigide Einschränkungen und Verbote gelten.

- Sexuelles Anderssein, das Gefühl von Unmännlichkeit, Zweifel an der Geschlechtsrolle: Türkeistämmige Jungen laufen Gefahr, sehr schnell von der Mehrheitsgesellschaft abwertend als Macho bezeichnet zu werden, während sie ohne diese vermeintlich männlichen Eigenschaften in ihrer Community riskieren, als „schwul" beschimpft zu werden. Kleidet sich ein türkeistämmiges 13-jähriges Mädchen wie ihre frühreifen deutschen Freundinnen, dann kann es in einen schwerwiegenden Konflikt mit seiner eigenen Familie geraten, die es nämlich als Schande empfindet.

- Schlechte soziale und ökonomische Lage: Ein Kind aus ärmlichen Verhältnissen kann „leicht etwas falsch verstehen und denken, dass der Weg zur Überlegenheit der ist, Geld zu bekommen, ohne dafür zu arbeiten" (Ansbacher u. a., 2004, S. 337). Die Wohnviertel und Stadtteile, in denen fast ausschließlich Migranten wohnen, sind sowohl von der Bausubstanz, der Architektur, den öffentlichen Plätzen und Einrichtungen, Freizeitangeboten, der Wohnungsgröße u. a. in einem schlechteren Zustand als andere Viertel und vermitteln den dort lebenden Menschen das Gefühl, dass sie sich in einer schlechten sozialen Lage befinden und sie es nur wert sind, hier und nicht woanders zu wohnen und ihre Freizeit zu verbringen (vgl. Toprak, Integrationsunwillige Muslime, 2010, S. 156). Auch die soziale Atmosphäre innerhalb der Familie, lange und dauerhaft geprägt durch die Unsicherheit „Wann kehren wir zurück?" bzw. mittlerweile durch die resignative Haltung „Wir kehren wohl nicht mehr zurück!", führt zu Unsicherheit und Pessimismus.

In all diesen Ursachenfaktoren für den Minderwertigkeitskomplex spielt die *Erfahrung des sozialen Zusammenhalts und der sozialen Nützlichkeit* eine mehr oder weniger starke Rolle: Der Jugendliche erlebt sich in seiner Gemeinschaft als wertlos, nicht zugehörig, ausgegrenzt, ausgeschlossen, verhöhnt, diskriminiert, zurückbleibend, unterlegen. In ihm entsteht zunehmend das Gefühl von Unsicherheit, Ohnmacht, geringem Prestige und Ansehen und die subjektive Einschätzung, die eigenen Lebensprobleme auf der nützlichen Seite nicht mehr lösen zu können. Er hört auf, an der Gesellschaft interessiert zu sein und biegt aus Furcht vor einer Niederlage auf der sozial nützlichen Seite auf die unnützliche

Seite ab. „Aber auch auf der unnützlich, gemeinschaftswidrigen Seite des Lebens peitscht ihn sein verstärktes Minderwertigkeitsgefühl einem Ziel der freilich nur persönlichen Überlegenheit zu oder dem Schein einer Überlegenheit, die meist auf Kosten der anderen gesucht wird" (Ansbacher u. a., 2004, S. 206). Es ist abermals ein krampfhafter Versuch von „unten" nach „oben": Das Kind/Der Jugendliche mit einem Minderwertigkeitskomplex wird *vergeblich danach streben*, dieses Gefühl des Untenseins durch ein Geltungs- und Machtstreben zu bewältigen:

„Wer das drückende Gefühl einer tatsächlichen oder angenommenen Minderwertigkeit durch Kompensation zu überwinden versucht, wird niemals zu einer Lösung kommen – er trägt den Zweifel an sich und an seinem Wert mit sich, gleichgültig, wie hoch er steigen mag. Kompensation führt immer zur Überkompensation."
(Dreikurs, 1997, S. 30)

Überkompensationsstrategien führen dazu, dass das Gemeinschaftsgefühl noch mehr sinkt, weil das Kind/der Jugendliche zunehmend weniger den Anforderungen der Realität entspricht. Aus dem Minderwertigkeitskomplex resultiert ein Überlegenheitskomplex: Das Individuum zeigt sich und anderen seine Überlegenheit in sozial unnützlicher Weise.

Typische Strategien sind lautes und körperbetontes Auftreten, Schuleschwänzen, Provokation, Ausreden erfinden, ständiges Diskutieren, Stärke beweisen durch Beleidigen und Bloßstellen von Schülern oder Lehrern, Zielsetzungen weit unter oder weit über den eigenen Leistungen (in letztem Falle ohne ernsthaftes Streben) usw. Kurzfristig kann der Jugendliche dadurch erhöhte Aufmerksamkeit erlangen, indem er in der Schule auffällt, vielleicht werden sogar einige applaudieren.

> *Beispiel: Yiğit, ein sehr schlauer und auch sympathischer Junge, der aber als „Zappelphillip" bezeichnet werden kann, spielte in den ersten Wochen der Klassenneubildung den Klassenclown. Die Rolle des Klassenclowns kann dienlich sein, um den nicht kontrollierbaren Bewegungsdrang zu vertuschen. Auch wenn dieses Verhalten den Lehrer gestört hat, die Mitschüler hatten ihren Spaß und fanden Yiğit auch tatsächlich sympathisch. Die Lehrer fragten nach, ergriffen Maßnahmen, baten die Eltern zu einem Gespräch. Die Maßnahmen griffen jedoch nicht, so sanken die schulischen Leistungen ebenso wie der soziale Status innerhalb der Klassengemeinschaft. Nach einer Weile fühlten sich die Mitschüler genervt, weil das Verhalten nicht mehr belustigend, sondern kindisch und nervig war. Obendrein schadete es dem Ruf der Klasse. Yiğit wurde nun nicht mehr nur vom Lehrer ermahnt, sondern auch direkt von den Schülern.*

Im nächsten Schritt wird sich das Kind/der Jugendliche *von der Realität abwenden*, sich an Fiktionen klammern und ihnen willkürlichen Realitätswert verleihen (vgl. Ansbacher u. a., 2004, S. 199).

> *Beispiel: Ein Jugendlicher, der kräftig und muskulös gebaut ist, nimmt beispielsweise die Rolle des „Bandenführers" im Jugendzentrum ein, der sich vor seine vermeintlichen Freunde stellt, die allesamt türkeistämmig sind, die er aber kaum kennt. Er verteidigt sie mit Drohgebärden*

> *gegenüber anderen, kommandiert nach innen und genießt seinen Status in dieser Kleingruppe. Die anderen Jugendlichen verstärken sein Gefühl, weil sie von seiner Hilfe Gebrauch machen, wenn sie gegen andere Jugendgruppen auftreten oder weil sie ihre Furcht ihm gegenüber auch zeigen.*
>
> *Beispiel: Eine türkeistämmige Schülerin sagt, sie habe alles verstanden, sie sei gut in Mathematik. Die 6 in der Klassenarbeit sei nur zustande gekommen, weil sie gerade diese Aufgaben nicht konnte. Aber alles andere hätte sie gekonnt. Erstaunlicherweise ist man etwas irritiert und schenkt ihr doch ein wenig Glauben, weil sie anscheinend selbst an die Richtigkeit ihrer Behauptung glaubt. Im Übrigen sei sie zudem davon überzeugt, dass der Lehrer etwas gegen sie hätte.*

Die realitätsfremden *fiktiven Ziele* kann der Jugendliche jedoch auch *nicht erreichen*.

Indem sich Yiğit zu lange von der Realität abgewandt, in dieser Rolle verloren hatte und sein Glück auf die Probe stellte, hat er seinen Status irreparabel geschädigt. Sein Gemeinschaftsgefühl sank so weit, dass er, ohne sich von der Klasse zu verabschieden, die Schule verließ.

Der Bandenchef wird notfalls sogar von der eigenen Gruppe nicht als solcher akzeptiert, eventuell verhöhnt und verspottet. Außerdem erhöht sich sein Status im Kreislauf des Sozial-Nützlichen ohnehin nicht, beispielsweise in der Schule, da er auf der sozial unnützlichen Seite solche Ziele verfolgt, die nur ihm persönlich nützen – eben Chef sein zu wollen. Da in diesen Banden oft die Macht regiert und jeder gegen jeden und um Anerkennung kämpft und gleichzeitig um den Verlust der Gruppe bangt, kann der Einzelne keine echte Freundschaft finden.

Die Schülerin mit der 6 in Mathematik wird nicht besser, wenn sie nicht zur Einsicht kommt, dass sie Mathematik nicht kann, um dagegen etwas zu tun. Solange sie sich in der Opferrolle sieht und sich ihr Nicht-Können mit der vermeintlichen Ablehnung des Lehrers erklärt, wird sie weiterhin schulisch versagen.

Der Jugendliche baut sich seine *private Logik* auf. Dabei handelt es sich um Denkprozesse, derer er sich nicht gewahr wird, die ihn aber dennoch zu seinem Verhalten veranlassen und die von der Logik und dem „Common Sense" des menschlichen Zusammenlebens häufig sehr abweichen. Sobald der Jugendliche für sich keine Möglichkeit mehr sieht, durch nützliche Beiträge seinen Platz in der Gemeinschaft zu finden, wird er andere Methoden und vom Standpunkt der Gesellschaft aus „falsche" Ziele als erfolgreich ansehen.

Mit steigender Entmutigung lassen sich vier Ziele des kindlichen Störverhaltens erkennen: Das erste Ziel des Kindes ist

> „der Wunsch, *Aufmerksamkeit* zu erregen. Nur wenn man ihm spezielle Beachtung schenkt, fühlt es sich dazugehörig, gleichgültig, auf welche Weise es geschieht. Das zweite Ziel verschärften Kampfes ist *Macht*. Nur wenn es tun kann, was es will, und die Gebote des Erwachsenen missachten kann, fühlt es sich wichtig. Das dritte Ziel ist *Rache*; nur wenn es andere verletzen kann, wie es sich von ihnen verletzt fühlte, kann es irgendeine Bedeutung haben.

Das vierte Ziel des entmutigten Kindes ist, *alleingelassen* zu werden. Solange man nichts von ihm verlangt, wird sich seine Unfähigkeit nicht offen erweisen, kann es doch noch eine soziale Stellung, gleichgültig wie unsicher, einnehmen."
(Dreikurs, 1997, S. 73 f.)

Der Schüler entwickelt nun seine private Logik für sein Versagen und sagt dann z. B. einfach: „Wenn ich will, schaffe ich das!", und fügt laut oder für sich hinzu: „Ich will aber nicht." Mit der Zeit glaubt er fest daran, dass er die Macht darüber hat, etwas zu tun oder auch nicht. Der Leistung einfordernde Lehrer wird bei einem Schüler, der sehr weit hinter dem zurückliegt, was er beherrschen müsste, keinen Erfolg erzielen, weil der Schüler eine starke Haltung nach außen einnehmen wird, weil er sein Tun quasi selbst bestimmt. So wird er auch sehr extreme Behauptungen aufstellen wie: „Ich kann sogar Medizin oder Jura studieren, wenn ich will!" Im Bewusstsein wird das Gefühl, alles jederzeit schaffen zu können, wenn man nur will, sehr stark sein. Richtig glücklich wird er dabei nicht, weil er seine realitätsfernen Ziele nicht erreichen wird und das Unterbewusstsein die Wahrheit kennt.

Es wächst nun das Bedürfnis des Kindes/des Jugendlichen nach Sicherheit. Aufgrund des Minderwertigkeitskomplexes erlebt der Mensch die Anforderungen der Realität viel schneller und intensiver als Bedrohung weiterer Herabsetzung, weshalb er enorme Anstrengungen unternehmen muss, um sein Ich und seine private Logik mit sogenannten *Sicherungstendenzen* zu schützen. Das Gefühl der Minderwertigkeit verlangt eine Kompensation im Sinne der Erhöhung des Persönlichkeitsgefühls. Der fiktive Endzweck des Machtstrebens kommt zu ungeheurem Einfluss entsprechend der Devise, „ich muss so handeln, dass ich letzten Endes Herr der Situation bin" (Ansbacher u. a., 2004, S. 94). Das Streben nach Sicherungen kann aber niemals zu einem Gefühl der Sicherheit führen (vgl. Dreikurs, 1997, S. 36 f.), denn sie helfen nicht gegen das Gefühl des Untenseins.

Der Aufbau von Sicherungen durch Aggression und Distanz kann subtile Formen annehmen (vgl. Ansbacher u. a., 2004, S. 213 ff.):

- Entwertung des nicht erreichten Ziels: „Ich will überhaupt keinen Quali, was soll ich damit!"
- Überbewertung der eigenen Leistung: „Ich kann Mathe!" (Zeugnisnote: 5)
- Herabsetzen der anderen, z. B.: „Der Lehrer kann mir gar nichts beibringen!"
- Andere werden angeklagt und beschuldigt, für das Scheitern verantwortlich zu sein, zum Beispiel der jeweilige Lehrer vom Schüler dafür, dass er den qualifizierten Schulabschluss jetzt nicht hat.
- Selbstanklage und -vorwürfe: Lässt sich in einem Fall eine junge türkeistämmige Schülerin von ihrer Schwiegermutter, die auch über das Einkommen ihres Mannes verfügt, für deren Haushalt einspannen und wird sie nur unter dieser Bedingung in ihrem Umfeld geachtet, so kann sie sich mit Selbstvorwürfen quälen, sobald sie diese Frauenrolle zugunsten ihrer Schülerrolle nicht erfüllt.

Beim Aufbau von Sicherungen durch Distanz werden Erschwerungen oder gar Hindernisse konstruiert.

> *Beispiel:* Esra fehlt sehr häufig, sie sei krank, fühle sich schlapp, klagt über Übelkeit, Schlaflosigkeit und Kopfschmerzen. Nein, sie ginge nicht zum Arzt, sie lege sich einfach zu Hause hin. Die Schule könne sie nicht besuchen. Bei den auftretenden Schulschwierigkeiten beruft sie sich auf die selbst konstruierten Krankheiten, deren Überwindung sie vergeblich versucht. Ihre Sicherung ergibt sich aus der Fiktion: Wenn es mir gut ginge, würde ich zur Schule kommen. In diesem Wenn-Satz liegt jedoch eine unerfüllbare Bedingung. Die Schülerin will ihren persönlichen Lebensstil gar nicht verändern, da er ihr zu vermehrter Liebe, zur Schonung und anderen Vorteilen verhilft (vgl. Ansbacher u. a., 2004, S. 222 f.).

Laut schulinternen Statistiken der schulischen Sanitäter am Gertrud-Bäumer-Berufskolleg des Märkischen Kreises sind 60 % ihrer Fälle türkeistämmige Jugendliche, wobei fast alle Mädchen sind. Sie leiden sehr stark unter Migräne, Magenbeschwerden, Menstruationsschmerzen, Schwindel.

Des Weiteren gibt es den Aufbau von Sicherungen, die gleichzeitig für beide Zwecke eingesetzt werden: Klagt eine Schülerin über die häusliche Gewalt und harte Strafen ihres Vaters, z. B. der väterlichen Drohung, auf eine Koranschule in die Türkei geschickt zu werden, kann sie das Ziel verfolgen, beim Lehrer Mitleid zu erregen, sodass er von möglichen Erziehungsmaßnahmen absieht: „Herrschen durch Schwäche".

Der Minderwertigkeitskomplex bedingt letztendlich eine *Leugnung und Verfälschung der Realität*. Es kommt zu einem der Realität nicht angepassten Verhalten. Auch wenn die Krankheit nicht vorgetäuscht ist, also wenn es sie tatsächlich gibt bzw. die Schülerin in dem festen Glauben ist, krank zu sein, steht die Krankheit hier nur für die Sicherungsmaßnahme. Die Schülerin versucht nicht, wie auch in dem Beispiel von Esra, etwas gegen ihre Krankheit zu unternehmen, sondern gibt sie als Grund für nicht erbrachte Leistungen an. In Einzelfällen kann darüber hinweggesehen werden, aber bei wiederholten Fällen nützt es auch nichts, krank gewesen zu sein. Die Schülerin wird den Lernstoff nicht mehr aufholen können und diese Lücke wird immer bestehen und größer werden. Misslungene schulische Sozialisation hat meist eine misslungene berufliche Sozialisation als Folge, weshalb der soziale Status erneut gefährdet wird und das Gemeinschaftsgefühl noch mehr sinkt.

Am Ende des Prozesses einer seelischen Fehlentwicklung können Kinder und Jugendliche mit (vornehmlich türkeistämmigem) Migrationshintergrund aus dem bildungsbenachteiligten Milieu auffallen durch:

- Teilnahmslosigkeit/Apathie
- Schmerzzustände
- Konzentrations- und Gedächtnisstörungen
- Schlafstörungen
- Angst
- Unsicherheit/Hilflosigkeit
- Depressionen
- Abstumpfung
- Unfähigkeit als Ausrede
- Überschätzung eigener Fähigkeiten
- chronische Ungeduld
- Mutlosigkeit
- Lern-, Leistungs-, Schulversagen

- Schulschwänzen
- geringe Schul- und Berufsausbildung
- Perspektivlosigkeit/hohe Gefahr von Arbeitslosigkeit
- geringe Frustrationstoleranz

- Reizbarkeit
- Wut
- Aggression
- Delinquenz

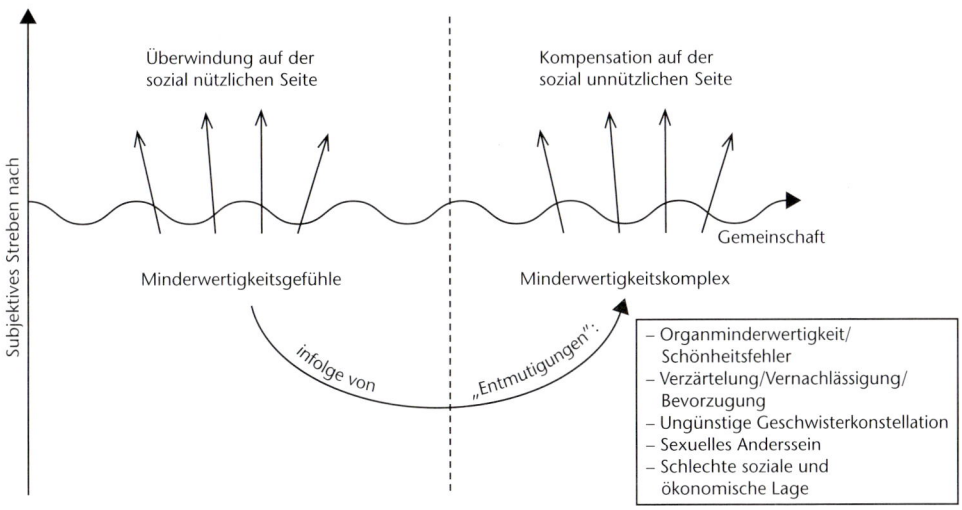

Individualpsychologische Erklärung realitätsunangepassten Verhaltens und Erlebens

3.2 Der migrationspädagogische Ansatz von Ahmet Toprak

Ahmet Toprak erforschte in qualitativen Studien, warum türkeistämmige Schüler aus dem bildungsbenachteiligten Milieu in der deutschen Schule wenig erfolgreich sind und in ihrer schulischen Sozialisation sowie ihrer beruflichen Integration scheitern. In *fokussierten Leitfaden-Interviews* ging es um konkrete Situationen, die die Befragten persönlich erlebt oder erfahren haben (vgl. Toprak, 2006, S. 17). Die Probanden sind junge männliche türkische Migranten der dritten Generation der Arbeitsmigranten, die im Bereich der Gewaltkriminalität auffällig wurden. Zur Auswertung aller Aufzeichnungen wurde als Methode die qualitative Inhaltsanalyse gewählt.

Exkurs: Kennzeichen qualitativer Forschung in der Sozialwissenschaft
Die qualitative Forschung erforscht die subjektive Wirklichkeit des Menschen über sinnverstehende Methoden der Deutung und Interpretation. Sie geht davon aus, dass die subjektive Welt des Menschen eine sinn- und bedeutungsstrukturierte Wirklichkeit ist. Es geht ihr darum, diese zu verstehen. Sie betrachtet die Menschen ihres Forschungsfeldes als Experten. Das Erhebungsinstrument bilden offen formulierte und nicht oder wenig strukturierte Fragen und „die Forschungssubjekte (sind) nicht von vornherein auf bestimmte Antwort- oder Reaktionsmöglichkeiten festgelegt" (Kempf, 2001, S. 237). Denn die Menschen meinen nicht unbedingt dasselbe,

auch wenn sie dieselben Worte verwenden. Ihre Bedeutung muss in der Befragungssituation erst noch geklärt werden. Sowohl die verbalen Ausführungen wie auch Gestik, Mimik und Verhalten des Interviewten tragen dazu bei.

Ahmet Toprak sieht die *Ursachen für den Prozess des Scheiterns migrantischer Jugendlicher* im Wesentlichen in drei Bereichen (vgl. Toprak, 2001, S. 29–54 und Toprak, 2006, S. 21–76):

Erklärungszusammenhang devianter Verhaltensmuster von türkeistämmigen Jugendlichen (in Anlehnung an Ahmet Toprak)

1. Der Jugendliche erlebt einen Widerspruch der Grundwerte des Erziehungskonzepts der türkeistämmigen Familie und denen der deutschen Schule

- Gehorsam/Unterordnung versus Selbstreflexion/Selbstständigkeit
- Solidarität/Loyalität versus Eigenverantwortung
- Kollektivismus versus Individualismus
- Rigidität versus Liberalität
- Sexualität im öffentlichen Raum ist ein Tabu versus ist kein Tabu
- autoritärer Erziehungsstil versus demokratischer, offener Stil

Fordert die türkeistämmige Familie *Gehorsam und Unterordnung* gegenüber elterlichen Aufforderungen und Erwartungen, so verlangt die Schule von demselben Jugendlichen *Selbstreflexion und Selbstständigkeit*. Er muss sein Verhalten selbst begründen, sich rechtfertigen und selbstständig Entscheidungen treffen.

Der Schüler gerät in einen Konflikt, wenn es um Entscheidungsfragen zu bestimmten Themen im Unterricht geht. Kulturelle und religiöse Sachverhalte werden bei den Türkeistämmigen nicht reflektiert und kritisiert. Wenn dies aber Gegenstand des Unterrichts ist, muss der Schüler sich entscheiden, wie er darauf reagiert:

1. Er wird aggressiv, laut (Überbetonung der Imperative traditioneller Männlichkeit).
2. Jede Form der Aufnahmefähigkeit versiegt.
3. Er versucht, eine Argumentationsstruktur aufzubauen, mit der Absicht, sich zu verteidigen.
4. Er geht objektiv an die Thematik heran, was ihm neue Erkenntnisse bescheren kann, die
   - im Widerspruch zu den häuslichen stehen,
   - andere nachvollziehen können, weswegen er aber Gewissensbisse bekommt und sich als Verräter fühlt.

Seine Reaktion entscheidet über schulischen Erfolg bzw. Misserfolg und über seine geistige Stärke bzw. Schwäche. Er selbst könnte zudem noch seine Authentizität und Anerkennung in der türkischen, aber auch der deutschen Community verlieren. Dies ist nicht nur eine Konflikt-, sondern auch eine sehr starke Stresssituation.

Gilt in der Familie *Solidarität und Loyalität* Eltern und Älteren gegenüber, so hält ihm die Schule *Eigenverantwortung* vor. Gibt der Jugendliche an, er konnte nicht für die Klausur lernen, weil er seinen Vater aufgrund seiner mangelnden Deutschkenntnisse ins Krankenhaus begleiten und auch die ganze Nacht dort verbringen musste, so akzeptiert das die Schule nicht, da er selbst für seine Klausurvorbereitung verantwortlich sei.

Die türkeistämmige Familie ist sehr stark geprägt durch den *Kollektivismus*, die deutsche Schule hingegen durch *Individualismus*. Verbringt die Familie einen Aufenthalt in der Heimat, so betrachtet sie diesen Umstand höherwertiger als den Schulbesuch der einzelnen Kinder. Es kommt nicht infrage, einzelne Familienmitglieder allein zurückzulassen.

Kommen Mädchen zum Beratungstag oder zur Anmeldung zum Berufskolleg, fällt häufig auf, dass sie sich regelrecht im Kollektiv für eine Klasse anmelden, wobei es nicht wichtig ist, welche Klasse und mit welchem Schwerpunkt es ist. Wichtig ist es, zusammen zu sein.

Haben türkeistämmige Schüler eine Gruppenarbeit zu erledigen, die im Großen und Ganzen mündlich zu bearbeiten ist, so zeigen die Schüler eine hohe Leistungsmotivation, die im krassen Gegensatz steht zu der bei individuell und schriftlich zu erbringenden Aufgaben.

Entscheidungen und Abmachungen werden in der türkeistämmigen Familie eher rigide eingehalten *(Rigidität)*, sie stehen nicht mehr zur Disposition, während sie in der deutschen Schule meist noch einmal neu diskutiert werden können (Prinzip: *Liberalität*).

Hat der Schüler keine Hausaufgaben, so folgt nicht unbedingt eine schlechte Note. Es kann auch eine Diskussion darüber entstehen, ob die Gründe für die Nichterbringung der Hausaufgaben akzeptiert werden oder die Hausaufgaben auch noch am nächsten

Tag vorgezeigt werden können. Nicht selten kann der Schüler dann damit rechnen, dass der Lehrer sie gar nicht nachhalten wird.

Die türkeistämmige Familie *tabuisiert Sexualität im öffentlichen Raum*. Schwangerschaft, Menstruation, Bezeichnungen von Körperteilen u. Ä. werden in der Öffentlichkeit, vor allem in Anwesenheit von Männern, nicht erwähnt und thematisiert, in der deutschen Schule dagegen umfassend, auch über die Sexualkunde hinaus *(keine Tabuisierung)*.

> *Beispiel:* Tuana, eine ehemalige Schülerin, lud nach der Geburt ihres Kindes ihre ehemaligen Lehrerinnen zu sich nach Hause ein. Im Gespräch ging es um Tabus in der türkischen Gesellschaft. Tuana widersprach der Aussage, dass bestimmte Themen, wie z. B. Schwangerschaft, in der türkischen Gesellschaft tabuisiert werden. Sie selbst kann solche Themen mit vielen anderen Frauen in aller Offenheit besprechen, natürlich ohne Männer. Tatsächlich werden in der türkischen Gesellschaft bestimmte Themen tabuisiert, aber Tuana hat Recht: Es gibt Situationen, in denen alle Themen ohne Einschränkung enttabuisiert werden können. Bei Frauenthemen empfiehlt es sich, über bestimmte Themen mit mehr oder weniger gleichgestellten Frauen zu sprechen. So gehört es sich in großen Teilen des türkischen Raumes nicht, in Anwesenheit Älterer über tabuisierte Themen zu sprechen. Es gibt sogar sehr traditionelle Familien, in denen der Jüngere vor Älteren gar nicht spricht, es sei denn, er wird dazu aufgefordert. Kommen wir nach diesem Exkurs zu Tuana zurück: Tuana besucht mit ihren Freundinnen eine verheiratete Schwester der Freundin. Diese Schwester wohnt als gelin (Braut) bei ihren Schwiegereltern. Ihr Schwager und ihre Schwägerin wohnen auch im selben Haushalt. Die Schwiegermutter ist während des ganzen Besuchs ebenfalls anwesend. Tuana, die damals schwanger ist, kommt auf das Thema Schwangerschaft zu sprechen und fragt die Schwägerin, die auch schwanger ist, nach ihrem Zustand. Die Reaktion ist selbst für Tuana verblüffend und sehr konservativ. Errötet durch die an sie gerichtete Frage steht sie auf und verlässt den Raum. Tuana erfährt von der Schwester der Freundin, dass es in dieser Familie üblich sei, nicht vor Älteren zu sprechen, schon gar nicht über solche Themen. Wenn Gäste dies tun, wird dies noch toleriert, aber von den Familienmitgliedern wird eben die gezeigte Reaktion erwartet.

Der *autoritäre Erziehungsstil* dominiert in der türkeistämmigen Familie. Es gilt noch das Motto: „Wer seine Kinder nicht schlägt, hat das Nachsehen." In der deutschen Schule dominiert der *demokratische, offene Erziehungsstil*.

Die Strafe eines Vaters: „Gehe mir aus den Augen, du bist nicht mehr meine Tochter", nachdem er erfahren hat, dass das Mädchen heimlich einen Freund haben könnte, oder die Drohung „Wir bringen dich in die Türkei", wenn die schulischen Schwierigkeiten nicht nachlassen, klingen sehr hart. Einer Schülerin wurde aufgrund von extremem Störverhalten angekündigt, dass die Eltern zur Schule bestellt würden. Sie reagierte darauf verzweifelt und sagte, in diesem Falle würden ihre Eltern sie dann auf eine Koranschule in der Türkei schicken. Auch die Schule steckt hier in einem Dilemma. Es gibt nicht wenige Lehrer, die Störverhalten ihrer türkeistämmigen Schülerschaft gewähren lassen und dulden, nur um ihnen zumindest in der Schule „Freiheiten" einzuräumen. Auch Pädagogen können sich der Liste der Fehlhaltungen in der Erziehung bedienen.

2. Der Jugendliche erlebt einen weiteren Widerspruch, nämlich zwischen den Erziehungszielen innerhalb der Familie und dem außerfamiliären Ist-Zustand

Erziehungsziele innerhalb der Familie:

- Primäre Erziehungsziele sind Respekt vor Autoritäten, Ehrenhaftigkeit, Zusammengehörigkeit, Lernen und Leistungsstreben.
- Sekundäre Erziehungsziele sind türkische und religiöse Identität.
- Tertiäre Erziehungsziele sind Selbstbewusstsein im Sinne von Stärke der Jungen und Selbstständigkeit der Mädchen in Haushalt und Familie.

Außerfamiliärer Ist-Zustand:

- geringer Schulerfolg, mangelhaft entwickelte Fähigkeiten/Fertigkeiten, Überschätzung der eigenen Fähigkeiten
- geringe Allgemeinbildung, keine eigene Meinung, Unsicherheit/Hilflosigkeit
- ungünstige Zuschreibungen und Diskriminierungserfahrungen
- große Perspektivlosigkeit und ein hohes Risiko von Arbeitslosigkeit
- keine Hobbys
- eine geringe Frustrationstoleranz

Die hier angestrebte Betrachtungsweise macht sich nicht zum Ziel, eine immanent-kritische Analyse der Erziehungsziele in der türkischen Familie und Community zu vollziehen, sondern die Gültigkeit ihrer für diese Gesellschaft und für den Erfolg der Türkeistämmigen in dieser Gesellschaft zu überprüfen. Denn: Wenn auch von einer „gelungenen" Erziehung seitens der Eltern gesprochen wird, zeigen die Statistiken, dass die Türkeistämmigen mit den Erziehungszielen ihrer Familie bzw. Community in der deutschen Gesellschaft, also im größeren Ganzen, nicht ankommen. Die Erziehungsziele innerhalb der türkischen Familie können traditionell und sogar konservativ ausgerichtet sein, sodass sie nicht den Grundwerten der deutschen Gesellschaft entsprechen. Hier ist ausdrücklich darauf hinzuweisen, dass es nicht darum geht, ob diese Erziehungsziele richtig oder falsch sind, sondern darum, dass sie in der hiesigen Gesellschaft auf Widerspruch stoßen, sodass trotz einer „guten" familiären Erziehung der Jugendliche keinen sicheren Status innerhalb des größeren Ganzen einnehmen kann und sein Prozess der Selbstverwirklichung behindert ist.

Primäre Erziehungsziele: Respekt vor Autoritäten, Ehrenhaftigkeit, Zusammengehörigkeit, Lernen und Leistungsstreben innerhalb der Familie und der außerfamiliäre Ist-Zustand

Autoritäten *Respekt* zu erweisen ist u. a. ein primäres Ziel in der türkischen Erziehung. Autoritäten können Menschen sein, die einen höheren Status in der Familie haben, allein durch ihr Alter. Ein sehr wichtiger und zentraler Grundsatz ist es, Älteren gegenüber bedingungslos Respekt zu erweisen. Auch der Lehrer hat aufgrund seiner Tätigkeit als Gelehrter Anspruch auf diesen bedingungslosen Respekt. Wissen zu vermitteln und zu erlangen sind sehr wichtige Aspekte auch in der türkischen Gesellschaft. So entstand vor mehreren Generationen folgendes Sprichwort: „Wer mich auch nur ein Wort lehrt, dem diene ich 40 Jahre." Es liegt nahe, dass folgende Frage aufkommt: Warum erweisen die Jugendlichen nicht ihren Lehrern oder allgemein den Älteren der ganzen Gesellschaft diesen bedingungslosen Respekt, was schulisch betrachtet heißen könnte: Ich respektiere die Schule, die Lehrperson und den Lernstoff, sodass ich selbstverständlich alles lerne, was mir der Lehrer aufträgt? So widersprüchlich der Gedankengang auch erscheint, er ist es nicht. Der junge Schüler verinnerlicht bedingungslosen Respekt innerhalb der Familie, er darf Älteren nicht widersprechen, auch wenn ihre Entscheidungen nicht nachzuvollziehen sind. Aufgrund dessen gibt es natürlich auch türkische Familien, in denen Konfliktsituationen auftreten, aber im Großen und Ganzen wird das Kind/der Jugendliche die Entscheidungen der Älteren nicht anfechten. In der Schule jedoch erfährt der Jugendliche, dass solche Muster nicht vorherrschen bzw. sogar abgelehnt und ersetzt werden, z. B. durch Argumentationsfähigkeit. Die Ziele der Familie stehen im offenen Widerspruch zu denen der Schule. Der Schüler, der zu Hause uneingeschränkten Respekt zeigt, findet in der Schule nicht dieselben Strukturen vor und schafft sich einen Freiraum für einen Ausgleich der häuslichen Situation. Und das kann er sich in einer deutschen Schule fast ohne Probleme leisten! Auch wenn durch den Versuch der Kompensation seine *schulischen Leistungen rapide sinken* und nie besser werden, sieht der Schüler darin für sich noch keine Probleme, denn er wird nur die Konsequenzen seines Verhaltens durch die Schule tragen, indem er ein *schlechtes Zeugnis* bekommt, *nicht versetzt* oder gar *von der Schule verwiesen* wird. Doch all diese Konsequenzen werden ihn bis zu einem bestimmten Alter nicht berühren, denn seitens der Familie drohen keine bzw. nur geringe Konsequenzen, weil sie aus diversen Gründen das schulische Versagen des Kindes nicht hoch anrechnen. Der Jugendliche wird sein Leben wie gewohnt fortsetzen, damit wägt er sich in Sicherheit. Türkische Eltern werden nicht aufhören, ihre Kinder zu unterstützen; sie wohnen weiterhin bei den Eltern und werden von ihnen versorgt, auch wenn sie schon volljährig und selbstverschuldet arbeitslos sind. Das geht häufig auch so weit, dass Eltern ihren Kindern auch in diesem Zustand es gestatten zu heiraten. Dabei verpflichten sie sich auch dafür, die junge Familie finanziell zu unterstützen, ohne Wenn und Aber. Für dieses gesicherte Leben muss das Kind natürlich den Erziehungszielen der Familie entsprechen. Solange der Ältere der Familie, in den meisten Fällen der Vater, der Vormund seines Kindes ist, also bis zu seinem Tod oder bis zu einer von ihm gewollten Zurückgezogenheit, erhält das Kind auch den Anspruch dieser Versorgung.

Der Begriff der *Ehrenhaftigkeit* wird meist durch seine Auslegung in der türkischen Community zu einer wichtigen Problemquelle in der deutschen Gesellschaft. Das folgende Beispiel konkretisiert dieses Problem: Zur Ehrenhaftigkeit des türkischen Mannes gehört es nicht nur, die weiblichen Familienmitglieder vor äußeren Gefahren zu schützen, sondern auch zu gewährleisten, dass sie sich den familiären Grundsätzen und den Bestimmungen der türkischen Gesellschaft entsprechend verhalten. Um dies sicherzustellen, wird häufig der Bruder, auch wenn er jünger ist, damit beauftragt, die Schwester zu kontrollieren und da einzugreifen, wo es nötig ist, um einer Schande vorzubeugen. Wenn der Bruder seine Aufgabe bewältigen kann, wird er in der türkischen Gesellschaft schon fast als Mann anerkannt. Doch diese Eigenschaft verhilft ihm in der deutschen Gesellschaft nicht zu Ansehen und Akzeptanz. Ganz im Gegenteil: Er wird als „türkischer Mann" und den dazugehörigen sonstigen Konnotationen *abgestempelt und abgelehnt*.

Der Begriff der Ehrenhaftigkeit wird beispielhaft in dem Film „Die Fremde" von Feo Aladağ (2010) deutlich gemacht.

> *Beispiel:* Eine junge Mutter flüchtet mit ihrem kleinen Sohn vor ihrem gewalttätigen Ehemann zu ihrer Familie nach Deutschland. Sie möchte für sich einen neuen Weg einschlagen – ohne den Ehemann – und fordert die Scheidung. Die zahlreichen Bemühungen der Familie, sie von der Rückkehr zu ihrem Mann zu überzeugen, ja sogar sie dazu zu zwingen, scheitern. Als die Maßnahmen der eigenen Eltern härter werden und so weit gehen, dass ihr alles untersagt und das Kind weggenommen wird, verlässt sie auch das Elternhaus. Sie lebt nicht nach den Vorstellungen der Community. Obendrein wird ihre Familie als nicht-ehrenhaft angesehen und dafür abgestraft. Die Verlobung der jüngeren Tochter wird durch die andere Familie aufgrund dessen aufgelöst. Nach weiteren Ereignissen erteilt der Vater den Söhnen den Auftrag, die familiäre Ehre zu retten. Selbst der jüngere Sohn, der seine Schwester liebt, gehorcht dem Vater (saygı), tötet letztlich die Schwester zwar nicht, aber dafür mordet der ältere Sohn, der die Ehrenhaftigkeit und diese Methode, die Ehre (namus) wieder herzustellen, verinnerlicht hat. Er wird durch seine Handlung zum Kriminellen. Für seine Bezugspersonen in der Community wird es die Wiederherstellung der Ehre bedeuten.

Sekundäre Erziehungsziele: türkische und religiöse Identität innerhalb der Familie und der außerfamiliäre Ist-Zustand

Allein der Umstand „Türke" zu sein, erklärt in der türkischen Community viele Gegebenheiten. Auf viele ihrer Fragen bekommen Kinder in türkischen Familien dieselbe Antwort: „Wir sind Türken. Bei uns ist das nun mal so!" Zwischen dem Türkischsein und den Gegebenheiten gibt es demnach eine unlogische bzw. nicht nachvollziehbare Verbindung. Das Kind erfährt auch sehr schnell, dass diese Aussage unantastbar ist und bedingungslos anerkannt werden muss. Eine Diskussion ist nicht zulässig. Der Jugendliche stößt dann aber in der Außenwelt auf Irritation, wenn er sein Verhalten oder seine Gedanken mit „Ich bin Türke!" begründet und ist selbst irritiert, dass diese Begründung nicht reicht. Wenn er dann erst recht nicht erklären kann, was er damit meint, kann es vorkommen, dass er sich nicht verstanden und bloßgestellt fühlt und *aggressiv wird bzw. in die Passivität* verfällt.

Der türkeistämmige Jugendliche ist in Deutschland in seiner türkischen Identität gespalten. Zu Hause werden ihm zur türkischen Identität Begriffe wie Respekt, Fleiß, Ehre und Gehorsam vermittelt. Das Elternhaus verlangt diese Eigenschaften, der Jugendliche erfüllt sie innerhalb der Familie und des Kontrollraums der Familie, also der türkischen Community. Somit scheint die Erziehung der Eltern erfolgreich zu sein. Die Betrachtung des erweiterten Umfelds des Jugendlichen, also der Schule, zeigt, dass er wie verwandelt ist, sobald er das elterliche Haus verlässt. Er verändert sich mit der sich ändernden Konnotation des Begriffs „Türke". Denn in diesem erweiterten Umfeld ist der Begriff gleichzusetzen mit *faul, unhöflich, grob, laut, rücksichtslos, dumm*. Die Erwartungshaltung projiziert diese Konnotation. Zu Hause gibt es auch keinen ernst zu nehmenden Ärger, weil erstens die Eltern ihr Umfeld, also die türkische Community, selten verlassen und nur selten Kontakt zum erweiterten Umfeld ihres Kindes haben und zweitens, weil auch sie eine Erwartungshaltung der Schule gegenüber haben, nämlich, dass ihre Kinder als Ausländer in der Schule sowieso benachteiligt werden und deswegen, bis auf ein paar Ausnahmefälle, nicht erfolgreich werden können. Letzteres bestätigt der Ist-Zustand des Kindes außerhalb der Familie.

Das Fasten zählt zu den wichtigsten Pflichten eines Moslems. Der Fastenmonat ist der Ramadan. Einen Monat lang verzichtet der Fastende tagsüber u. a. auf Essen und Trinken. Es ist eine sehr harte Probe und erfordert viel Disziplin, den ganzen Monat durchzustehen. Früher war dies an Schulen kein Thema. Selbstverständlich haben Schüler am Sportunterricht, an Tagesausflügen, Klassenfahrten, Klassenarbeiten usw. teilgenommen, ohne dass auch nur ein Schüler sich unwohl fühlte. Die Gebrechlichsten, Schwachen und Kranken sind aus religiöser Sicht befreit vom Fasten. Die Gesunden werden keine gesundheitlichen Probleme haben, wenn es nicht gerade Hochsommer ist. Heute wird Rücksicht darauf genommen, dass jemand fastet. Und Rücksicht bedeutet, sich auch von leichten Hausaufgaben zu befreien. Für den Schüler ist es selbstverständlich, dass er zur Fastenzeit keine Leistung erbringen kann und dass die Schule Rücksicht darauf nehmen muss. Der Lehrer durchschaut die Absicht des Schülers, sich vor Arbeit zu drücken, geht aber nicht dagegen an. Um seine Autorität zu wahren, überspielt er das Ganze mit einem „Entgegenkommen" oder Mitleid. Die religiöse Identität ist Teil der Privatsphäre in Deutschland. Wenn es nicht so bleibt und sie in ihrer Ausführung dominiert, sodass Aufgaben nicht erledigt, Pflichten nicht erfüllt werden können, entstehen Probleme. Probleme, die nicht entstehen dürften, weil erstens die Religion besagt, dass die Erfüllung der sonstigen Pflichten nicht beeinträchtigt werden darf, und zweitens der Schüler seine Leistung unabhängig von seiner religiösen Identität erbringen muss. Dies müssen natürlich die Schulen sichern. Ihnen wird für diese „Großzügigkeit" nicht gedankt, ganz im Gegenteil erscheint die Schule in den Augen der Schüler und auch der Eltern als „lasch", sodass *schulische Angelegenheiten noch mehr abgewertet werden*.

In seinem Prozess der Identitätsentwicklung orientiert sich der Jugendliche an einem für bestimmte Jugendkulturen typischen Männlichkeitskonzept. Darunter zählt „Freundschaft" zu den wichtigsten Dingen im Leben eines Mannes. Freundschaft bedeutet demnach bedingungslose Solidarität und Loyalität. Wenn ein Freund Hilfe braucht, ist man zur Stelle. Es ist keine Frage, ob er in einer Situation, in einem Konflikt Recht oder Unrecht hat. Auch muss der Sachverhalt nicht unbedingt bekannt sein. Ein Nachfragen könnte schon Zweifel an der wahren Freundschaft aufkommen lassen. Auf diesem Wege kann der Jugendliche schnell zu einem *Gewalttäter* werden, weil er diesem hohen Grundsatz folgend seinem Freund zu Hilfe geeilt ist.

Tertiäre Erziehungsziele: Selbstbewusstsein im Sinne von Selbstständigkeit der Mädchen in Haushalt und Familie und Stärke der Jungen innerhalb der Familie und der außerfamiliäre Ist-Zustand

In bestimmten Berufsschulklassen lässt sich beobachten, dass Schüler mit sehr positiven Eigenschaften – sie sind höflich, zuvorkommend, gesprächig, stets gut gelaunt und pflichtbewusst im familiären Bereich – nur einen *geringen Schulerfolg zeigen*. Es gibt Schülerinnen, die schon sehr früh anfangen, den Haushalt zu führen und die Pflicht auf sich nehmen, täglich die Versorgung der Familie zu gewährleisten. Diesen Mädchen fällt es jedoch oft schwer, in dem Fach Nahrungszubereitung erfolgreich zu sein. Die

Schülerinnen fühlen sich nicht gerecht behandelt, weil sie aufgrund der Tatsache, dass sie ja zu Hause hervorragende Arbeit leisten, auch in der Schule eine gute Bewertung erwarten, ohne tatsächlich eine schulische Leistung erbracht zu haben.

Jungen sollen selbstbewusst auftreten, dabei spielt vor allem die körperliche Stärke eine wesentliche Rolle. Es sind wichtige Eigenschaften, muskulös zu sein, Mut zu haben und auch, sich verteidigen zu können. In der deutschen Gesellschaft sind diese Eigenschaften auch sehr wichtig, aber haben nicht solch eine hohe Priorität wie in der türkischen Gesellschaft. Im großen Ganzen kann der „selbstbewusst" auftretende Türke als *Angeber, machohaft und gewalttätig* aufgenommen werden. Mit diesem „Selbstbewusstsein" wird er letztendlich keinen Fortschritt machen.

Die unter 1. und 2. aufgeführten Widersprüche bleiben insbesondere in dem Falle bestehen, wenn die Erziehungsziele der türkeistämmigen Familie stärker dem Einfluss der Community unterliegen als dem der Mehrheitsgesellschaft.

> *Beispiel: Wenn der Lehrer den Schüler am Elternsprechtag besonders lobt und ihm ein Studium empfiehlt, wird eine türkische Mutter so stolz in dem Moment, dass sie dem zustimmt und es für eine sehr gute Idee hält. Wenn der Lehrer sich am Elternsprechtag nur über den Schüler beschwert, wird die Mutter sich so sehr schämen, dass sie natürlich sagen wird, sie wünsche sich ja auch ein Kind, das studiere, worauf sie stolz sein könne. In beiden Fällen wird die türkische Mutter natürlich dem Lehrer Recht geben und sagen, dass ein studierter Mensch etwas Besonderes sei, der Lehrer sei ja auch so ein Studierter. Wenn sie aber nichts tut, um dem Kind dazu zu verhelfen, dann ist es nicht immer die Tatsache, dass sie nicht weiß, wie sie es tun soll. Das Kind soll nach Möglichkeit eine Beschäftigung angehen, die sicherer erscheint und durch die das Kind nicht auf die Idee kommt, die Gesellschaft verändern zu wollen oder zu verfremden. Um den eigenen Grundsätzen und Werten treu zu bleiben, also Gesellschaftsstrukturen nicht grob zu verletzen, sollte solch ein großer Sprung nach Möglichkeit verhindert oder zumindest nicht unterstützt werden. Dafür sorgt die gesamte Community. Jeder gibt einen Kommentar. Wenn das Kind Erfolg zeigt, es wirklich schafft und doch der Familie treu bleibt, erfüllt das natürlich jede Familie mit Stolz. Obwohl es sich hin und wieder böse gemeinte Sätze wie „Hat man dir das im Studium beigebracht?" zu hören bekommt, ist es im Großen und Ganzen in Ordnung. Eltern führen aber den eigenen Willen des studierten Kindes auf das Studium zurück. Eine Mutter sagte nach einer Auseinandersetzung mit ihrer studierten Tochter zu der anderen Tochter, die dreifache Mutter ist: „Wenn deine Kinder mal studieren, könnten sie so wie die hier werden. Lass sie nicht studieren!" Das sagte sie mit großer Überzeugung und Boshaftigkeit.*

3. Ahmet Toprak führt als dritten Ursachenkomplex „ungünstige Sozialisationsfaktoren" an, die zusätzlich das deviante Verhalten des Jugendlichen verstärken

Re-ethnisierte Peergroup

Die türkische Schülerin wird aufgrund von erfahrenem Unrecht die Auffassung vertreten, nur in ihrer eigenen Community Beachtung zu finden und sich von ihrer

Klassengemeinschaft abwenden. Sie wird sich stärker in ihre Community einfügen und an ihren Werten und Normen festhalten. So kommt es zu einer Re-ethnisierung.

„Für uns ist Ehre sehr wichtig", sagt Barış, der Mitglied in einem türkischen Tanzverein ist. In solchen vorgefertigten Aussagen der bedingungslosen Verteidigung der Ehre bestärken sich die Jugendlichen gegenseitig. Sie dienen als Schutz gegen Kritik. Die Einleitung der Aussage mit *für uns* zeigt eine große Distanz zwischen der Welt des Schülers und der deutschen Gesellschaft, aber auch eine Diskrepanz zwischen den Wertevorstellungen beider Gruppen. Somit wird den Deutschen bewusst oder unbewusst Ehrlosigkeit zugeschrieben, ja sogar unterstellt, ihnen sei der Begriff fremd. Auch dies ist eine Überlebensstrategie, den Deutschen als potenziellen Kritiker auszuschalten. So entkommt man der Kritik, der Diskussion und der Situation, sich verteidigen zu müssen.

Arbeitslosigkeit der Eltern, schlechte soziale und ökonomische Lage der Familie

Niedrige Einkommen, hohe Arbeitslosigkeit und eine hohe Quote von weiteren „Leistungsempfängern" (vgl. Berlin-Institut, 2009) erzeugen eine unbefriedigte Bedürfnislage, Frustration und Aggression.

Subjektive und objektive Diskriminierung

Das fast spaßig, auch ohne aggressive Absicht von Schulkameraden wie selbstverständlich verwendete „Du Türke schon wieder?" ist eine offensichtliche Diskriminierung. *Türke* reicht als Schimpfwort. Die eindeutige Betonung und Mimik geben der Bezeichnung *Türke* eine seltsam geringschätzige Bedeutung.
Schulabgänger kommen nicht selten von der Arbeitsagentur mit der Information zurück, dass sie als Türkeistämmige nur dann eine Chance hätten, wenn sie besser seien als die deutschen Bewerber.

Eingeschränkte Kommunikationsfähigkeit (Mischmasch-Sprache) und -möglichkeit

Der Schüler, der aufgrund der mangelnden Motivation nicht systematisch lernt, wird es auch nicht zu einer gut entwickelten Kommunikationsfähigkeit bringen. Da dieser Schüler in der Regel zweisprachig ist, wird sich ein mangelhaftes Sprachbewusstsein entwickeln, wonach sich eine Mischmasch-Sprache bildet. Code-Mixing schränkt nicht nur die Sprachfähigkeit ein, sondern auch die Denkfähigkeit. Es kommt damit zu einer eingeschränkten Kommunikationsmöglichkeit.

Aufgrund dieser Ursachenfaktoren fühlt sich der türkeistämmige Schüler in der deutschen Schule irritiert, frustriert und gestresst und nimmt den Lehrer als schwach wahr.

In der Folge sucht er nach *Auswegen*:

a) durch Überbetonung der Imperative traditioneller Männlichkeit: körperliche Stärke, Lautstärke, Dominanz, selbstbewusstes Auftreten, Macht, Macho-Gehabe, Gewalt.

Ein Mann muss zu seinem Wort stehen, auch wenn er nach ausreichender Überlegung zu dem Schluss kommt, dass das Wort überflüssig, unangemessen oder einfach falsch ist. Dennoch muss er nach außen geistige Stärke beweisen. Dies bedeutet, dass ein Mann seine Aussage in der Öffentlichkeit nicht mehr zurücknimmt und auch nicht in der Öffentlichkeit an ihr zweifelt. Es würde als Schwäche gelten. Auch wenn er so stark ist, das Machtwort auszusprechen, reicht die Stärke nicht aus, den Lauf der Dinge nach der Aussprache zu ändern. Dies erfordert natürlich von den Untergeordneten eine bedingungslose Anerkennung der Dominanz des Mannes und seines Wortes. Der Mann stellt dies sicher durch die geistige Stärke, aber auch nicht selten durch körperliche Stärke.

Körperliche Stärke bedeutet, den muskulösen Körper sichtbar zu machen, bloß durch die Darstellung oder auch den Einsatz des Körpers. Im Kindesalter werden die Jungen zum Kampfsport oder zum Fußball animiert. Wenn sie sich z. B. beim Spielen verletzen und dann weinen, also Schwäche zeigen, werden sie dafür gar bestraft.

b) durch Überbetonung rigider religiöser Werte der Ehre: bedingungslose Verteidigung weiblicher Familienmitglieder, Heiligkeit der Jungfräulichkeit, der Ehe und Familie.

Ehre (türkisch: namus) hat man. Man kann sie verlieren, man kann sie sich aber nicht erarbeiten. Sie dient dem Schutz der Familie. Wenn jemand von außen ein weibliches Mitglied der Familie angreift oder stark anschaut, dann muss der Familienvater die Grenzüberschreitung ahnden, sonst gilt er als ehrloser Mann. Der Begriff Ehre ist sehr alt, älter als der Islam, und war zu Zeiten und in Gegenden wichtig, in denen keine Justiz existierte oder funktionierte. Ehre (namus) heißt für die Frau, Jungfräulichkeit vor der Ehe und Treue während der Ehe. Der Mann hat sich nun traditionell die Machtausübung angeeignet, d. h., er verteidigt die Ehre der Familie bzw. stellt sie wieder her.

Jugendliche mit Migrationshintergrund überbetonen die tradierten Werte. Migration erhöht ohnehin den Konservatismus. Der Grund liegt offensichtlich darin, dass Migranten für sich die Gefahr sehen, die eigene Identität zu verlieren und „sich zu verraten". Mit Zunahme der Bildung reduziert sich die Überbetonung. Bildung ist demnach in diesem Zusammenhang ein bedeutsamer Faktor. Die Überbetonung der traditionellen Werte ist folglich nicht nur migrantentypisch, sondern typisch für bildungsbenachteiligte Milieus. In diesen Milieus begünstigen zudem patriarchalische und traditionelle Denkstrukturen innerhalb der Familien traditionelle Männlichkeitskonzepte. Bei den türkisch-muslimischen Männern der 3. und 4. Generation wandelt sich das Männlichkeitskonzept. Ahmet Toprak spricht von einem konstruierten Männlichkeitsbild: Der Mann ist nicht mehr Familienoberhaupt (im Sinne eines alleinigen Ernährers der Familie); er präsentiert nach außen aber weiterhin, aus Angst vor Schwäche, Entscheidungsmacht, weil es so erwartet wird. Das Bild nach außen ist aber nicht das reale Bild.

Einen weiteren Grund für die Überbetonung der Imperative traditioneller Männlichkeit sieht Ahmet Toprak darin, dass die betreffenden Jugendlichen für sich keine anderen alternativen Werte kennen bzw. Identifikationsmöglichkeiten haben (vgl. Toprak, Kleine Prinzen, 2010).

3.3 Der biografische Ansatz von Jan İ. Kızılhan

Biografische Veränderungen der sozialen, ökonomischen und kulturellen Lebensbedingungen und die Ursachen der Migration haben Auswirkungen auf die individuelle und kollektive Identität, auf die Art und Weise, wie die in der Migration gemachten Erfahrungen verarbeitet werden und wie und ob die Anpassung im Aufnahmeland gelingt (vgl. Kızılhan, 2010, S. 50). Migrantische Biografien und biografische Krisen unterscheiden sich je nach Migrantengeneration:

Die *erste Generation* hat eine spezifische kulturelle Identität mit festgelegten Verhaltensmustern mitgebracht und in der Residenzgesellschaft weiterentwickelt, sodass sie handlungsfähig war. Dazu zählen der

„Erwerb der deutschen Sprache und problemlösungsrelevanter Verhaltensstrategien sowie die Einordnung in einen fremden und ungewohnten Produktionsprozess. Auf Grund der emotionalen Bindung an das Heimatland und einer bereits gefestigten Biografie gelang es den Angehörigen der ersten im Vergleich zu denen der zweiten und dritten Generation eher, wahrgenommene und erfahrene Benachteiligungen in Deutschland durch die Idealisierung des Herkunftslandes zu kompensieren. Dies führte wiederum zu einem typischen Diaspora-Konservatismus, innerhalb dessen sie viel stärker an ihren traditionellen, religiösen Werten und Normen festhielten als z. B. ihre Landsleute im Herkunftsland. Der dynamische Prozess der Veränderung einer Kultur durch neue Erfahrungen wird von der Diasporagemeinschaft verdrängt oder abgelehnt, um ihre gefestigte Herkunftsidentität auch im Aufnahmeland stabil halten zu können."
(Kızılhan, 2008, S. 2)

Im Gegensatz dazu sind in länger andauernden Migrationsverläufen die *Migranten der zweiten und dritten Generation* einem viel stärkeren Entfremdungsprozess ausgesetzt. Aufgrund sozialer, politischer und kultureller Einflüsse in ihrem Residenzland erscheinen sie ihren Landsleuten im Herkunftsland als „Deutsche", also als Fremde in ihrem Heimatland. Aber auch in ihrem Residenzland fühlen sie sich fremd, obwohl sie hier ihre Biografie gestalten. Sie sind weniger verwurzelt in der kulturellen Identität und weniger verbunden mit traditionellen Wertvorstellungen ihres Herkunftslandes. Schwindet der Machteinfluss der ersten Generation aufgrund von Alter, Rückzug aus dem Arbeitsleben und der unterschiedlichen Sozialisation der Generationen, so kompensiert sie diesen Machtverlust manchmal durch Formen patriarchalischer Ehrvorstellungen mit religiösen Elementen (vgl. Kızılhan, 2008, S. 2).

„Die zweite und dritte Generation steht im Konflikt zwischen elterlicher kultureller Identität und der außerfamiliär erfahrenen Sozialisation im Migrationsland. Das Nichtbefolgen der elterlichen Norm- und Wertvorstellungen empfinden diese Eltern als Entwertung ihrer Lebensziele und führt die Kinder zu einer ambivalenten Haltung hinsichtlich ihres Lebenskonzeptes. Auf Grund des anhaltenden Annäherungs-Vermeidungskonfliktes zwischen elterlichen Wertvorstellungen und deutscher Kultur bei der jüngeren Generation entstehen besonders hohe psychosoziale Belastungen, deren Folgen maßgeblich den Erfolg in der Schulbildung, im Beruf und damit einer Integration bestimmen. Weiterhin führen subjektive und objektive

Diskriminierung, soziale Isolierung, unzureichender Wohnraum, ungünstige Arbeitssituation, verunsichernder Rechtsstatus, fehlende Kompetenz in deutscher Sprache und unbefriedigtes Kommunikationsbedürfnis usw. zu ungünstigen sozialen Bedingungen."
(Kızılhan, 2007, S. 2)

Bei der ersten Generation von Migranten handelt es sich altersmäßig um schon erwachsene Menschen, die bereits kulturell sozialisiert waren. Normativ war für sie zum Beispiel eindeutig, welche Freizeitbeschäftigungen akzeptabel sind. Migranten der zweiten und dritten Generation nehmen hingegen eine Diskrepanz zwischen der elterlichen kulturellen Identität und ihrer Sozialisation außerhalb der Familie wahr. Dies lässt sich oftmals im Verhalten von Jugendlichen beobachten, die sowohl ihren elterlichen Vorstellungen als auch den gesellschaftlichen Erwartungen entsprechen wollen bzw. müssen, damit sie zu ihrer Gleichaltrigengruppe gehören. In Deutschland zählt Schwimmen zu den beliebtesten Freizeitbeschäftigungen. Das Lebenskonzept einer muslimischen Familie sieht aber vor, dass der Körper nicht freizügig in der Öffentlichkeit gezeigt wird. Ein Badeanzug gilt dabei als freizügig. Jugendliche reagieren auf diesen Konflikt, indem sie entweder ihren Wünschen der Freizeitgestaltung heimlich nachkommen, also schwimmen gehen und es riskieren, von der Community entdeckt zu werden oder sie gehen nicht schwimmen, fühlen sich aber aufgrund ihrer Außenseiterrolle in der Peergroup benachteiligt. Schwimmen zu gehen oder gehen zu wollen, würden die Eltern als Entwertung ihres Lebenskonzeptes empfinden. Das wissen die Jugendlichen. Findet dazu keine bewusste Auseinandersetzung in der Familie statt, dann führt es bei den Jugendlichen zu einer ambivalenten Haltung dem Schwimmen gegenüber. Sie tun oder wollen es quasi wohlwissend als etwas Unerlaubtes tun, sprechen aber nicht darüber und verständigen sich untereinander im alltäglichen Sprachgebrauch oberflächlich auf die konventionellen Werte der Eltern nach dem Motto: „Das ist so bei uns!". Im ungünstigen Fall passiert diese Aufspaltung nicht nur mit diesem einen Wert bezüglich der Freizeitbeschäftigung, sondern auch mit vielen anderen wichtigen Werten. Die dritte Generation nimmt wiederum diese ambivalente Haltung ihrer Eltern in Form eines Widerspruchs zwischen ihren ausgedrückten Erziehungszielen und ihrem tatsächlichen Verhalten wahr.

Da das migrantische Kind in zwei Gesellschaften lebt, ist sein Orientierungsrahmen für den Aufbau von Selbstwertgefühl und zwischenmenschlichen Beziehungen brüchig, unklar, scheinbar widersprüchlich. Werte und Normen beider Kulturen (Rolle der Familie, Ehr- und Moralvorstellungen, z. B. hinsichtlich der Jungfräulichkeit) können ihm wie unüberwindbare Barrieren erscheinen. Orientiert sich das Kind noch an einer dritten, beispielsweise der deutschtürkischen Kultur, kann ihm auch diese keine Sicherheit bieten, denn sie ist nicht ausreichend verbalisiert und wird weder von seiner Herkunfts- noch von seiner Residenzkultur positiv bewertet (vgl. Uslucan, 2008). Sich nur für das eine oder das andere Wertesystem zu entscheiden, stellt für den migrantischen Jugendlichen aus einer familienorientierten Gesellschaft eine große und dauerhafte Belastungssituation dar (vgl. Kızılhan, 2010, S. 53). „Probiert" er mühsam Werte und Normen „aus", so muss er schmerzhafte Erfahrungen machen, je nachdem wie die Umwelt darauf reagiert (vgl. Kızılhan, 2007, S. 3). Bildet die türkeistämmige Familie in der Regel einen verlässlichen und wirksamen Schutzverband, so erzeugen *individuelle Autonomiebestrebungen* die

Angst, der Kollektivgemeinschaft durch „Entehrungen" Schaden zuzufügen und sie zu gefährden. Zerstörung der Gesamtfamilie oder Ausgliederung aus der Herkunftsgemeinschaft stellen die bedrohlichen Folgen dar (vgl. Kızılhan, 2010, S. 54).

Macht der Jugendliche Erfahrungen, die er nicht erzählen und in seine Lebensgeschichte integrieren kann, so entstehen in der Person „leere Räume". Nicht integrierte und als Teil der Persönlichkeit unverarbeitete Ereignisse, Krisen und Wendepunkte führen zu innerpsychischen Konflikten. Sie gefährden die Kontinuität in der Entwicklung und fragmentieren das Bewusstsein. Es kann zu einer *Identitätsdiffusion* (vgl. Kızılhan, 2007, S. 3), extremen subkulturellen Orientierungen, extremen archaisch-patriarchalischen Einstellungen oder psychosomatischen Beschwerden kommen (vgl. Kızılhan, 2006).

Durch eine Somatisierung verlagern Menschen Ausgrenzung, soziale Kränkung, Schuld- und Minderwertigkeitsgefühle aus dem bewussten Erleben auf die Körperebene, um so die Selbstachtung zu bewahren und auf Hilfe der Medizin zu hoffen (vgl. Kızılhan, 2010, S. 55). Das subjektive Leiden findet symbolisch Ausdruck in Form von Müdigkeit, Weinen und Schmerzen sowie eines gebrochenen und schwachen Menschen. Es kommt zu einer Fixierung auf den Schmerz und einer passiven Schonhaltung. Die Aufmerksamkeit der Familie bei Schmerzverhalten sowie das Vermeidungsverhalten gegenüber dem Arbeitsplatz infolge von Krankschreibung verstärken die psychische Erkrankung. Es besteht die Gefahr einer Chronifizierung.

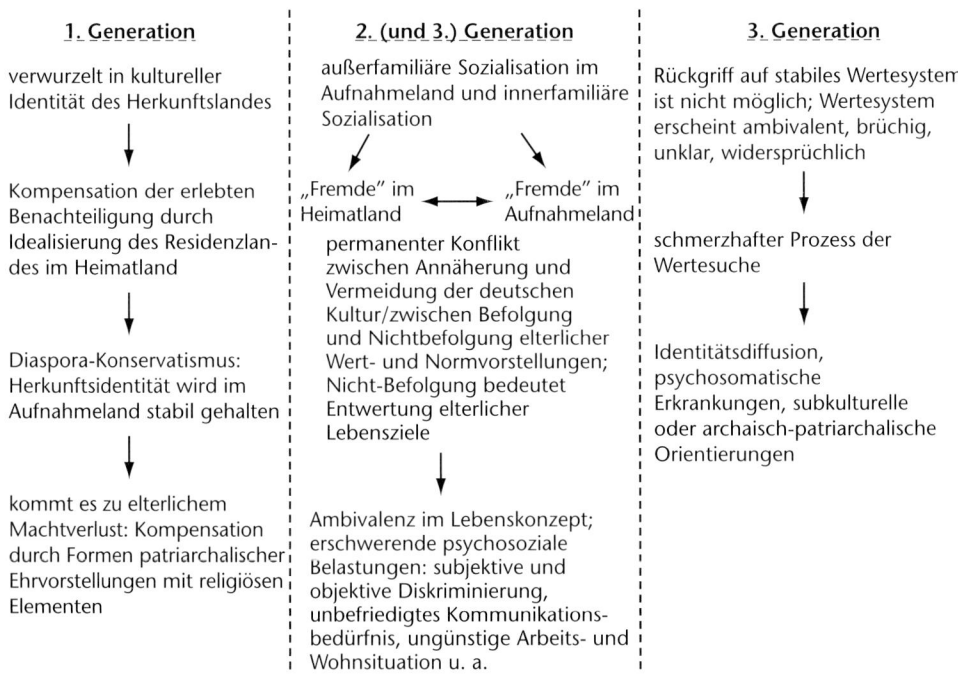

Biografischer Ansatz (in Anlehnung an Jan İ. Kızılhan)

3.4 Der lebensweltliche Ansatz von Ursula Boos-Nünning und Yasemin Karakaşoğlu

Ursula Boos-Nünning und Yasemin Karakaşoğlu beschreiben „Lebenssituationen, Lebensorientierungen sowie die persönlichen, familiären und institutionellen Ressourcen und Hindernisse in der Lebensgestaltung von Mädchen aus Aussiedlerfamilien sowie mit griechischem, italienischem, ehemals jugoslawischem und türkischem Migrationshintergrund" (Boos-Nünning u. a., 2006, S. 25) mithilfe einer *umfassenden empirischen Erhebung*, die vom Bundesministerium für Familie, Senioren, Frauen und Jugend in Auftrag gegeben und finanziell gefördert wurde.

Ihre Forschungsmethode ist die Mehrthemen-Befragung bei einer Stichprobe von 950 ledigen Mädchen und jungen Frauen im Alter von 15 bis 21 Jahren. In einem *quantitativen* Forschungsansatz wurde nach einem Pretest und Rückmeldungen von Experten unterschiedlichster Disziplinen in der Endfassung ein vollstandardisierter Fragebogen mit 138 Fragen entwickelt und in die Herkunftssprachen übersetzt.

Exkurs: Merkmale der quantitativen Forschung in der Sozialwissenschaft
Quantitative Forschung arbeitet mit standardisierten Fragebögen, d. h., die Fragen sowie das Verhalten des Interviewers sind genau festgelegt. Es geht um die Überprüfung von Hypothesen bezüglich eines Ausschnitts einer empirischen Wirklichkeit. Quantitative Forschung strukturiert von vornherein die zu erforschende Wirklichkeit durch operationalisierte Variablen (Items) und legt in ihrem Erhebungsinstrument die Antwortmöglichkeiten fest. Typisch sind Skalen für eine Häufigkeit (oft – manchmal – selten) oder einen Ausprägungsgrad (ich stimme voll zu – ich stimme eher zu – ich stimme teilweise zu – ich stimme weniger zu – ich stimme gar nicht zu). Mittels statistischer Verfahren werden die Ergebnisse quantitativ ausgewertet. Für die Auswertung der Daten gelten Gütekriterien: „Messungen sollen möglichst objektiv, zuverlässig und gültig sein" (Dieckmann, 2001, S. 216).

Angesichts der Tatsache, dass Jugendliche und junge Menschen mit Migrationshintergrund einen bedeutenden Anteil an der deutschen Gesellschaft haben – circa ein Viertel der Jugendlichen in Deutschland und sogar bis zu 40 % und mehr in Großstädten –, ist darauf hinzuweisen, dass Kindheit und Jugend für einen erheblichen Teil dieser Jugendlichen in einem multiethnischen bzw. multikulturellen Umfeld verlaufen.

„In der Jugendforschung werden Jugendliche mit Migrationshintergrund kaum berücksichtigt, die Frauenforschung ignoriert bislang die Migrantinnen weitgehend und die Migrationsforschung vernachlässigt die Differenzierung nach dem Gender-Aspekt."
(Boos-Nünning u. a., 2006, S. 15)

Die empirische Untersuchung soll einen differenzierten „Aufschluss über die Bedingungen und Voraussetzungen sowie die Bewältigungsformen von jugend-, frauen- und (ethno-) bzw. minderheitenspezifischen Aspekten ihrer Lebenswelt(en)" (Boos-Nünning u. a., 2006, S. 25) geben.

Dabei wird für diese Untersuchung die Bezeichnung „Mädchen mit Migrationshintergrund" klar definiert. Es handelt sich bei dieser Bezeichnung um Mädchen und junge Frauen aus türkischen, griechischen, italienischen und ehemals jugoslawischen Familien, in denen beide Elternteile im Ausland geboren sind. Mädchen und junge Frauen aus deutsch-ausländischen Verbindungen werden nicht einbezogen, weil davon ausgegangen wird, dass bei ihnen sowohl rechtlich als auch sozial andere Rahmenbedingungen vorliegen. Auf eine Vergleichsgruppe von deutschen Mädchen wurde verzichtet, weil die überwiegenden Fragen sich auf die spezifischen Lebensumstände und -erfahrungen von Migranten beziehen.

Die Teilnehmerinnen der vier Gruppen mit überwiegend Arbeitsmigrationshintergrund wurden zu 75 % mittels Zufallsprinzip aus Einwohnermeldeamtregistern und zu 25 % über das Schneeballsystem ermittelt. Nach dieser Methode werden schon ermittelte Teilnehmerinnen gefragt, ob sie weitere Kontakte vermitteln können. Dies habe den Vorteil, dass auch Personen der genannten Migrantengruppen mit einer deutschen Staatsangehörigkeit vertreten seien. Bei Aussiedlerinnen wurde ausschließlich das Schneeballverfahren angewandt.

Die Befragung wurde in Form von persönlichen Interviews anhand des Fragebogens durchgeführt. Für die Teilnehmerinnen gab es die Möglichkeit der Sprachwahl, welche durch geschulte, zweisprachige Interviewerinnen gewährleistet wurde.

Die Befragungsorte wurden so ausgewählt, dass sowohl Ost- und Westdeutschland als auch städtische und ländliche Regionen vertreten waren. Demnach wurden folgende Städte einbezogen: Frankfurt am Main, Berlin, Duisburg/Essen, Dresden, Mannheim, Chemnitz, Völklingen, Kreis Unna, Kreis Recklinghausen. Bei der Verteilung der Interviews wurde von den Bevölkerungszahlen ausgegangen. Je größer der Anteil einer Migrantengruppe an einem Befragungsort, desto größer die Anzahl der Interviews für diese Migrantengruppe.

Aufgrund von Tendenzen der „ethnischen Schließung", wonach zu beobachten ist, dass sich bestimmte Zuwanderergruppen abschotten und die Teilnahme an solchen Forschungen verweigern, ist davon auszugehen, dass sich die Ergebnisse der „Untersuchungen bei Jugendlichen mit Migrationshintergrund […] in allen nationalen Gruppen zu Gunsten der besser Gebildeten und zu Lasten der weniger Gebildeten" (Boos-Nünning u. a., 2006, S. 45) verschieben. Deshalb erheben die Forscherinnen bezüglich ihrer quantitativen Befragungsergebnisse *nicht unbedingt den Anspruch der Repräsentativität im statistischen Sinne und damit Verallgemeinerungsfähigkeit. Sie gehen aber dennoch von einer Aussagekräftigkeit ihrer empirischen Ergebnisse* aus (vgl. Boos-Nünning u. a., 2006, S. 46).

Das Themenspektrum der Fragen ist breit angelegt und umfasst 11 Themengebiete: Verschiedenheit in den Migrationsbiografien, soziale Bedingungen und räumliches Umfeld, Rolle und Bedeutung der Familie, Freizeit und Freundschaften, Bildung und Ausbildung, Mehrsprachigkeit und Sprachmilieu, Partnerschaft und Geschlechterrollen, Körperbewusstsein und Sexualität, Ethnizität und psychische Stabilität, religiöse Einstellungen, organisierte Freizeit und Hilfen bei Krisen.

Im Folgenden werden exemplarisch drei sozialpädagogisch relevante Themenbereiche und ihre Untersuchungsergebnisse vorgestellt:
1. Rolle und Bedeutung der Familie
2. Freizeit und Freundschaften
3. Körperbewusstsein und Sexualität

1. Familienbande: Rolle und Bedeutung der Familie

Die einschlägige Literatur konzentriert sich *bisher* in den Untersuchungen sehr stark auf türkeistämmige Familien und neigt dazu, bestimmte Klischeevorstellungen verallgemeinernd auf die Migranten insgesamt zu beziehen. Folgende Bilder sind entstanden und prägen heute noch das vorherrschende Bild der Migrationsfamilie:

- Die patriarchalisch autoritäre Familienstruktur verhindert eine Integration der Kinder in die deutsche Gesellschaft.
- Die Erziehungsvorstellungen der eingewanderten Eltern widersprechen denen der deutschen.
- Das Verhältnis zwischen den Generationen ist wegen der unterschiedlichen Sozialisation grundlegend gestört.
- Die Durchsetzung rigider, geschlechtsspezifischer Normen führen zu einer grundsätzlichen Benachteiligung der Mädchen, Frauen, Töchter und Schwestern.

Diese Auffassungen werden durch die Untersuchung von Ursula Boos-Nünning und Yasemin Karakaşoğlu folgendermaßen *ausdifferenziert und korrigiert*:

- *Familialismus und Individualismus bestehen nebeneinander.* In allen Herkunftsgruppen gibt es beachtliche Zahlen von Mädchen und jungen Frauen, die sich familialistisch orientieren; aber auch die Zahl derer, die sich individualistisch orientieren, ist erheblich. Die meisten Befragten wohnten zum Zeitpunkt der Befragung bei den Eltern, zwischen 82 % der Aussiedlerinnen bis zu 95 % der Mädchen italienischer und türkischer Herkunft. Probleme aus dem Familienkontext werden nicht in die Beratung von außen getragen.
- Die Untersuchung deutet auf eine *Zustimmung zum Traditionalismus*. Traditionelle Eheanbahnungen werden jedoch von den Befragten (bis auf ein paar wenige) abgelehnt.
- Ihre am häufigsten gewählte *Durchsetzungsstrategie von Wünschen* ist die Überzeugung der Eltern. Nur die wenigsten erfüllen heimlich ihre Wünsche. Im Vergleich der Migrantengruppen fällt auf, dass individualistische Durchsetzungsstrategien, sich mit der Person oder Situation auseinanderzusetzen, am stärksten von den Aussiedlerinnen, am wenigsten von den Befragten türkischer Herkunft angewandt werden. Letztere stellen häufiger ihre Wünsche zurück, wenn die Eltern nicht zustimmen und tun, was die Eltern von ihnen wollen.

	Migrationshintergrund					Gesamt
	Aussiedl.	griech.	ital.	jugosl.	türk.	
Gesamt	(200)	(182)	(183)	(172)	(213)	100 (950)
sehr stark	10	5	2	6	1	5 (45)
eher stark	22	12	12	17	9	14 (134)
mittelmäßig	36	33	34	25	28	31 (298)
eher gering	21	36	39	38	41	35 (332)
sehr gering	11	14	13	14	21	15 (141)

Individualistische Durchsetzungsmuster (Boos-Nünning/Karakaşoğlu, 2006, S. 107)

Im *Verhältnis zwischen den Befragten und Eltern* zeigt sich, dass sich die meisten Mädchen von ihren Eltern angenommen fühlen und diese bei den Befragten hauptsächlich eine wichtige Stellung haben. Für 80 % der Befragten kommen die Eltern an erster Stelle. In allen Gruppen wird auch die Aussage „Meine Eltern setzen große Hoffnung in mich" sehr häufig genannt. Die Ergebnisse deuten darauf hin, dass ein hohes Maß an Verständnis gepaart ist mit hohen Leistungsanforderungen, aber auch mit dem Setzen von Grenzen.

	Migrationshintergrund					
	Aussiedl.	griech.	ital.	jugosl.	türk.	Gesamt
Gesamt	(200)	(182)	(183)	(172)	(212)	(949**)
Verständnisvolle Erziehung						
Eltern versuchen mich immer zu verstehen*	24	28	31	26	19	26 (242)
fühle mich von Eltern am besten verstanden*	20	29	21	19	18	21 (202)
Eltern lassen mich tun, was ich für wichtig halte	17	22	16	14	15	17 (158)
Hohes Anspruchsniveau						
Eltern setzen große Hoffnungen in mich	50	56	48	61	59	55 (518)
Zusammenhalt ist stärker als in anderen Familien*	14	41	37	38	38	33 (315)
Eltern sind stolz auf mich*	14	45	38	42	37	35 (329)
auf meine Schulnoten wird geachtet	42	49	33	53	47	45 (423)
Eltern kommen an erster Stelle*	46	58	54	51	64	55 (518)

	Migrationshintergrund					Gesamt
	Aussiedl.	griech.	ital.	jugosl.	türk.	
Besorgte Grundhaltung						
Eltern machen sich Sorgen was aus mir wird*	38	28	28	27	27	30 (282)
Eltern sagen immer, ich mache nichts richtig*	8	3	5	4	6	5 (48)
Eltern meckern dauernd an mir herum	11	7	8	7	8	8 (76)
Eltern machen sich viele Sorgen um mich*	66	62	67	63	54	62 (589)
Materiell ausgerichtete Erziehung						
bekomme von Eltern alles, was ich will*	8	18	12	12	20	14 (134)
haben genug Geld um unsere Wünsche zu erfüllen*	10	32	30	20	25	23 (220)

*Signifikante Unterschiede nach nationaler Herkunft $p \leq .05$.
** N = 949, da beide Elternteile einer Befragten verstorben sind.
Verhältnis zwischen Mädchen und Eltern (Boos-Nünning/Karakaşoğlu, 2006, S. 110)

Der größte Teil der Befragten aller Herkunftsgruppen schätzt die *Erziehung der Eltern* als „streng, aber liebevoll" ein. Auch was die *geschlechtsspezifische Erziehung* betrifft, fühlt sich der Großteil der Befragten gleich behandelt.

	Migrationshintergrund					Gesamt
	Aussiedl.	griech.	ital.	jugosl.	türk.	
Gesamt	(200)	(182)	(183)	(172)	(213)	100 (950)
zu streng	–	–	–	2	1	1 (6)
streng	10	3	6	12	6	7 (67)
streng, aber liebevoll	62	61	61	58	53	59 (557)
locker	27	32	31	25	38	31 (295)
zu locker	1	4	2	3	2	2 (25)

Beurteilung der elterlichen Erziehung (Boos-Nünning/Karakaşoğlu, 2006, S. 113)

Die meisten Befragten nehmen die Einbindung in den Haushalt und die Beschäftigung mit den Geschwistern in Bezug auf ihre Schullaufbahn nicht als hinderlich wahr.

Die *religiöse Erziehung in der Familie* wird meistens hoch eingestuft und von den Befragten positiv bewertet. In Bezug auf *materielle Ausstattung* fühlen sich die Befragten nicht gut ausgestattet. Mädchen und junge Frauen mit türkischem Hintergrund bekommen noch am häufigsten, was sie wollen (20 %).

Trotz der enormen Solidarität in den Familien wird bei Hausaufgaben in vielen Fällen die *Hilfe der Freunde* gegenüber der familialen Hilfe bevorzugt.

	Migrationshintergrund					Gesamt
	Aussiedl.	griech.	ital.	jugosl.	türk.	
Gesamt	(200)	(182)	(183)	(172)	(213)	100 (950)
nur Familie	32	25	21	21	24	25 (236)
Familie und Freunde	7	11	13	13	9	10 (98)
Familie und Hausaufgabenhilfe (extern)	2	10	3	1	5	4 (40)
Familie, Freunde und Hausaufgabenhilfe	–	4	3	1	2	2 (18)
nur Freunde	11	4	14	12	8	10 (92)
nur Freunde und Hausaufgabenhilfe (extern)	–	2	1	2	7	3 (26)
nur Hausaufgabenhilfe (extern)	–	4	5	3	6	4 (35)
niemand	48	40	40	47	39	42 (405)

Hilfe bei den Hausaufgaben (Boos-Nünning/Karakaşoğlu, 2006, S. 129)

Die Untersuchungsergebnisse bestätigen aus Sicht der Befragten die Variabilität der Erziehungsvorstellungen in Migrantenfamilien. Das Spektrum ist ebenfalls innerhalb der jeweiligen Migrantengruppe groß. So auch in türkischen Migrationsfamilien. Die Mädchen und jungen Frauen mit türkischem Migrationshintergrund unterscheiden sich stärker von den anderen Migrantengruppen:

„Sie sind weniger rebellisch und wenden weniger individualistische Muster der Durchsetzung an. Sie fühlen sich andererseits aber auch – verglichen mit Mädchen italienischer und jugoslawischer Herkunft – in der Familie als Mädchen weniger häufig schlecht behandelt und häufiger frei (locker) erzogen."
(Boos-Nünning u. a., 2006, S. 114)

2. Nicht nur allein zu Hause: Freizeit und Freundschaften

Dieses Themengebiet wird unter zwei Gesichtspunkten behandelt:

1. Freizeitbudget, -beschäftigungen und -wünsche
2. Freundschaftsbeziehungen hinsichtlich der ethnischen Zusammensetzung von Freundschaften

Das *Freizeitbudget* ist eher groß einzustufen und beträgt bei 36 % der Befragten mehr als vier Stunden, bei 47 % zwischen zwei und vier Stunden pro Tag. Es wird von den Befragten als zufriedenstellend bewertet. Es werden häufiger solche *Freizeitaktivitäten* genannt, die in Privaträumen und auch alleine zu Hause ausgeübt werden können.

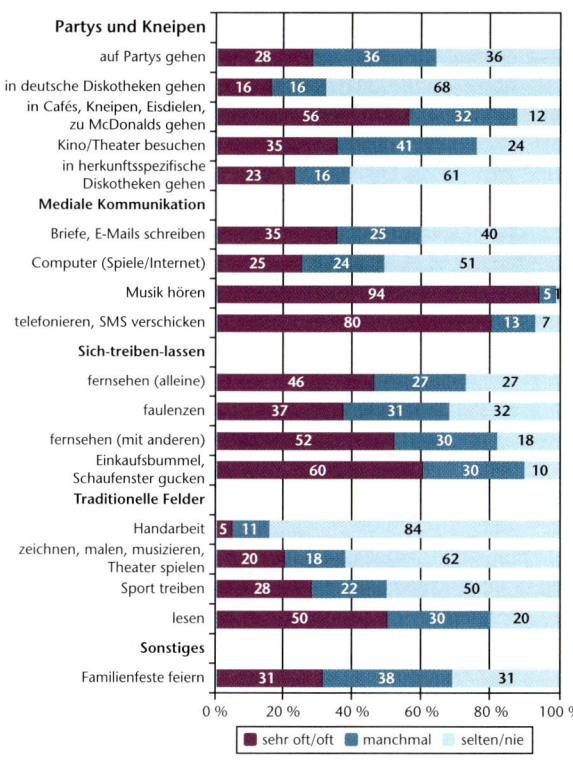

Ausgeübte Freizeitaktivitäten (Boos-Nünning/Karakaşoğlu, 2006, S. 138)

Organisierte Angebote werden kaum genannt.

	Migrationshintergrund					Gesamt
	Aussiedl.	griech.	ital.	jugosl.	türk.	
Gesamt	(200)	(182)	(183)	(172)	(213)	100 (950)
Diskotheken, Kneipen, …						
Diskothek*	48	46	25	38	7	32 (303)
Cafés, Kneipen, McDonalds, Eisdielen*	36	81	61	74	49	59 (562)
Kino*	17	29	26	29	25	25 (237)
Privater Raum						
bei mir zu Hause*	34	40	42	52	53	44 (420)
bei Freundinnen bzw. Freunden*	52	59	69	70	67	63 (601)
Jugendtreffs						
Jugendeinrichtungen*	13	7	7	5	5	7 (69)
spezielle Einrichtungen für Mädchen und junge Frauen*	1	1	1	2	3	2 (14)
Grünanlagen, Parks, auf Spielplätzen*	26	14	14	16	19	18 (170)

3.4 Der lebensweltliche Ansatz von Ursula Boos-Nünning und Yasemin Karakaşoğlu

	Migrationshintergrund					Gesamt
	Aussiedl.	griech.	ital.	jugosl.	türk.	
Draußen						
Schulhof*	48	49	31	46	47	44 (421)
Fußgängerzone/Kaufhäuser	23	35	32	27	31	30 (281)
beim Sport	10	14	10	19	10	12 (118)
Kulturelle Zentren						
kulturelle Zentren für die Herkunftsgruppe*	11	18	6	14	5	11 (100)
Einrichtungen mit religiösen Angeboten*	5	6	12	10	8	8 (74)

*Signifikante Unterschiede nach nationaler Herkunft p ≤ .05.
Freizeiträume (Boos-Nünning/Karakaşoğlu, 2006, S. 144)

Bei den *Freizeitwünschen* werden hauptsächlich Sport und Kultur (Kino- und Theaterbesuch) genannt.

Mit *Freundinnen oder Freund(en)* wird die Freizeit überwiegend verbracht. Sie sind die wichtigsten Vertrauenspersonen, insbesondere für türkische Befragte.

Innerethnische Freundschaften werden häufiger genannt als interethnische. 65 % der Befragten nennt überwiegend oder ausschließlich Freunde gleicher Herkunft, wobei eine Minderheit von 15 % überwiegend bis ausschließlich deutsche Freunde hat. Der Vergleich zwischen den Herkunftsgruppen zeigt wesentliche Unterschiede.

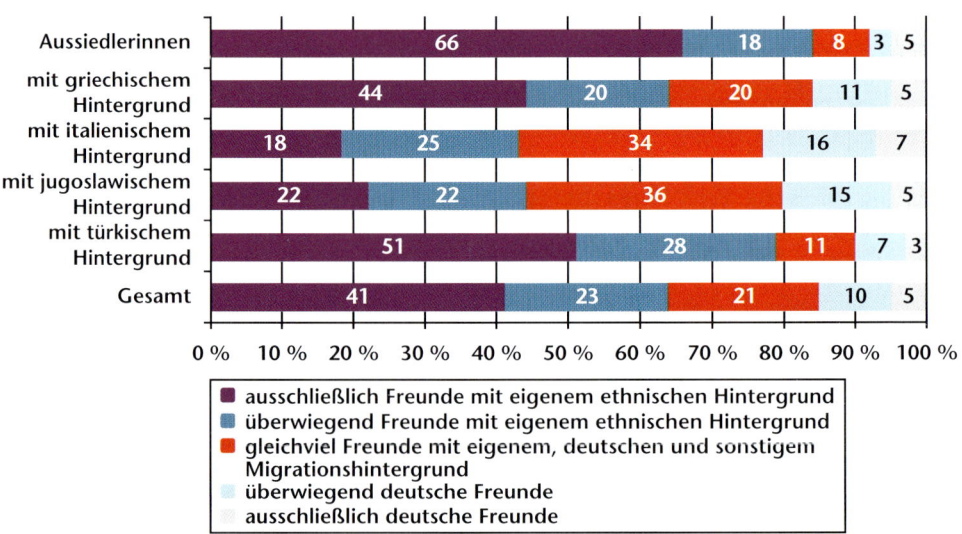

Ethnische Zusammensetzung der drei engsten Freundinnen oder Freunde (Boos-Nünning/Karakaşoğlu, 2006, S. 156)

Am häufigsten werden Deutsch und die Herkunftssprache als *gesprochene Sprachen* im Freundeskreis genannt, auch in ethnisch homogenen Zusammensetzungen.

3. Körperlust: Körperbewusstsein und Sexualität

Die Befragten weisen ein *ambivalentes Verhältnis* zum eigenen Körper auf.

	Migrationshintergrund					Gesamt
	Aussiedl.	griech.	ital.	jugosl.	türk.	
Gesamt	(200)	(182)	(183)	(172)	(213)	100 (950)
sehr positiv	11	15	14	26	13	15 (147)
positiv	22	27	27	28	26	26 (243)
mittel	33	25	29	21	26	27 (258)
negativ	18	19	17	18	22	19 (182)
sehr negativ	16	14	13	7	13	13 (120)

Körperbild (Boos-Nünning/Karakaşoğlu, 2006, S. 277)

Der regelmäßige *Frauenarztbesuch* wird von einer Minderheit bejaht. Am seltensten besuchen Befragte mit türkischem Hintergrund einen Frauenarzt. Die Kontrolle des Körpergewichts spielt ebenfalls eine große Rolle.

	Migrationshintergrund					Gesamt
	Aussiedl.	griech.	ital.	jugosl.	türk.	
Gesamt	(200)	(182)	(183)	(172)	(213)	100 (950)
Kontrolle des Körpergewichts*	52	59	41	46	52	50 (476)
Frauenarztbesuch*	39	42	35	36	14	33 (310)

*Signifikante Unterschiede nach nationaler Herkunft $p \leq .05$.
Kontrolle des Körpergewichts und Frauenarztbesuch (Boos-Nünning/Karakaşoğlu, 2006, S. 279)

Die *Virginitätsnorm* ist für den Großteil der Befragten mit türkischem Hintergrund von vorrangiger Bedeutung. Circa ein Viertel der italienischen und jugoslawischen Befragten teilt diese Auffassung.

	Migrationshintergrund					Gesamt
	Aussiedl.	griech.	ital.	jugosl.	türk.	
Gesamt	(200)	(182)	(183)	(172)	(213)	100 (950)
stimme voll/eher zu	72	80	60	62	22	58 (552)
stimme teilweise zu	13	12	15	14	19	15 (141)
stimme weniger/gar	15	8	25	24	59	27 (257)
arith. Mittel*	2,0	1,7	2,4	2,3	3,6	2,4

*Das arithmetische Mittel kann einen Wert zwischen 1 „stimme voll zu" und 5 „stimme gar nicht zu" annehmen.
Vorehelicher Geschlechtsverkehr ist nach nationalem Hintergrund nichts Falsches (Boos-Nünning/Karakaşoğlu, 2006, S. 283)

Die Zustimmung zur Virginitätsnorm bedeutet nicht, dass die Befragten sich gegen Sexualität aussprechen. Über zwei Drittel aller Befragten, unabhängig von der Herkunft, sieht in einer erfüllten Sexualität die Grundlage einer guten Partnerschaft.

Sexualaufklärung erfolgt für die Befragten in erster Linie über Freundinnen, ältere Schwestern, Jugendzeitschriften oder Fernsehen. Sie ist für die meisten Befragten kein Gesprächsthema zwischen Mutter und Tochter.

Aufgaben

1. Stellen Sie die differenzierten Kenntnisse zusammen, die Sie persönlich durch die umfassenden empirischen Forschungen von Ursula Boos-Nünning und Yasemin Karakaşoğlu über die Lebenssituation migrantischer Mädchen und junger Frauen gewonnen haben.

2. Vergleichen Sie den quantitativen mit dem qualitativen Forschungsansatz. Wie beurteilen Sie die Methode der Befragung und die statistische Erfassung der Antworten in Bezug auf die Aussagekraft der Forschungsergebnisse in den Studien von Ursula Boos-Nünning und Yasemin Karakaşoğlu?

3. Erproben Sie selbst einen qualitativen Ansatz – z. B. mithilfe der Toolbox „Seismo" – und erforschen Sie die Potenziale einer herausfordernden Zielgruppe. Seismo eignet sich in erster Linie für Jugendliche zwischen 12 und 16 Jahren, die nach Orientierung und Identität suchen, kein Interesse mehr an Schule haben und deren Medienverhalten wenig textbasiert ist. Seismo schafft einen spielerischen, sensiblen Zugang zu Jugendlichen über audio-visuelle Medien, Kreativtechniken, die an Streetart erinnern, über Situationen, in denen es nicht um «richtig» oder «falsch», sondern um Spiel, Fantasie, Performance und Interaktion geht (vgl. Zenk, Hannah, Seismo-Toolbox, 2010).

Lernsituation

Ümit, 16 Jahre, Jugendzentrum

1 Ümit geht im Jugendzentrum ein und aus, als ob es sein Zuhause sei. Wann immer kein Unterricht in seiner Hauptschule stattfindet, und das ist seiner Meinung nach auffallend oft, kommt er vorbei. Er hat hier zwar keine Freunde, aber es sind andere türkeistämmige Jungen hier und auch ein paar Mädchen. Darunter seine
5 Schwester Nesrin, 10 J. Ümit ist einer der Älteren, aber er kennt insbesondere die 14-Jährigen, weil er mit ihnen aufgrund von zwei Nichtversetzungen in eine Klasse geht. Auch seine Leistungen in diesem Schuljahr lassen erwarten, dass er die Hauptschule ohne Abschluss verlassen wird. Das Wohngebiet, in dem das Jugendzentrum liegt, ist ein bekanntes türkeistämmiges Migrantenviertel.
10 Als Ümit in der Kita war, gab es schon viele Beschwerden. Je weniger Ümit in der Kita war, desto weniger riefen die Erzieher zu Hause an. Also war es den Eltern recht, wenn Ümit seltener die Kita besuchte. Zu der Zeit hatte die Mutter Arbeit, der Vater

war arbeitslos. Wenn er zu Hause ungezogen war, drohte ihm sein Vater damit, wenn er sich nicht bessere, würde er ihn in die Türkei schicken. War der Fernseher zu laut oder lag etwas von ihm im Zimmer herum, wiederholte der Vater diese Drohung. Ümit lebte schon einmal in der Türkei, bei der Mutter väterlicherseits. Damals war der Vater gerade arbeitslos geworden und die Mutter konnte eine Schichtarbeit in einer Fabrik annehmen. Beide Elternteile dachten, es sei das Beste für Ümit, ihn vorübergehend in der Türkei zurückzulassen. Er war gerade drei Jahre alt. Und er wurde 4, als sie ihn wieder abholten. Er wartete damals im Dorf täglich auf seine Mutter. Sie hatte ihm versprochen, ihn „bald" zu holen. Daraus wurde eine Ewigkeit. Die Großmutter war selbst krank und konnte sich kaum um ihn kümmern, seine Trauer hat sie nicht bemerkt. Ümit war großenteils sich selbst überlassen. Als ihn die Mutter nach einem Jahr sieht, erkennt sie ihn kaum. Er spricht jetzt nur noch Türkisch, aber schlecht. Sein Deutsch hat er wohl vergessen. Er ist körperlich in einem sehr schlechten Zustand.

Um die Härte des Vaters nicht spüren zu müssen, hielt sich Ümit schon immer viel im Freien auf bzw. im Jugendzentrum, sobald dieses öffnete. Um 17.00 Uhr mussten beide Kinder zu Hause sein. Später reichte es aus, wenn sie Punkt 17.00 Uhr zu Hause anriefen, um zu sagen, sie „müssten" noch eine Stunde bleiben. Sobald es auf 17.00 Uhr zuging, wurden die Kinder sehr aufgeregt, ob das Telefon des Jugendzentrums auch nicht belegt sei, denn der Anruf müsse auf die Minute genau erfolgen.

Für manche Abende gelingt es Ihnen einen stadtbekannten Hip-Hopper ins Jugendzentrum einzuladen. Er begeistert die Kids und ist schnell ein großes Idol für sie geworden. Ümit ist davon überzeugt, dass er seinetwillen komme, denn er würde bald mit ihm auftreten. Wenn er dann aber Übungen mitmachen soll, gibt Ümit schon nach 5 Minuten auf, denn er sieht im Spiegel, dass seine Bewegungen viel zu langsam und nicht rhythmisch sind. Es mangelt ihm an Kraft, sodass er schnell ausgepowert ist. Er rennt dann raus, knallt die Tür zu, tritt mit den Füßen gegen die Wand und schmeißt alles, was für ihn erreichbar, durch die Gegend. Spiele werden demoliert, Chaos entsteht. Gehen Sie auf ihn zu – um Schlimmeres zu verhindern, beschimpft er Sie mit üblen türkischen Schimpfworten. Sie kennen sie. Gewöhnlich versuchen Sie ihn durch liebevolle Zuwendung „auf den Boden" zu holen.

Ümits Familie treffen Sie manchmal in der Stadt, auf dem Weg zum türkischen Laden. Eine typische Beobachtung: Ihren Gruß erwidern die Eltern sehr freundlich, aber knapp und leise. Da sie Ihres Weges gehen, beobachten Sie sie eine ganze Weile. Beide Kinder laufen neben den Eltern und suchen immer wieder Blickkontakt zu ihnen. Es wird nicht gesprochen. Allein aufgrund der Blicke verstehen die Kinder, wo sie hinlaufen und was sie machen sollen. Sie bleiben immer sehr nah bei den Eltern. Jetzt ärgert Ümit seine Schwester, stößt sie nach vorne, sodass sie fast fällt, aber beide Kinder wollen es gegenüber den Eltern unbemerkt lassen, erfolglos. Böse Blicke von beiden Elternteilen. Die Mutter fügt schimpfende Worte hinzu. Ümit läuft jetzt mit finsterem, auf den Boden gerichtetem Gesicht direkt neben seinem Vater, Nesrin schluchzend neben der Mutter. Beide Kinder schauen in kurzen Abständen immer

wieder zum Vater, um zu sehen, was jetzt wohl komme. Von Ihnen unbemerkt muss Ümit etwas getan haben, denn Sie beobachten, dass ihn sein Vater am Ohr zieht und einen barschen Ton anschlägt. Sie gehen bald in den Laden und haben offensichtlich viel eingekauft. Die Mutter trägt in beiden Händen jeweils drei Trageta-
60 schen, Ümit und Nesrin sind auch auf beiden Seiten vollbepackt. Der Vater läuft ohne Taschen ein paar Schritte hinter den anderen her.
Solche Beobachtungen überraschen Sie sehr, denn im Jugendzentrum vernimmt man Ümit, auch wenn man ihn nicht sieht. Er schreit und kommandiert und fordert stets zum Kampf. Er hört niemandem zu, sondern redet auf andere ein und rückt
65 ihnen dabei sehr nahe. Das macht den anderen Angst. Auch sie hören ihm nicht zu, denn er erzählt nichts, sondern gibt kurze Befehle, schnalzt dabei mit der Zunge und produziert laute aggressive Gaumenlaute. Seine Körperhaltung wirkt aufgebäumt. Seine Augen funkeln. „Seine Gang" weicht mal zurück und mal ihm aus, es gibt aber kein Entrinnen für sie, denn er ist doch „ihr Chef". Sobald Sie mit
70 Barış oder Tolga ein Streitgespräch führen, mischt er sich ein und will alles regeln. Auf seine Art. Er hält bedingungslos zu seinen Jungs, obgleich er gar nicht weiß, um was es geht. Einmal hat er in solch einer Konfliktsituation sogar zu Ihnen gesagt: „Wenn du nicht Erzieherin wärst, dann wüsste ich, was ich mit dir machen würde! Eine deutsche Kartoffel hat mir gar nichts zu sagen!"

Aufgaben zur Lernsituation

1. Rekonstruieren Sie die Entstehung von Ümits Fehlverhalten aus individualpsychologischer Sicht.

2. Erläutern Sie die „Auswege" nach Ahmet Toprak, die Ümit für sich sucht.

3. Konkretisieren Sie in dieser Lernsituation die Widersprüche, die Ahmet Toprak in den Grundwerten des Erziehungskonzeptes der Schule und der türkeistämmigen Familie beschreibt.

4. Welche anderen Ursachenkomplexe für deviantes Verhalten türkeistämmiger Jungen finden sich nach Ahmet Toprak in der Lernsituation wieder?

5. Wenden Sie den biografischen Ansatz von Jan İ. Kızılhan auf diese Lernsituation an und formulieren Sie entsprechende Hypothesen zur Erklärung von Ümits Fehlverhalten.

4 Entwicklung eines pädagogischen Handlungskonzeptes

4.1 Elternkooperation und Stärkung der Erziehungskompetenz der Eltern

4.2 Sprachförderung und Förderung der Zweisprachigkeit

4.3 Verstehensorientierte Handlungskompetenz

4.4 Lenkende Handlungskompetenz

Ursula Boos-Nünning und Yasemin Karakaşoğlu leiten aus ihren Mehrthemenbefragungen zur Lebenswelt migrantischer Mädchen und junger Frauen folgende *Leitideen für pädagogisches und politisches Handeln* her, „die sich teilweise in die Fachdiskussion einfügen, teils Korrekturen der Sichtweisen verlangen" (Boos-Nünning u. a., 2006, S. 467).

Ressourcen stärken

Mädchen und junge Frauen mit Migrationshintergrund verfügen über Ressourcen wie das den Beruf und die Familie vereinbarende Familienbild, den Wunsch nach Mehrsprachigkeit auch für ihre Kinder, psychische Stärke sowie den Kinderwunsch, welcher sehr wichtig für die Zukunft der Gesellschaft ist. Diese Ressourcen können bei der eigenen Lebensgestaltung und der Gestaltung der Gesamtgesellschaft helfen (vgl. Boos-Nünning u. a., 2006, S. 467).

Hieraus resultieren Forderungen an die Pädagogik und die Politik:

- Enge innerfamiliäre Bindungen sollten nicht als Integration verhindernde Faktoren angesehen werden. Mädchen- und Frauenarbeit sollte die Orientierung der Mädchen und jungen Frauen an Ehe und Familie anerkennen und sich nach ihr richten. Es müssen ebenfalls Konzepte zur Verknüpfung der Berufstätigkeit mit der Familie entwickelt werden. „Dazu bedarf es der Einbindung von Wissen über Familienorientierung, die nicht denen einer durchschnittlichen Mittelschichtsfamilie entsprechen, in die Aus- und Weiterbildung, aber auch ihrer Thematisierung in der Öffentlichkeit (z. B. von Seiten der Familienpolitik). Notwendig wäre hier eine verbesserte Ausbildung des pädagogischen Fachpersonals im Hinblick auf interkulturelle Kompetenzen und somit auf kultursensible Arbeit" (Boos-Nünning u. a., 2006, S. 468).

- Bei den Befragten wird ein hohes Maß an Eigeninitiative, Lebenszufriedenheit und Mobilität trotz eher ungünstiger Rahmenbedingungen festgestellt. Dies deutet auf eine hohe Frustrationstoleranz, die der deutsche Bildungs- und Arbeitsmarkt nutzen könnte.

- Das Ziel der Zweisprachigkeit sollte gefördert werden.

Chancen aufrechterhalten

Eine enge Familienbindung bedeutet keineswegs, dass die Mädchen und jungen Frauen mit Migrationshintergrund nicht nach höheren Bildungs- und Berufschancen streben. Sie wollen eher einen Weg finden, wie sie Familie, Bildung und Beruf vereinbaren können. Die Familie sollte nicht als Hindernis betrachtet werden. „In der Umsetzung dieser Ansprüche in Bildungs- und Berufschancen liegt der Beitrag, den die deutsche Gesellschaft für die Integration der Mädchen und jungen Frauen mit Migrationshintergrund leisten könnte und leisten müsste" (Boos-Nünning u. a., 2006, S. 469).

Hindernisse abbauen und Gemeinsamkeiten schaffen

Das Interesse von Mädchen und jungen Frauen mit Migrationshintergrund gegenüber deutschen Kontakten und der deutschen Sprache wird in der Untersuchung nachgewiesen. Doch stellt dies einen Widerspruch zur Realität dar. Die Realität lässt sich erklären durch das Zuwanderungs- oder ethnische Wohnumfeld und auch durch unterschiedliche Freizeitgestaltungen. „Anstatt sie als ‚Parallelgesellschaft' zu diffamieren oder als ‚ethnisches Getto' zu beklagen, sollten Ansatzpunkte gefunden werden, das ethnische Umfeld mit dem deutschen zu verzahnen" (Boos-Nünning u. a., 2006, S. 470).

Kompensatorische Angebote für bestimmte Gruppen entwickeln

In der Untersuchung werden zwei Problemgruppen festgestellt:

- 1. Befragte, die in beiden Sprachen erhebliche Defizite haben. Die Institutionen müssen anerkennen und sich darauf einstellen, dass der größere Teil der Kinder mit Migrationshintergrund erst durch den Kindergarten oder die Schule eine intensivere Begegnung mit der deutschen Sprache erlebt. „Es ist ihre Aufgabe, die Sprachvermittlung in mehrsprachigen Milieus ernsthafter und konsequenter anzugehen, als es derzeit überwiegend ausschließlich auf der Basis zeitlich und regional befristeter Modellprojekte geschieht" (Boos-Nünning u. a., 2006, S. 471).

- 2. Ein Fünftel der Befragten, das sich psychisch als nicht stabil beschreibt. Diese Klientel erfordert Personal, das in kultursensiblen Kompetenzen geschult ist. Außerdem ist es erforderlich, dass vor allem Schulen und andere Bildungseinrichtungen sich mit Hilfestellen vernetzen, um die passende Beratung und Hilfe schnell in die Wege zu leiten (vgl. Boos-Nünning u. a., 2006, S. 471).

Neukonzeption von Hilfen in der multikulturellen Gesellschaft

Die Befragten nehmen selten Hilfen in Anspruch, insbesondere wenn es um familiäre Angelegenheiten geht. „Hier bedarf es einer völligen Neuausrichtung der Hilfen. Systemisch arbeitende Ansätze in interkulturell orientierten, familientherapeutischen Programmen haben sich z. B. als erfolgreich erwiesen" (Boos-Nünning u. a., 2006, S. 471).

Rassismus bei Mitgliedern der Mehrheitsgesellschaft abbauen

Ausgrenzungserfahrungen gehören zum Alltag und werden immer bestehen bleiben, deshalb sollte man versuchen, Mädchen und junge Frauen für die Herausforderungen in der Gesellschaft zu stärken und zu befähigen. Es „gehört unbedingt dazu, ihnen zu helfen, individuelle Strategien für den Umgang mit solchen Ausgrenzungserfahrungen [Rassismus und Diskriminierung, Anm. d. Verfasser] zu entwickeln" (Boos-Nünning u. a., 2006, S. 471 f.).

Unterschiede wahrnehmen und respektieren

Es gibt sie, die Unterschiede in den Orientierungen von Mädchen und jungen Frauen mit Migrationshintergrund innerhalb der Migrationsgruppen und zu deutschen Mädchen, insbesondere in der religiösen Orientierung, dem Familialismus und den Sexualvorstellungen. Öffentliche Diskussionen tendieren häufig zu einer latenten und offenen Abwertung dieser Orientierung. Doch will man sich Zugang zur Klientel verschaffen, muss ihre Orientierung Wertschätzung erlangen und willkommen sein in der Gesellschaft. Anstatt das differente Freizeitverhalten von Mädchen und jungen Frauen mit Migrationshintergrund zu kritisieren und abzuwerten, sollten die Möglichkeiten und Wünsche der Mädchen bei der Einrichtung von Freizeitangeboten berücksichtigt werden. Sie „sollten den Rahmen für diesbezügliche, den Aktionsradius und Handlungsspielraum der Mädchen vergrößernde Aktivitäten bilden" (Boos-Nünning u. a., 2006, S. 472).

Interkulturelle Kompetenzen fördern

Institutionen und ihre Vertreter können meist auch unbewusst Kinder und Jugendliche kränken, was dann dazu führt, dass diese die Institution als gegnerische Partei wahrnehmen. Das Deutsch-Gebot an vielen Schulen – auch in den Pausen – ist solch ein Beispiel. Dieses Gebot äußert sich nämlich in Wirklichkeit als ein Türkisch-Verbot. Die Angesprochenen werden folgende Wahrnehmung haben: Die Sprache, Kultur und Identität unserer Herkunft wird abgewertet, somit auch wir und unsere Eltern. Kritiker verweisen in diesem Zusammenhang auf eine Überbewertung kultureller Muster. Doch: „Solange Mädchen und junge Frauen mit Migrationshintergrund sich durch Bedingungen in Bildungseinrichtungen diskriminiert fühlen, solange sie Hilfen meiden, weil sie sich nicht aufgenommen wissen und solange sie den Wunsch nach kultursensibler Beratung äußern, […] ist es berechtigt, interkulturelle Kompetenzen zu fordern, und zwar für alle Personen, die im beruflichen Kontext mit Deutschen und Zugewanderten zu tun haben" (Boos-Nünning u. a., 2006, S. 473).

Cultural mainstreaming in Forschung und Pädagogik

Die in Deutschland durchgeführten Jugenduntersuchungen müssen die spezifische Zuwanderungssituation der Jugendlichen mit Migrationshintergrund und den Gender-Aspekt berücksichtigen (vgl. Boos-Nünning u. a., 2006, S. 473).

In den folgenden Kapiteln geht es um pädagogische Handlungsansätze, die konkrete Integrationsarbeit anleiten. Diese Ansätze haben generell für die Gestaltung von Erziehungs- und Bildungsprozessen aller Kinder und Jugendlichen aller kulturellen Kontexte grundsätzliche erzieherische Bedeutung. Sie sind nur aufgrund der Zielvorgabe – der Verbesserung der Integration – in diesem Lehrbuch insbesondere auf den kulturellen Kontext der türkeistämmigen Kinder und Jugendlichen aus dem bildungsbenachteiligten Milieu ausgelegt und zugeschnitten.

4.1 Elternkooperation und Stärkung der Erziehungskompetenz der Eltern

Die Zusammenarbeit von Pädagogen und Eltern in Tageseinrichtungen ist bundesweit im Sozialgesetzbuch (SGB), Achtes Buch – Kinder- und Jugendhilfe –, vom 26.06.1990, zuletzt geändert am 06.07.2009, geregelt:

> „Tageseinrichtungen für Kinder und Kindertagespflege sollen
> 1. die Entwicklung des Kindes zu einer eigenverantwortlichen und gemeinschaftsfähigen Persönlichkeit fördern,
> 2. die Erziehung und Bildung in der Familie unterstützen und ergänzen" (SGB § 22 (2)).
>
> „Die Träger der öffentlichen Jugendhilfe sollen sicherstellen, dass die Fachkräfte in ihren Einrichtungen zusammenarbeiten
> 1. mit den Erziehungsberechtigten und Tagespflegepersonen zum Wohl der Kinder und zur Sicherung der Kontinuität des Erziehungsprozesses [...].
>
> Die Erziehungsberechtigten sind an den Entscheidungen in wesentlichen Angelegenheiten der Erziehung, Bildung und Betreuung zu beteiligen" (SGB § 22a (2)).

Das Nähere zur Ausführung des Kinder- und Jugendhilfegesetzes regelt das jeweilige Landesrecht. Das KiBiz, Gesetz zur frühen Bildung und Förderung von Kindern in NRW (2007), legt als Aufgaben und Ziele der Kindertageseinrichtungen in Bezug auf die Eltern Folgendes fest:

> „Die Förderung des Kindes in der Entwicklung seiner Persönlichkeit und die Beratung und Information der Eltern insbesondere in Fragen der Bildung und Erziehung sind Kernaufgaben der Kindertageseinrichtungen und der Kindertagespflege. Das pädagogische Personal in den Kindertageseinrichtungen und die Tagespflegepersonen (Tagesmutter oder -vater) haben den Bildungs- und Erziehungsauftrag im regelmäßigen Dialog mit den Eltern durchzuführen und deren erzieherische Entscheidungen zu achten" (KiBiz § 3 (2)).
>
> Das Personal der Kindertageseinrichtungen sowie Tagesmütter und -väter arbeiten mit den Eltern bei der Förderung der Kinder partnerschaftlich und vertrauensvoll zusammen. Die Eltern haben einen Anspruch auf eine regelmäßige Information über den Stand des Bildungs- und Entwicklungsprozesses ihres Kindes" (KiBiz § 9 (1)).
>
> „In jeder Kindertageseinrichtung werden zur Förderung der Zusammenarbeit von Eltern, Personal und Träger die Elternversammlung, der Elternbeirat und der Rat der Kindertageseinrichtung gebildet. Das Verfahren über die Zusammensetzung der Gremien und die Geschäftsordnung werden vom Träger im Einvernehmen mit den Eltern festgelegt. Die Mitwirkungsgremien sollen die Zusammenarbeit zwischen den Eltern, dem Träger und dem pädagogischen Personal sowie das Interesse der Eltern für die Arbeit der Einrichtung fördern" (KiBiz § 9 (2)).
>
> „Die Einrichtungen haben ihre Bildungskonzepte so zu gestalten, dass die individuelle Bildungsförderung die unterschiedlichen Lebenslagen der Kinder und ihrer

> Eltern berücksichtigt und unabhängig von der sozialen Situation der Kinder sichergestellt ist. Die Einrichtungen sollen die Eltern über die Ergebnisse der Bildungsförderung regelmäßig unterrichten" (KiBiz § 13 (3)).

In den Grundsätzen zur Bildungsförderung, NRW, 2010, sind folgende Leitlinien für die Erziehungs- und Bildungspartnerschaft formuliert:

„Die pädagogische Arbeit wird transparent gestaltet.

Die Eltern sind als Experten ihrer Kinder anerkannt und wertgeschätzt. Die Erfahrungen aus der familiären Lebenswelt werden in der pädagogischen Arbeit anerkannt und genutzt.

Fach- und Lehrkräfte führen regelmäßige Entwicklungsgespräche mit den Eltern, um ihnen einen vertieften Einblick in den Bildungs- und Erziehungsprozess ihres Kindes zu ermöglichen.

Nach Möglichkeit soll die pädagogische Arbeit von Eltern mitgestaltet und diese aktiv beteiligt werden. Eigene Ideen der Familien finden Raum und Wertschätzung.

Die Kindertageseinrichtung und die Offene Ganztagsgrundschule werden als Orte der Begegnung für Familien geöffnet. Der Kontakt zwischen Familien und Institution wird ermöglicht und gefördert.

Die Zusammenarbeit mit den Eltern und die Angebote von Kindertageseinrichtungen orientieren sich möglichst an den Bedürfnissen und Lebenssituationen der Familien."
(Grundsätze zur Bildungsförderung, 2010, S. 92)

Elternkooperation – interkulturell

Die Ausgangssituation für die Kooperation mit Migranteneltern unterscheidet sich mehr oder weniger von der mit einheimischen Eltern. Allen Eltern gemeinsam ist, dass sie sich für ihr Kind eine gute Zukunft, eine erfolgreiche Schulbildung und eine gute Chance auf dem Arbeitsmarkt wünschen. Die Kooperation mit Migranteneltern kann darüber hinausgehend durch spezifische Bedingungen geprägt sein. Je mehr sich die Pädagogen mit den Eltern über diese Bedingungen konstruktiv auseinandersetzen, desto wahrscheinlicher gelingen der Prozess der Elternkooperation und die gemeinsame Erziehung zum Wohle des Kindes:

- Viele Eltern mit Migrationshintergrund kennen *das deutsche Bildungs- und Ausbildungssystem* nur ungenügend. Informationen oder Informationsstellen, die für deutsche Eltern selbstverständlich sind, können im Bewusstsein der Eltern mit Migrationshintergrund fehlen. Auch wenn sich die Vorstellung verbreitet, dass der Kindergarten eine Vorstufe zur Grundschule, damit auch aller Bildungseinrichtungen darstellt, fehlt das Wissen darum, weshalb es so ist. Als Außenstehende sehen Eltern, dass ihre Kinder spielen. Das Bild vom Kindergarten als „nur" ein Ort des Spielens führt zu einer Fehleinschätzung oder einer Verzerrung der pädagogischen Arbeit des Kindergartens und ihrer Bedeutung für die Entwicklung des Kindes.

- Während das deutsche Bildungssystem eine *aktive Rolle der Eltern* und Engagiertheit für den schulischen Erfolg ihres Kindes voraussetzt, sehen türkeistämmige Eltern eine klare Rollenaufteilung, d. h., „die Schule soll in Bezug auf Schulangelegenheiten Autorität und Restriktion demonstrieren und nicht in jeder Angelegenheit die Schüler bzw. deren Eltern miteinbeziehen" (Toprak, 2004, S. 124). Aus der türkeistämmig geprägten Vorstellung von Schule als einem abgeschlossenen Raum, in welchem der Lehrer die volle Zuständigkeit hat, resultiert eher eine Zurückhaltung der Eltern gegenüber den schulischen Belangen ihres Kindes. Eltern wissen nicht, dass auch sie Zielgruppe der Kindertageseinrichtung und der Schule sind. Erziehungspartnerschaft ist eine völlig neue Erwartung an die Eltern.

- *Diskriminierungserfahrungen* in Ämtern führen zu einer Distanzhaltung – auch gegenüber Bildungseinrichtungen. Aufgrund von Erfahrungen in ihren Ursprungsländern bzw. der Migrationserfahrung haben Migranten häufig eine negative Konnotation zu Behörden und Behördengängen. Diese wird des Öfteren auf „offizielle" Institutionen, wie auch auf Kindergärten oder die Schulen, übertragen (vgl. Textor, 2006).

- Eltern mit Migrationshintergrund haben *Angst*, dass ihren Kindern Inhalte vermittelt werden, die zu Konflikten zwischen ihnen und ihren Kindern führen können. Hier können Probleme entstehen, wenn Eltern z. B. nicht verstehen, weshalb ein Kind sich auch mit seiner körperlichen Wahrnehmung auseinandersetzen muss.

- *Unrealistische Erwartungen* führen zu Verzweiflung und Resignation (vgl. Textor, 2006). Kinder mit Migrationshintergrund haben oftmals den ersten bewussten Kontakt zur deutschen Sprache im Kindergarten. Dessen sind sich Eltern bewusst, die ihren Kindern nicht die deutsche Sprache vermitteln können und sie erwarten vom Kindergarten, diese Lücke zu füllen. Umso größer ist die Enttäuschung, wenn der Kindergarten (allein) dem Kind nicht die deutsche Sprache vermitteln kann. Die Enttäuschung kann zu einer verallgemeinerten Hoffnungslosigkeit gegenüber Bildungseinrichtungen führen.

- Eine Kooperation türkeistämmiger Eltern mit der Schule wird dadurch erschwert, dass sie Erwartungshaltungen gegenüber der Institution Schule haben, denen diese scheinbar nicht entspricht. Türkeistämmige Eltern zeigen dem Lehrer gegenüber großen Respekt, aber sie erwarten von ihm auch, dass er von ihrem Kind Respekt einfordert, für mehr *Disziplin und Ordnung* sorgt, ihrem Kind mehr Grenzen setzt und es bestraft und dass er Entscheidungen nicht immer dem Kind überlässt, da sie es für nicht reif genug halten, die Folgen abschätzen zu können (vgl. Toprak, 2004, S. 125).

- Eltern nehmen *Entscheidungen der Institutionen* und der institutionellen Autoritätspersonen einfach hin und zweifeln sie nicht an. In Sachen Bildung werden Lehrer oder Sozialpädagogen als die Experten angesehen. Ihnen in ihren Entscheidungen, wie auch der Schulempfehlung, zu widersprechen, gehört sich nicht. So erzählt der Sohn einer rumänischen Einwandererfamilie von derselben Erfahrung. Sein Lehrer erkannte nicht, dass der Hochbegabte auf das Gymnasium gehörte. Er sagt über seine Eltern, die nicht mit dem Lehrer über die Empfehlung diskutierten, Folgendes: „So, wie es ist, nehmen sie es halt" (Meyer-Timpe, 2009, S. 22). Die Bildungsinstitution ist eine höhere Instanz, weshalb sich Eltern nicht anmaßen, an ihr zu zweifeln oder daran zu denken, sie könnten ihr helfend zur Seite stehen. Empfehlungen werden hingenommen mit der Einsicht „Mehr Potenzial steckt nicht in meinem Kind" oder auch „Es ist selbstverständlich, dass mein Kind in dieser Gesellschaft nur so weit kommt".

- Türkeistämmige Eltern erziehen ihre Kinder häufig mit wenig Konsequenz. Ahmet Toprak bezeichnet den *Erziehungsstil* in zweifacher Hinsicht als ambivalent: a) Mütter spielen aufgrund ihrer Mutterrolle eine herausragende Bedeutung. Einerseits geben sie ihrem Kind in den ersten drei Jahren eine intensive körperliche Zartlichkeit, andererseits nehmen sie in Bezug auf seine Wünsche und Bedürfnisse eine permissiv-nachsichtige Haltung ein, unabhängig vom Bildungsniveau. Die mütterliche Nachgiebigkeit beruht auf dem Konzept der Weiblichkeit. „Die Frauen haben in der Erziehung gelernt, nachgiebig, schamhaft und zurückhaltend zu sein, während die Männer in der Regel zu Virilität, Stärke und Unnachgiebigkeit erzogen werden" (Toprak, 2004, S. 65). Während die Mutter zu ihrem Sohn eine ambivalente, offene Beziehung gestaltet, in der sich ihr Sohn auch widersetzen kann, ist das Verhältnis zu ihrer Tochter rigider, denn ein Fehlverhalten der Tochter komme der Unfähigkeit der Mutter gleich, ihre Tochter zu erziehen (vgl. Toprak, 2004, S. 71). b) Das Verhältnis des Vaters zu seinen Kindern ist unabhängig vom Geschlecht durch Respekt und Gehorsam geprägt. Aufgrund der widersprüchlichen Vorgehensweisen der Elternteile erlebt das Kind eine weitere Ambivalenz (vgl. Toprak, 2004, S. 90).

- Zur Durchsetzung von primären Erziehungszielen greifen türkeistämmige Eltern auf *Bestrafungen* und Gewaltanwendungen zurück. Eltern mit niedrigem Bildungsniveau sanktionieren ihre Kinder mit primären Bestrafungsritualen: a. Ohrfeige, b. Androhung von Schlägen, c. Drohen mit dem Zurückschicken in die Türkei, d. Beleidigungen und Beschimpfungen, e. Kontaktabbruch (anschweigen, ignorieren, nicht ansprechen bzw. nicht wahrnehmen) (vgl. Toprak, 2004, S. 100 ff.).

- Unzureichende oder *fehlende Sprachkenntnisse* schränken die Kommunikation zwischen den Eltern und der Einrichtung ein. Wenn Eltern und Pädagogen keine gemeinsame Sprache sprechen, gibt es enorme Schwierigkeiten in der Verständigung. Was noch wichtiger erscheint, ist das Gefühl von Peinlichkeit oder der Unterlegenheit seitens der Eltern, weshalb sie darin gehemmt werden, auf anderssprachige Menschen zuzugehen. Diese Bedingung wird hier absichtlich an letzter Stelle angeführt, um dem entgegenzuwirken, dass der Eindruck entsteht, in ihr läge der Hauptgrund für eine nicht gelingende Erziehungspartnerschaft.

Pädagogische Maßnahmen und Impulse zur Verbesserung der Erziehungs- und Bildungspartnerschaft mit Eltern, insbesondere mit türkeistämmigem Migrationshintergrund:

- Zentral für eine wirkliche Erziehungspartnerschaft zwischen Pädagogen und Eltern ist eine *offene, einladende, positive und interessierte Haltung gegenüber Migranteneltern*. Die „innere Öffnung" der Pädagogen bedingt eine Veränderung der ursprünglichen, eher defizitorientierten oder gar konkurrierenden Haltung gegenüber den Eltern (vgl. Fröhlich-Gildhoff u. a., 2006, S. 14). Pädagogen müssen den ersten Schritt machen, professionell auf die Eltern zugehen, einen Vertrauensvorschuss geben und sich an ihren Stärken und Interessen orientieren. Sie signalisieren ihnen, dass ihr Dasein, ihre Beteiligung und ihre Ideen in der Kindertageseinrichtung erwünscht sind. Sprachliche oder kulturelle Barrieren können auch ungewollt bzw. unbewusst entstehen. Deshalb ist es nützlich, dass Sozialpädagogen von Zeit zu Zeit in Teamsitzungen bestimmte Fragen reflektieren: Wie gehe ich mit Migranten im Vergleich zu deutschen Eltern um? Kann ich mich in ihre Lebenslage und in ihren Erfahrungshintergrund hineinversetzen? Gehe ich auf ihre Gefühlssituation ein? Kann ich ganz andere Werte, Normen, Geschlechtsrollenleitbilder oder Erziehungsstile akzeptieren? (vgl. Textor, 2006). Die pädagogische Haltung sollte geprägt sein durch grundsätzlichen Kultur-, Religions- und Sprachrespekt (vgl. Schlösser, 2004, S. 13).

- *Pädagogen mit Migrationshintergrund* sind eine Bereicherung für jede Einrichtung. Sie sind in der Regel wie die zugewanderten Eltern Experten der Migrationserfahrung, der Herkunftskultur und -sprache. Wünschenswert wäre der flächen- und bedarfsdeckende Einsatz solcher Pädagogen, die aufgrund der eigenen Migrationsgeschichte viel Wissen in die Institutionen einbringen können, welches für die deutschen Pädagogen leichter abzurufen wäre, als sich das Wissen auf unzähligen Fortbildungen anzueignen. Und: Pädagogen mit Migrationshintergrund sind wichtige „natürliche" Brückenbauer zwischen Erziehungs- und Bildungseinrichtung und migrantischen Familien.

- Das *Anmelde- und Aufnahmegespräch* sind wichtige Bausteine einer guten Erziehungspartnerschaft. Das Anmeldegespräch ist in der Regel der erste Kontakt zwischen Pädagogen und Eltern und stellt als nachhaltiger „erster Eindruck" die Grundlage für die Zusammenarbeit dar. Bei diesem ersten Kontakt sollten grundlegende Angelegenheiten wie das Angebot der Einrichtung, Strukturen und Tagesabläufe transparent gemacht werden. Weil viele Eltern mit Migrationshintergrund die Erziehungseinrichtung nicht kennen, ist es wichtig, dass sie erfahren, welches pädagogische Konzept umgesetzt wird und welche Bedeutung darin die Kooperation mit den Eltern hat. Das Aufnahmegespräch symbolisiert nicht nur die Aufnahme der Kinder in die Einrichtung, sondern auch der Eltern, und es hat Schlüsselwirkung. Diese Gelegenheit sollte sinnvoll genutzt werden, um den Eltern das Gefühl zu vermitteln, willkommen zu sein und fortan dazuzugehören. Ein starkes Zugehörigkeitsgefühl seitens der Eltern fördert ihre Bereitschaft zur Mitgestaltung der Erziehungs- und Bildungsprozesse ihres Kindes und Mitwirkung in den Gremien der Einrichtung. Es wirkt sich positiv auf Eltern mit Migrationshintergrund aus, wenn sie beim Betreten der Einrichtung in der Raumgestaltung auf kulturell Vertrautes stoßen. Wenn Eltern mit der Grußformel in ihrer Muttersprache begrüßt werden, nehmen sie diese Geste sehr stark als Wertschätzung und als Signal von Offenheit und Interesse an ihrer Lebenswelt wahr. Das Aufnahmegespräch hilft dem Sozialpädagogen ferner für eine Situations- und Bedarfsanalyse, um herauszufinden, welche Bedürfnisse und Wünsche, Vorstellungen und Erwartungen Migranteneltern haben. Die Analyse kann in Form eines Interviewbogens durchgeführt werden (vgl. Schlösser, 2007, S. 189 ff.). Neben dem Aufnahmegespräch gibt es noch zahlreiche andere Formen, die für die Erziehungs- und Bildungspartnerschaft Bedeutung haben: Tür- und Angelgespräche, zweisprachige Elternbriefe, Termingespräche, Entwicklungsgespräche, Beratungsgespräche, Konfliktgespräche, Elternabende und Gespräche nach Hospitationen der Eltern.

- Da die Eltern türkischer Herkunft davon ausgehen, „dass die Schule nicht nur Wissen vermittelt, sondern darüber hinaus die Erziehungsaufgaben stellvertretend für die Eltern übernimmt" (Toprak, 2004, S. 138), bedarf es der intensiven Elternkooperation, um Missverständnissen vorzubeugen und die *Erziehungskompetenz der Eltern* zu stärken. Ahmet Toprak nennt aufseiten der Pädagogen folgende Qualifikationen, die eine angemessene und erfolgreiche Beratung von Migranteneltern voraussetzen:

  a) Interkulturelle Kompetenz (siehe Kapitel 2.2) und

  b) kommunikative Kompetenz im Bereich der Erwachsenenbildungsarbeit: Gesprächsführung, Moderationstechniken, Mediation, um einerseits das Wissen der Eltern über ihre Kinder konstruktiv ermitteln und für die Planung von Entwicklungs- und Bildungsprozessen nutzen und andererseits Eltern ihr Expertenwissen in pädagogischen Angelegenheiten in Elterntrainings oder Elternbildungsseminaren weitergeben zu können. Ahmet Toprak schlägt Elternabende und Elternbildungsseminare zu folgenden Schwerpunktthemen vor:

  – Die Bedeutung der Elementarerziehung für die kindliche Entwicklung und den schulischen Lebensweg.

  – Erziehungsziele nach den Grundsätzen der Bildungsförderung NRW (2010). Die Sozialpädagogen reflektieren gemeinsam mit den Eltern Erziehungsziele deutscher Erziehungsinstitutionen sowie die Bedeutung der Werte- und Traditionspflege der Eltern (siehe Kapitel 4.3.3) und suchen eine Kooperation zum Wohle des Kindes.

  – Die Rolle der Eltern im Bildungsprozess ihres Kindes. Die Eltern sind die ersten Erzieher und besten Kenner ihrer Kinder und sie haben weiterhin Verantwortung und müssen sich mit den schulischen Belangen ihrer Kinder auseinandersetzen, damit ihr Kind einen adäquaten Bildungsweg erfolgreich geht.

  – Gewaltanwendung und ihre Folgen für die kindliche Persönlichkeit. Sozialpädagogen thematisieren mit den Eltern auf angemessene Weise das sensible Thema der Bestrafungsrituale und der psychischen Gewaltanwendung der Eltern und stärken ihre Kompetenz auf dem Gebiet der Grenzziehung und der konsequenten Erziehung (siehe Kapitel 4.4.1). In diesem Zusammenhang empfiehlt es sich, eine pädagogische Fachkraft mit Migrationshintergrund heranzuziehen (vgl. Toprak, 2004, S. 142).

- Eine *Vernetzung* innerhalb der Einrichtung und mit anderen Einrichtungen wie dem Ausländeramt, Ausländerbeirat, den Migrationsdiensten, Kulturvereinen, Elternvereinen, Migrantenselbstorganisationen, Regionalen Arbeitsstellen etc. ist dann zu empfehlen, wenn in der Einrichtung ein hoher Migrantenanteil zu verzeichnen ist. So können in bestimmten Fällen schnelle und zuverlässige Hilfe und besondere Angebote in Anspruch genommen werden. Die Vernetzung innerhalb der Einrichtung ist ebenfalls sehr bedeutsam und fördert die Elternmitwirkung in der Einrichtung. Migranteneltern haben die Möglichkeit, neue soziale Kontakte zu knüpfen, was ihre soziale Integration weiterbringen könnte. Dazu sind auch Eltern deutscher Herkunft nötig. Elternzusammenarbeit sollte demnach für alle Eltern gleichermaßen und in bestimmten Situationen migrantenspezifisch gestaltet werden. Wünschenswert wären interkulturelle Freundschaften von Kindern, die wichtig für den Integrationsprozess in die Gesellschaft sind. Diese können nur dann eine starke Basis haben, wenn auch Eltern eine freundschaftliche Beziehung aufbauen.

- Die jeweilige Einrichtung ermittelt für sich *individuell angemessene, kreative Angebote und Formen der Zusammenarbeit*:

  - Niederschwellige Angebote der Kontaktaufnahme durch ein Elterncafé oder einen Elterntreffpunkt

  - Sprachförderangebote für Kinder und ihre Familien

  - Monokulturelle Gesprächskreise bieten die Möglichkeit, unbeschwert kulturspezifische Themen und Probleme kritisch zu reflektieren, ohne in Verteidigungsstellung gehen zu müssen.

  - Interkulturelle Veranstaltungen wie zum Beispiel „Spiele und Lieder meiner Kindheit" intensivieren den Kontakt zwischen einheimischen und migrantischen Familien (vgl. Schlösser, 2004, S. 84 ff.); Feste zusammen planen und durchführen

  - Einführungen in die Landeskunde (Fotos, Filme) oder die landesübliche Küche

  - Eltern beteiligen sich an Projekten.

  - Beratungsangebote in Erziehungsfragen, Spielmaterial und Freizeitgestaltung der Kinder

  - Gemeinsame Unternehmungen, z. B. in Kirchen, Moscheen, Synagogen

  - Eltern werden eingeladen zu Fortbildungsabenden mit Referenten, zu Kinder- und Jugendliteratur-Lesungen in der Kita/OGS, zu Informationsveranstaltungen wie z. B. „Interkulturelle Pädagogik – eine Chance für mein Kind" oder „Förderung der Mehrsprachigkeit im Kindergarten". Damit unzureichende Deutschkenntnisse kein Hindernis für die erfolgreiche Teilnahme von Eltern darstellen, schlägt Elke Schlösser vor, sogenannte „Murmelgruppen" einzurichten. Die betroffene Gruppe sitzt um einen Übersetzenden herum, der den Vortrag des Pädagogen simultan übersetzt.

  - Mit der Elternaktion „Sprachecke" weist Elke Schlösser auf ein Angebot hin, wodurch Migranten ihre Herkunftssprache in der Einrichtung für Lehrzwecke einsetzen können:

    „Es geht um angeleitetes Spielen in einer anderen Sprache als Deutsch mit einer Kindergruppe von sechs bis acht Kindern. Die Kinder lernen einfache kultur- und sprachbezogene Spiele, Lieder, Reime etc. kennen."
    (Schlösser, 2004, S. 142)

  - Hausbesuche: „Hausbesuche können dem Kennenlernen, der Kontaktpflege, der Entwicklung eines nahen Gefühls der PädagogInnen zur Lebenswelt des Kindes und als Zeichen des Kulturrespekts dienen" (Schlösser, 2004, S. 51).

Unter der Bedingung von gegenseitiger Wertschätzung, Akzeptanz und Vertrauen stärken Pädagogen in der Kooperation mit den Eltern die Erziehungskompetenz der Eltern. Sie unterstützen und fördern dadurch den Entwicklungs- und Bildungsprozess des Kindes.

> *Merksatz*
> *„Eltern haben eine zentrale Bedeutung für eine erfolgreiche Bildungsbiografie von Kindern. Fach- und Lehrkräfte ergänzen sie mit ihrer spezifischen Verantwortung und ihren Kompetenzen. Es ist unabdingbar, dass diese gemeinsame Verantwortung auch durch eine gemeinsame Gestaltung der Bildungsförderung begleitet wird."*
> *(Grundsätze zur Bildungsförderung, 2010, S. 91)*

4.2 Sprachförderung und Förderung der Zweisprachigkeit

Das Bundesministerium für Familie, Senioren, Frauen und Jugend formuliert in seinem 13. Kinder- und Jugendbericht 2009 als ein von fünf besonders dringlichen Gesundheitszielen: „Verbesserung der frühen Sprachförderung, mit dem Ziel Sprachkompetenzen zu steigern – insbesondere von Kindern aus belastenden Lebenslagen und mit Migrationshintergrund. *Das Ziel:* 95 Prozent aller Kinder verfügen bei der Einschulung über adäquate Sprachkompetenzen" (BMFSFJ, 2009, S. 41).

Die Integrationsbeauftragte der Bundesregierung, Staatsministerin Prof. Maria Böhmer, deutet auf die Wichtigkeit der Kampagne „Raus mit der Sprache. Rein ins Leben" der „Deutschlandstiftung 2010" hin:

„Wer kein Deutsch kann, ist nur Zaungast in unserem Land. Deshalb appelliere ich an die Migranten, Deutsch zu lernen! Erst mit guten Deutschkenntnissen lassen sich alle Chancen ergreifen, die unser Land bietet. Die Beherrschung der deutschen Sprache ist die Voraussetzung für gute Bildung, eine fundierte Ausbildung und einen festen Arbeitsplatz. Und damit für eine erfolgreiche Zukunft. Wer gut Deutsch spricht, kann sich zudem in unserer Gesellschaft einbringen und mitwirken. Sprache ist mehr als bloße Kommunikation – sie ist das Band, das uns verbindet. (...) Als Vorbilder machen sie anderen Migranten Mut. Die Botschaft lautet: Mit guten Deutschkenntnissen kannst auch Du den Aufstieg in unserem Land schaffen!"
(Bundesregierung, 20.10.2010)

Kindertageseinrichtungen mit dem Gütesiegel „Familienzentrum NRW" bündeln Beratungs- und Hilfsangebote für Eltern und Familien. Insbesondere bieten sie Sprachförderung für Kinder und ihre Familien an, auch für Kinder im Alter zwischen vier Jahren und dem Schuleintritt, die keine Kindertageseinrichtung besuchen, aber einen Sprachförderbedarf haben (vgl. KiBiz § 16). Dafür gibt es im Wesentlichen drei Begründungen:

1. Sprachentwicklung ist eng verbunden mit der Entwicklung der kulturellen Identität und der Persönlichkeit des Menschen.

2. Sprache und Kommunikation sind grundlegende Voraussetzungen für die kognitive und emotionale Entwicklung und stellen zusammen mit der Schrift die Schlüsselqualifikationen für den Bildungserfolg dar (vgl. Grundsätze zur Bildungsförderung, 2010, S. 61). Stabile Identitätsbildung sowie Bildungserfolg begünstigen wiederum die persönliche und gesellschaftliche Integration.
3. Ein möglichst frühzeitiger Spracherwerb der deutschen Sprache ist wichtig, weil ansonsten das Lernen für das migrantische Kind sehr viel mühevoller wird, wenn die „sensible Phase" für den Spracherwerb, in der die Gehirnareale darauf ausgelegt sind, sich zu differenzieren, ungenutzt verstreicht (vgl. Küls, 2003). Das „Zeitfenster" für den intuitiven Zweitspracherwerb ist bis zum Schuleintritt offen. Die Zweitspracherwerbsfähigkeiten gehen danach zurück und verschwinden im Allgemeinen mit 12 Jahren. Danach kann die Zweitsprache nur noch wie eine Fremdsprache erworben werden (vgl. Merkel, 2010, S. 76).

Erziehung zur Zweisprachigkeit

Unter der Bedingung, dass das bis zu drei Jahre alte Kind *gleichzeitig* sprachkompetente Identifikationspersonen zweier Sprachwelten vorfindet, kann es in der Zweitsprache Deutsch Erwerbsschritte vollziehen wie im Erstspracherwerb. Das Kind extrahiert aus dem Input beider Sprachen unbewusst, mühelos und automatisch Regeln und Muster (vgl. Spitzer, 2002, S. 75). Diese sprachspezifische Fähigkeit ist angeboren. Beim zweisprachig aufwachsenden Kind („Frühlerner") bleibt die Lautbildung reichhaltiger, weil es die Laute, die nicht zum Repertoire seiner Muttersprache gehören, im Alter von 8 bis 10 Monaten „nicht ausfiltert". Es kommt zu einem echten Bilingualismus. Diese Mehrsprachigkeit fördert das Kind auch in anderen Entwicklungsbereichen, z. B. beeinflusst sie positiv das analytische Denken, „ein Denken in Zusammenhängen, Ursache-Wirkung-Abhängigkeiten und ein frühes Hinschauen auf Vergleichbarkeiten" (Schlösser, 2007, S. 41). Dabei ist bedeutsam, dass eine Person konsequent bei einer Sprache bleibt. „Das Kind koppelt die Sprache mit der Person und lernt die Sprache unter Berücksichtigung seiner altersabhängigen sprachlichen Entwicklungsphasen. (...) Die Leichtigkeit dieser Form des Spracherwerbs verliert sich mit dem Verlust der Gleichzeitigkeit" (Schlösser, 2007, S. 42).

Setzt der Zweitspracherwerb *sukzessiv*, dem Erstspracherwerb nachfolgend ein, z. B. mit Eintritt in die Kindertagesstätte, so bedarf der Spracherwerb mehr Anstrengung und Übung. Das Kind greift jetzt beim Zweitspracherwerb auf Sprachbildungsstrategien und Lernpotenziale der Erstsprache zurück, auf das, was es erlebt und erfahren hat, was es kann und weiß, begriffen und sprachlich verarbeitet hat, sowie auf sein Wissen um Sprache. Je differenzierter und solider die Kenntnisse der Erstsprache sind, umso erfolgreicher verläuft der Zweitspracherwerb (vgl. Küls u. a., 2004, S. 142). Migrantische Eltern, die kein gutes Deutsch sprechen, sollten daher mit ihrem Kind „in seiner Herkunftssprache sprechen, damit es nicht zwei Sprachen schlecht lernt („doppelte Halbsprachigkeit"), sondern sich die entsprechenden neuronalen Netze wenigstens für eine Sprache gut entwickeln" (Küls, 2003). Sprachlich betrachtet bilden die Kompetenzen der Erstsprache eine Art „Betriebssystem" für den Erwerb der Zweitsprache:

„Zunächst wird die Muttersprache als zuverlässiges Regelsystem erworben, und mithilfe dieses Wurzelwerks kann eine zweite Sprache hinzugelernt werden. Das Kind nutzt das Wissen über den Aufbau der Muttersprache, um die Strukturen der Zweitsprache damit zu vergleichen, Gleiches und Abweichendes zu erkennen und seine Sprachkompetenz zu erweitern. Mithilfe des muttersprachlichen Wissens sucht sich das Kind eigene Lernwege, um sich die Zweitsprache anzueignen. Je besser es dabei seine Muttersprache beherrscht, umso leichter wird es die Regeln und Strukturen einer zweiten Sprache lernen können. (...) Für die Sprachförderung mit Kindern, deren Muttersprache nicht Deutsch ist, bedeutet das, dass die muttersprachliche Identität und Kultur des Kindes Wertschätzung erfahren müssen, dass die Erstsprachkompetenzen des Kindes gefördert werden müssen und dass die Zusammenarbeit mit den Eltern, die die Erstsprache des Kindes beherrschen, eine wichtige Hilfe bei der mehrsprachigen Erziehung sein kann."
(Iven, 2011, S. 124)

Ist die Erstsprache nicht hoch entwickelt und erlebt das Kind von der Gesellschaft gar Ablehnung seiner Kultur und Sprache, so kommt es zu negativen Auswirkungen der Zweisprachigkeit auf die kindliche Entwicklung, z. B. eine verzögerte Sprachentwicklung, emotional-soziale Probleme, Identitätsprobleme und schlechte Schulleistungen (vgl. Hoppenstedt, 2010, S. 17), denn der erfolgreiche Erwerb der Muttersprache hat für das Kind eine über das sprachliche Regelsystem hinausgehende Bedeutung. Mit der Erstsprache wächst das Kind hinein in die Wertvorstellungen und Grundhaltungen seiner Kultur- und Sozialgemeinschaft. Die Muttersprache spielt eine wichtige Rolle für seine emotional-soziale Entwicklung, seine Identität und sein Selbstwertgefühl. Und: Eine nicht abgeschlossene bzw. unzureichende Erstsprachentwicklung führt zu Schwierigkeiten in der kognitiven Entwicklung und im Zweitspracherwerb. Jim Cummins bezeichnet diesen Zusammenhang von kognitiver und sprachlicher Entwicklung als „*Interdependenz*". Außerdem hält er ein bestimmtes „Schwellenniveau" der Erstsprachentwicklung für eine Voraussetzung für einen erfolgreichen Zweitspracherwerb sowie eine hohe kognitive Entwicklung. Ist die Erstalphabetisierung nicht altersgemäß entwickelt, bedarf das Kind daher der *muttersprachlichen Förderung* in der Bildungs- und Erziehungsarbeit, damit es seine kognitive Entwicklung vorantreiben kann (vgl. Cummins, 2001).

„Da beide Systeme, das sprachliche und das kognitive, Wachstumsimpulse aus dem jeweils anderen erhalten, bedeutet eine Vernachlässigung der Erstsprache im Rahmen von Frühförderprogrammen auch eine Reduktion der Wachstumsimpulse für das kognitive System. (...) Wenn Kinder nur über geringe oder keine Kenntnisse in der Zweitsprache Deutsch verfügen, kommt für einen ‚übenden Umgang mit einer differenzierten Sprache' [d. h. zur Entwicklung des Denk- und Vorstellungsvermögens, Anm. d. Verfasser] nur die Erstsprache in Betracht, zumindest so lange, bis die Zweitsprache sich so weit entwickelt hat, dass sie die kognitiven Fähigkeiten der Erstsprache übernehmen kann."
(Apeltauer, Förderprogramme, 2006, S. 19)

Eignet sich das Kind während seines Zweitspracherwerbs ein Hin- und Herspringen vom Türkischen ins Deutsche und umgekehrt an, sodass es Satzteile nach türkischen Regeln bildet, diese in einen deutschen Satz einbaut, jedoch dabei die türkische Satzstellung befolgt, so wird dieses „Code-Mixing" zu schulischen Lern- und Leistungsproblemen führen. Die fehlerhaften Übertragungen von Sprachregeln einer Sprache auf die andere werden als „Interferenzfehler" bezeichnet. Erhält das Kind im Prozess des Zweitspracherwerbs ungenügende Feedbacks und Sprachanreize zur Weiterbildung der Mutter- wie der Zweitsprache, so kommt es zu einer „Fossilierung" von Sprachfehlern. Diese hemmen die kognitive Entwicklung und der Zweitspracherwerb stagniert.

Um die Schwierigkeiten eines türkeistämmigen Kindes beim Erwerb der deutschen Sprache und die Ursachen möglicher Interferenzfehler zu verstehen, sollte der Pädagoge die Merkmale der türkischen Sprache kennen:

- Sie hat kein grammatisches Geschlecht.
- Sie enthält andere Fälle als das Deutsche.
- Sie ist eine agglutinierende Sprache, d. h., die grammatischen Beziehungen werden durch das Anhängen von Suffixen an den Wortstamm gebildet. Beispiel: ev – das Haus, ev**ler** – die Häuser, ev**ler***im* – meine Häuser, ev**ler***im*de – in meinen Häusern

- Sie ist eine „Pro-Drop-Sprache", d. h., Pronomen können weggelassen werden, wenn sie nicht hervorgehoben werden müssen.
- Die Satzstellung ist Subjekt – Objekt – Verb.
- Im Türkischen werden jeder Vokal und Konsonant sowie Doppelkonsonanten, Doppelvokale bzw. Vokalverbindungen deutlich vernehmbar getrennt gesprochen. Das Türkische wird so ausgesprochen, wie es geschrieben wird. In der Regel gilt gleichschwebende Betonung.
- Im Türkischen gibt es phonemische und graphemische Abweichungen vom Deutschen:

C, c	Wie in **Dsch**ungel	cadı – die Hexe, can – das Leben
Ç, ç	Wie in **Tch**ibo	çok – viel, çuval – der Sack
Ğ, ğ	Ist ein Dehnungs-g, wie das Dehnungs-h im Deutschen	yağ – die Butter, soğan – die Zwiebel
I, ı	Wie in laufen	ıslak – nass, kız – das Mädchen
J, j	Wie in Blamage	jimnastik – die Gymnastik
S, s	Wie in beißen	su – das Wasser, simit – der Sesamring

Ş, ş	Wie in **schlau**	şarkı – das Lied, eşek – der Esel
V, v	Wie in **W**ein	var – es gibt, havlamak – bellen
Y, y	Wie in **j**ammern	yok – es gibt nicht, yemek – essen/das Essen
Z, z	Wie in **s**peisen, lei**s**e	zaman – die Zeit, kazak – der Pullover
Q, W, X sind im türkischen Alphabet nicht vertreten.		

Zur Ermittlung des Sprachverhaltens und Interesses an Sprache bei Migrantenkindern von circa 3,5 Jahren bis zum Schulalter dient der Beobachtungsbogen Sismik (vgl. Ulich u. a., 2003). Er liefert konkrete Entwicklungs- und Erziehungsziele im Bereich Sprache.

Der Sprachbaum von Wolfgang Wendlandt veranschaulicht die komplexen Zusammenhänge der Sprachentwicklung. Je stabiler der Baum der Erstsprache, umso besser gedeiht sein Ableger der Zweitsprache. Die Ressourcen des Erstbaumes begünstigen oder hemmen auch die kognitive Entwicklung des Kindes (Den Sprachbaum von Wendladt finden Sie im Anhang auf Seite 141).

Sprachförderung

„Die *Sprachförderung Deutsch* hat bei zweisprachigen Kindern den Stellenwert der Förderung des sprachlichen Handwerkszeugs *Umgebungssprache Deutsch*. Sie bildet ein wichtiges Bindeglied in unserer gesellschaftlichen Realität, denn sie ist die sprachliche Basis *aller* Kinder in die deutschen Bildungswege hinein."
(Schlösser, 2004, S. 12)

Die Förderung des Spracherwerbs nutzt die Erkenntnisse der Spracherwerbstheorien

- der *klassischen Konditionierung*; insbesondere die emotionale Bedeutung von Worten erfolgt über die Kopplung von Reizen.

- der *operanten Konditionierung*, d. h., die verstärkenden Reaktionen der Umwelt auf die kindliche Sprachproduktion beeinflussen die Sprachentwicklung.

- der *sozial-kognitiven Lerntheorie*, d. h., der Spracherwerb vollzieht sich über die Nachahmung sprachlicher Vorbilder.

- der *interaktionistischen Theorie*, d. h., Sprache wird durch das Miteinander-in-Kontakt-Treten und gemeinsame Handlungen auf der Basis einer positiven emotionalen Beziehung zwischen Bezugsperson und Kind erworben. Die Bezugsperson orientiert sich intuitiv an der kognitiven und sprachlichen Entwicklung und den Bedürfnissen des Kindes. Diese entwicklungsadäquate Didaktik des „Motherese" umfasst Folgendes: Die Bezugsperson versteht die Blicke oder Laute des Kindes wie einen Gesprächsbeitrag, sie erhöht ihre Tonlage, setzt eine starke Betonung und Melodie ein, sie verwendet einfache Sätze und häufige Wiederholungen, die sich zu Routinen verfestigen, und sie richtet die Aufmerksamkeit auf die Personen- und Sachumwelt. Mit fortschreitender Entwicklung leitet das Kind sprachliche Regeln ab, erschließt Sinn und Wortbedeutungen und ersetzt zunehmend Gesten und Laute durch sprachliche Äußerungen und wächst in die aktive Rolle des Dialogpartners hinein.

- der *ganzheitlichen-kognitivistischen Theorie*: Die Entwicklung der Sprache, des Denkens und der Wahrnehmung stehen in einem Zusammenhang der Wechselwirkung und basieren auf konkreten, ganzheitlichen Erfahrungen des kindlichen „Be-greifens" seiner Umwelt mit allen Sinnen. Die Tätigkeiten und Wirkungen des Subjekts auf die Umwelt und die Einverleibung der Objekte in die Verhaltensschemata bezeichnet Jean Piaget als Assimilation, die Wirkung der Umwelt auf den Organismus, die Umformung der Tätigkeit zu einem höheren Schema als Akkomodation (vgl. Piaget, 2000, S. 11). Die fortlaufende Entwicklung von Sprechen und Denken ist ein Streben nach Gleichgewicht. Entwicklung verläuft von der konkreten Erfahrung über innere Vorstellungen hin zur Symbolisierung durch ein Wort. „Die senso-motorische Intelligenz steht zweifellos am Ursprung des Denkens, und sie wird das ganze Leben durch Wahrnehmungen und praktische Verhaltensweisen weiter auf das Denken einwirken" (Piaget, 2000, S. 135 f.).

Die Methode der Sprachförderung (Deutsch als Zweitsprache) sollte ganzheitlich und in lebensweltliche, alltägliche Interaktions- und Kommunikationszusammenhänge eingebettet sein, denn Kinder entwickeln mehr Motivation zu sprechen, wenn ihre sprachlichen Handlungen in für sie bedeutungsvolle natürliche Zusammenhänge ihres Verhaltens und Erlebens gestellt werden und Themen betreffen, die ihre Alltagssituationen und Interessen berühren.

Der Prozess des Spracherwerbs verläuft effektiver, wenn Sprechen mit vielfältigen Wahrnehmungs- und Handlungsprozessen verknüpft und im Dialog durch den Pädagogen unterstützt wird. Wortbedeutungen, die von Interaktions- und Erzählkontexten „isoliert" sind, werden nicht gut vernetzt, nur oberflächlich gespeichert und schnell wieder vergessen, dagegen erhöhen „lebendige Bedeutungen" die Gedächtnisleistung sowie Anwendungsfähigkeiten (vgl. Apeltauer, Bedeutungsentwicklung, 2006).

Regeln für den sprachfördernden Pädagogen und die Anbahnung von (Bi-)Literalität:

- Eine elementare Voraussetzung für den Spracherwerb bilden sichere Bindungen und Beziehungen des Kindes zum Erziehenden.
- Der Pädagoge ist ein gutes sprachliches Vorbild in Artikulation, Satzbau, Wortschatz, Körpersprache, Mimik und Gestik, Stimmmodulation und Sprechfreude.
- Er pflegt eine Kultur des Dialogs und der Kommunikation und orientiert sich an der Lebenssituation, den Bedürfnissen und Erfahrungen des Kindes. Er zeigt echtes Interesse am Kind und seiner Erlebniswelt.
- Er geht mit der Erstsprache und Herkunftskultur des Kindes positiv um. Er signalisiert Wertschätzung, indem er selbst alltäglich bedeutsame Sätze in türkischer Sprache beherrscht (wie z. B. „Guten Morgen, Zeynep! Wie geht es dir?"/„Günaydın, Zeynep! Nasılsın?").

- Er koppelt den kindlichen Spracherwerb an die Eigenaktivität und an sinnlich wahrnehmbare Eindrücke des Kindes nach dem Motto: „Sprache handelnd lernen mit allen Sinnen".

- Er gibt dem Kind Lob und Anerkennung für sprachliche Äußerungen, reagiert mit „reflektierendem" und „korrektivem" Feedback und achtet darauf, dass das Kind das richtige Wort/den richtigen Satz selbst wiederholt und einübt.

- Er schafft Gesprächsanlässe und -anreize über Bilder, Materialien, Gegenstände, Geräte, Tätigkeiten, Aktionen, Spiele, Lieder, Bücher und Geschichten, Personen, Ereignisse, Erlebnisse, Beobachtungen, Gefühle, Bewegungen, Kasperl-, Puppen- und Figurenspiel und ermutigt die Kinder, sich in der Zweitsprache zu äußern. Er folgt dem Prinzip: Jetzt lernen – sofort anwenden!

- Er baut dialogische Sprachformeln in die Alltagsroutine ein, z. B. Begrüßung, Trösten, Spielaufforderung, Tischsprüche, Erzählrituale wie „Ein schönes und ein trauriges Erlebnis" u. a.

- Er gestaltet individuelle Sprachförderung.

- Er verfügt über ein breites Repertoire an Sprachförderspielen, Finger-, Hand- und Körperspielen, Reimen, Liedern, Versen, Rätseln.

- Er beherrscht das lautmalerische Sprechen, das „aktive Zuhören", die nondirektive Gesprächsführung, das interaktive Vorlesen sowie das handlungsbegleitende Sprechen.

- Er setzt geeignete, wenn möglich zweisprachige Bilder- und Geschichtenbücher und Hörspiele ein.

- Er führt die Kinder hin zur Nutzung der Stadtbibliothek.

- Er gewinnt zweisprachige Eltern-Sprachvorbilder als Lesepaten und schafft andere „muttersprachliche Inseln" im Kindergartenalltag (vgl. Iven, 2009, S. 133).

- Er unterstützt durch Spiel- und Übungsformen gezielt den Zweitspracherwerb durch das „Prinzip der Wiederholung" auf allen Sprachgebieten, der Lautbildung, der Wortformen, der Satzbauregeln, der Sprachmelodie- und Betonungsregeln (vgl. Iven, 2009, S. 134 f.).

- Er hat in seinem Team mutter- bzw. zweisprachige Kollegen, die das Kind muttersprachlich fördern.

- Er bezieht Eltern im Sinne eines „Empowerments" in Sprachförderungsmaßnahmen ein und organisiert Fortbildungen für die Eltern zur Förderung von (Bi-)Literalität im Elternhaus (vgl. Hoppenstedt, 2010, S. 84 ff.).

Exemplarische Programme zur Förderung der Zweisprachigkeit und Stärkung der Erzieherkompetenz der Eltern

- Mit dem Programm „Griffbereit" können Eltern mit bildungsfernem Alltag lernen, wie sie ihre Erzieherkompetenzen zum Wohle ihrer Kinder im Alter von ein bis drei

Jahren ausbauen, verfeinern und sichern können. Die Eltern werden begleitet von einem „Elternbegleiter", einem Erzieher der Kita oder des Familienzentrums. Er soll die Eltern über eine gezielte Anleitung und Bereitstellung von kleinkindgerechtem Arbeitsmaterial befähigen, über Aktivitäten des Spielens, Singens und Malens die frühkindliche Entwicklung und die Muttersprachenkompetenz ihres Kindes zu fördern sowie erste Deutschkenntnisse zu vermitteln, indem sie mit ihrem Kind Alltagssituationen für spielerisches Lernen mit allen Sinnen nutzen und das Kind die Möglichkeit hat, Sprache und Handeln zu verknüpfen. *Griffbereit* kann ein- oder zweisprachig vermittelt werden (vgl. RAA, Griffbereit, 2008). Das Programm nutzt die enge und positive Eltern-Kind-Beziehung und die Sprachvorbildfunktion der Eltern für ihr Kind und führt sie an das Bildungssystem heran.

- „Rucksack" ist ein Projekt zur ganzheitlichen Sprachförderung und Elternbildung im Elementarbereich. Das Projekt nutzt die Mehrsprachigkeit der Kinder als Potenzial und fördert die Zweisprachigkeit der Kinder im Alter von vier bis sechs Jahren. In der Kita erfolgt die Förderung anhand von Themen wie „Körper", „Kita" und „Familie" in der deutschen Sprache und zeitgleich in der Familie in der Herkunftssprache. Auch hier steht die Stärkung der Erzieherkompetenz der Eltern und des Selbstwertgefühls der Mütter im Mittelpunkt (vgl. RAA, Rucksack, 2008). Durch die parallele Behandlung von Themen kann das Kind beim Zweitspracherwerb in der Kindertagesstätte auf das in der Erstsprache erworbene Wissen in der Familie zurückgreifen. Ein „Elternbegleiter" führt die Eltern ein in das Bildungs- und Lernprogramm mit einem umfangreichen Angebot an Spiel- und Übungsmaterialien und Anregungen für Aktivitäten der Eltern mit ihren Kindern.

- „Sprachliche Entwicklung fördern von Anfang an" von Elke Schlösser (Schlösser, 2010) stellt Grundlagen und aktionsbestimmte Praxisanregungen mit einem zusätzlichen MediaBook (Kiwit/Schlösser, 2010) für unter Dreijährige in Familie, Tagespflege, Kita und Familienzentrum zur Verfügung. Eine beiliegende Elternbroschüre richtet sich direkt an die Eltern und vermittelt fachliche Grundlageninformationen über die kindliche Sprachentwicklung in den ersten drei Jahren und darüber, wie die Eltern den Prozess des kindlichen „Be-greifens" durch vielfältige Wahrnehmungs- und Bewegungsmöglichkeiten unterstützen bzw. fördern und wie sie mit den Pädagogen kooperieren können. Die spielerischen Praxisangebote umfassen Reime, Finger-, Kreis- und Bewegungsspiele und Lieder. Die zugehörige CD erleichtert die Einführung des Materials (vgl. Schlösser, 2010, S. 29 ff.).

- Das sich nahtlos anschließende Sprachförderprogramm „Wir verstehen uns gut" von Elke Schlösser (Schlösser, 2007, plus Lieder-CD) ist als System aus zehn Bausteinen für die Elementarerziehung konzipiert, die Themenbereiche der kindlichen Lebenswelt umfassen z. B. „Das bin ich", „Das ist meine Familie", „Bald geh ich in die Schule", „Formen, Farben, Mengen" u. a. Der erlebnis- und bildorientierte didaktisch-methodische Aufbau setzt die Kopplung von Sprachproduktion mit Bewegen, Spielen und Singen fort. Es ist ein Ansatz der ganzheitlichen Sprachförderung, der die Zusammenarbeit mit den Eltern einbezieht und ihrem Kind eine langfristige Bildungsperspektive eröffnet.

Eine Ergänzung bei starken Defiziten bilden funktionale systematische Sprachtrainings einzelner Sprachaspekte. Zvi Penner entwickelte im Konstanzer Labor an der Konstanzer Universität das Sprachförderprogramm „Kon-Lab" (vgl. Kon-Lab, 2009). Dieses Programm fördert den Sprachrhythmus, die Verwendung des Artikels und der Präpositionen, Pluralbildung, Wortbildung und Wortschatzerwerb, Satzbau und Grammatik über die spielerische Vermittlung sprachrhythmischer Regeln. Kinder im Alter von drei bis sechs Jahren werden über multimediale Materialien wie Bildkarten, Puzzles, Lernsoftware, Bilder- und Hörgeschichten sowie Audio-CDs motiviert, Begriffe und Sätze immer wieder zu wiederholen und zu lernen und das Erlernte auch auf andere Spielsituationen und -materialien zu übertragen.

4.3   Verstehensorientierte Handlungskompetenz

Ahmet Toprak (2006) setzt in seinem migrationspädagogischen Handlungskonzept zwei Schwerpunkte erzieherischen Handelns, die sich wechselseitig bedingen bzw. voraussetzen, dass der Lehrer/Sozialpädagoge *gleichermaßen* Handlungsweisen beider Schwerpunkte anwendet. Eine nur verstehende Haltung des Pädagogen ist für die kindliche Entwicklung genauso schädlich wie eine nur konfrontative.

Auf der einen Seite muss der Pädagoge die kognitiven Hypothesen des türkeistämmigen Jugendlichen (siehe Kapitel 3.2) verstehen, ihm Respekt, Achtung, Wertschätzung – zum Beispiel mit Blick auf seine Zweisprachigkeit – zeigen, ihm Anerkennung und Lob geben und insgesamt von der defizitorientierten Thematisierung türkeistämmiger Jugendlicher wegrücken. Didaktisch bieten sich in diesem Bereich folgende pädagogische Möglichkeiten (siehe Kapitel 4.3): 1. Prinzipien der Ermutigung, 2. erfahrungsorientierter Dialog: Erlebtes erzählen (biografisches Arbeiten), 3. Reflexion der Werte und Konflikte.

Auf der anderen Seite benötigt der Pädagoge lenkende Handlungskompetenz (siehe Kapitel 4.4).

4.3.1 Prinzipien der Ermutigung

Aus der individualpsychologischen Erkenntnis, dass kindliches Fehlverhalten auf Entmutigungen zurückzuführen ist (siehe Kapitel 3.1), ergibt sich der pädagogische *Handlungsansatz der Ermutigung*.

Der Sozialpädagoge muss den kindlichen Lebensstil, die Bedeutung seines Missverhaltens und seine versteckten Ziele verstehen, um nicht auf seine unbewusste Intrige hereinzufallen und die falsche Absicht/die falschen Ziele des Kindes/Jugendlichen zu verstärken. Die Einsicht und das Verständnis „für diesen Plan erwirbt der Pädagoge […] durch intuitive Einfühlung in das Wesen" des Kindes (Ansbacher u. a., 2004, S. 265) und durch genaue Beobachtung und Deutung seines gesamten Ausdrucksverhaltens. Da das Kind seine eigenen Ausdrucksformen nicht versteht, kann es sein wahres Ich nicht verbergen und offenbart sich durch seine Handlungen. Gemeinsam mit dem Pädagogen „erfolgt Schritt für

Schritt die Aufdeckung des unerreichbar gesteckten Zieles der Überlegenheit über alle" (Ansbacher u. a., 2004, S. 267).

Das *gemeinsame Durcharbeiten des Fehlverhaltens* soll dem Kind Einsicht in seinen Irrtum verschaffen, und zwar in einem ungezwungenen Gespräch, ohne Tadel und moralisierende Stellungnahmen, ohne dass im Kind das Gefühl einer Niederlage entstehen kann, sobald es seinen Fehler erkennt. Das Kind benötigt das aufrichtige Interesse des Pädagogen an ihm und die Sicherheit, von ihm voll und ganz verstanden zu werden. Das Verständnis des Erziehers entlastet das Kind. Nur wenn das Kind gerne zuhört und verstehen will, wird es hinterher seinen Lebensplan ändern und seine Lebensprobleme mit kooperativen Mitteln lösen. Eine Erklärung des Pädagogen muss so eindeutig sein, dass das Kind „seine eigene wirkliche Erfahrung sofort erkennt und fühlt" (Ansbacher u. a., 2004, S. 270), der Pädagoge also nichts sagt, was das Kind nicht besser wüsste, z. B. „Mir scheint, du willst zeigen, dass du stärker bist als ich?", „Könnte es sein, dass du nur haben willst, dass ich mich jetzt mit dir abgebe?" (Dreikurs u. a., 2010, S. 260). Schafft es der Sozialpädagoge, das Ziel/die Absicht des kindlichen Verhaltens zu *enthüllen,* dann führt das schnell und wirksam zu einem Wandel seines Verhaltens. Beginnt das Kind, seinen Lebensstil selbst zu ändern, arrangiert der Pädagoge pädagogisch wertvolle Situationen, in denen das Kind sein sozial nützliches Verhalten trainieren und über diesen Weg Erfolgserlebnisse erlangen kann.

Das Streben nach Überlegenheit ist allen Menschen gemeinsam. Der Fehler besteht nur darin, dies auf der sozial unnützlichen Seite zu tun (vgl. Ansbacher u. a., 2004, S. 206). Der Sozialpädagoge hat deshalb die Aufgabe, im Kind *Gemeinschaftsgefühl und Mut* aufzubauen, damit es auf der nützlichen Seite des Lebens voranschreiten kann:

„1. Er muss sich mit dem Kind zusammentun und ihm das Gefühl eines vertrauenswürdigen Kameraden geben, und er muss

2. das Gemeinschaftsgefühl steigern und ausbreiten und auf diese Weise Unabhängigkeit und Mut steigern."
(Ansbacher u. a., 2004, S. 99)

Ziel der Ermutigung ist der Abbau der übersteigerten Form des Minderwertigkeitskomplexes und der Aufbau eines gesunden Minderwertigkeitsgefühls. Das Kind soll stark genug werden, um seine Aufgaben in sozial wertvoller Weise zu lösen. Ermutigung ist weit mehr als Belohnung. Die Belohnung kann sogar entmutigend wirken, wenn das Kind sich daran gewöhnt, vergeblich auf sie wartet oder nur um der Belohnung willen eine Arbeit erledigt, statt sachorientiert eine Aufgabe zu schaffen, wodurch sein Selbstwertgefühl tatsächlich steigen könnte.

Ermutigungen sind Haltungen und Handlungsweisen des Pädagogen, die den Willen des Kindes, etwas zu lernen, fördern und die Möglichkeiten für einen Erfolg erhöhen, sodass das Kind seine Minderwertigkeitsgefühle überwinden und sein Gemeinschaftsgefühl erweitern kann:

- Bedingungslose Wertschätzung des Kindes: So, wie es ist, ist es etwas wert.

- Vertrauen in das Kind setzen, an seine Fähigkeiten wirklich glauben, sodass das Kind gemäß der Selffulfilling Prophecy die positive Erwartungshaltung/Selbstvertrauen für sich selbst übernehmen kann

- „Appell an die Eigeninitiative des Kindes" und daran, dass es „seinen Erfolg selbst steuern, Mängel aus eigener Kraft beheben und die Lösung von Problemen selbst in die Hand nehmen" (Dreikurs u. a., 2010, S. 173) kann

- Befriedigung kindlicher Grundbedürfnisse:
    - dazugehören, sich geliebt fühlen
    - fähig und wirkmächtig sein, Einfluss nehmen können, Bedeutung haben, für andere wichtig sein
    - respektiert und fair behandelt werden
    - sich sicher fühlen

- Anerkennung für eine gute Leistung *und* eine ehrliche Bemühung (unabhängig von der Qualität des Arbeitsergebnisses)

- Nutzung der Gruppe, um die Entwicklung des Kindes zu fördern und seinen Platz zu sichern: Aktivierung sozialer Bereitschaften, Aufbau von Selbstwertgefühl in der Gruppe über geschickte Aufgabenverteilung, Teambildung, Sitzordnung, Anerkennung und Lob innerhalb bzw. vor der Gruppe, Vereinsmitgliedschaften, Heranziehung zur aktiven Mitarbeit an gemeinsamen Zielen und Entscheidungsprozessen, sodass das Kind Verantwortung übernehmen lernt

- Entwicklung von Fähigkeiten in Teilschritten durch Aufgaben, die das Kind durch Fleiß, Ausdauer, Übung und Mut sowie mithilfe pädagogischer Tipps und Tricks erfolgreich lösen kann und das Kind den Glauben an sich selbst gewinnen lässt (vgl. Ansbacher u. a., 2004, S. 321); die Aufgaben möglichst an den Interessensgebieten des Kindes ausrichten

- Betonung der starken Seiten, nicht der Schwächen: Im Kind das Gute sehen

- Herstellung einer positiven emotionalen Beziehung, denn ohne eine gute Beziehung werden Kinder wenig von den Erwachsenen annehmen

- Das Kind aus den *natürlichen oder logischen Folgen* seines Verhaltens lernen lassen, statt es zu *bestrafen*! „Bestrafung wird vom Kind als Bestätigung seines Gefühls der Nichtzugehörigkeit zur Schule empfunden. Das Kind wird den Wunsch hegen, die Schule zu meiden, und wird nach Mitteln trachten, der Schwierigkeit zu entkommen, und nicht nach Mitteln, ihr zu begegnen" (Ansbacher u. a., 2004, S. 322 f.). Die erzieherische Wirksamkeit liegt in den für das Kind unangenehmen, peinlichen oder schmerzlichen Folgen auf unerwünschtes Verhalten, nicht im Reden. Wenn der Sozialpädagoge ruhig und fest sein kann, dann lernt „das Kind die Notwendigkeit der Ordnung und die Rechte der anderen zu beachten. [...] Im Moment eines Konfliktes ist Reden wertlos; niemand ist bereit, zuzuhören, und Worte werden Waffen" (Dreikurs, 1997, S. 109). Appellieren die Worte gar an das Gewissen, so erzeugen sie im Kind Schuldgefühle, die dabei hinderlich sind, sich zu bessern. „Schuldgefühle finden wir meist bei Menschen, die zwar *so tun,* als ob sie ihre Tat bedauern würden, die aber bewusst oder unbewusst beabsichtigen, es wieder zu tun. Zugespitzt könnte man auch sagen: *Schuldgefühle sind der Ausdruck guter Absichten, die man nicht hat"* (Dreikurs u. a., 2010, S. 195).

4.3.2 Biografiearbeit

Der Handlungsansatz der Biografiearbeit mit Migranten erfordert ein interkulturelles Vorgehen und setzt interkulturelle Kompetenz des Sozialpädagogen (siehe Kapitel 2) voraus. Biografiearbeit mit Migranten stellt einen fallkonstruktiven Zugang zu einer fremden Lebenswelt dar. Sie hat es nicht mit gesellschaftlich-objektiven Gegebenheiten zu tun, sondern mit subjektiv interpretierten Erlebensbeständen, mit einer „narrativen Wahrheit".

Biografiearbeit ist ein Ansatz der Hilfe zur Selbsthilfe. Der jugendliche Migrant verschafft sich einen Zugang zu seinem psychischen Innenleben. Identitätsarbeit ist die persönliche Auseinandersetzung und Identifikation mit kulturellen Vorgaben, die zunächst paradox erscheinen, aber eben signifikanter Ausdruck multikultureller Zugehörigkeit sind. „Neben dem Verlangen nach selbstbestimmtem Leben, das zuweilen in einen Gegensatz zu den Wertvorstellungen und Erwartungen der eigenen Familie geraten mag, kann gleichzeitig der Wunsch nach familiärer Bindung bestehen" (Kızılhan, 2010, S. 57).

Der pädagogische Ansatz biografischen Arbeitens nutzt die Tatsache, dass viele Migranten aus *kollektiven Kulturen* und *oralen Gesellschaften* kommen, in denen das Erzählen und die Narration wichtige Elemente der Identitätsentwicklung sind (vgl. Kızılhan, 2006).

Erinnerndes Rekonstruieren der subjektiven Vergangenheit durch die Narration von der Gegenwart aus hat eine *heilsame Wirkung*. Abgespaltene oder schamhaft verschwiegene biografische Ereignisse erhalten Sinn, ermöglichen ein Verstehen oder gar eine Neubewertung und ein friedliches Abschließen mit der Vergangenheit. Der Jugendliche mit Migrationshintergrund kann in diesem Raum der reflektiven und narrativen Bearbeitung von kulturell herausfordernden Lebenssituationen, -krisen und Übergängen in seiner Vergangenheit Ressourcen entdecken, die er zur Bewältigung der Gegenwart und der Zukunft nutzen kann. Er kann seine Biografie narrativ neu erschaffen und selbstbewusster eine Brücke in die Zukunft bauen. Er kann sein psychisches Gleichgewicht finden in einer „transkulturellen Identität".

Regeln für die Biografiearbeit:

- Der Sozialpädagoge begegnet dem Erzähler mit Respekt, Achtung und Wertschätzung.
- Er schafft eine vertrauensvolle Atmosphäre, die einlädt, Lebenserfahrungen zu erzählen.
- Er beachtet die Regeln des aktiven Zuhörens (Carl Rogers): Empathie, Widerspiegelung des emotionalen Erlebnisinhaltes, nicht-lenkende Gesprächsführung, Unparteilichkeit (Verzicht auf Bewertung).
- Er überlässt dem Erzähler die Entscheidung, wann er was und in welcher Intensität erzählt.

- Er lässt alle Themen zu: Enttäuschungen, Schmerzen, Leid, Träume, Wünsche, Sehnsüchte.

- Das Ziel der Biografiearbeit ist nicht die Hervorbringung einer historisch wahren Identität, sondern eines narrativen Gedächtnisses, das das Leben erträglicher macht (vgl. Kızılhan, 2007, S. 5). Im Ergebnis soll der Jugendliche ein gesteigertes Selbstwertgefühl erlangen und sensibel sein für seine Stärken und Schwächen sowie seine Ressourcen für die eigene zukünftige Lebensgestaltung.

- Folgende didaktisch-methodische Möglichkeiten kommen in Betracht: Geschichten erzählen zu Fotografien, Tage- oder Lebensbuch, Aufsuchen wichtiger Orte, Gespräche mit biografisch bedeutsamen Personen, Anfertigen von Lebenskurven und Ressourcenbäumen, Schreiben von (auto-)biografischen Geschichten, Gedichten und Theaterstücken sowie kreative gestalterische Methoden wie Malen, Modellieren, Collagen.

Ein Projektbeispiel für Biografiearbeit

In einem Unterrichtsprojekt am Gertrud-Bäumer-Berufskolleg des Märkischen Kreises kooperiert eine Erzieher-Fachschulklasse mit türkeistämmigen Schülern der sogenannten „Integrationsklasse" eines zweijährigen Bildungsgangs, in dem die Schüler den qualifizierten Schulabschluss erwerben können. Das Projekt zielt auf einen synergetischen Effekt, einen beidseitigen Verstehens- und Lernprozess und nutzt die Ressourcen beider Schülergruppen.

Türkeistämmige Jugendliche suchen die Spuren ihrer eigenen Identität und erzählen Ausschnitte aus ihrem Leben. Sie bearbeiten mit den angehenden Erziehern schriftlich und mündlich in sogenannten „Leitfadeninterviews" Fragen zu Lebensereignissen der Vergangenheit. Sie blicken zurück und erzählen von Höhepunkten, Enttäuschungen, Schmerz und Leid, Geheimnissen, Veränderungen in ihrem Leben, Widersprüchen. Die Erzieherschüler gewinnen durch diese authentischen Erzählungen Einblicke in multikulturelle Entwicklungsprozesse, die sie später in ihrem Erzieherberuf professionell begleiten sollen. Die Jugendlichen mit Migrationshintergrund können sich in ihren Geschichten selbst reflektieren, ihre Vergangenheit verstehen und neue Ideen bzw. Lebensentwürfe für die Zukunft entwickeln.

Zu den Aufgaben der Erzieher gehören das Zuhören, Kennenlernen von Persönlichkeitsstrukturen mit anderen soziokulturellen Hintergründen, Sich-Einfühlen in diese andere persönliche Welt und Verstehen von innerem Erleben. Die Erzieher begegnen Menschen mit ihren Geschichten, sie lassen sich ein auf das „Fremde" und entfernen sich von ihren stereotypen Vorstellungen.

„Sowohl im Zuhören als auch im Erzählen biographischer Geschichten stecken besondere Lernchancen. Wer zuhört, nimmt den anderen ernst, wer erzählt, wird ernst genommen. Wer zuhört, übernimmt die Perspektive des anderen, wer erzählt, distanziert sich von den eigenen Erfahrungen und wirft einen Blick von außen auf sich selbst. Biographisches Erzählen ist ein dynamischer Prozess zwischen dem Selbst und dem Anderen, zwischen Vertrautem und

Fremdem. Genau so, wie Integration ein wechselseitiger Prozess ist: Nicht die einseitige Anpassung ist gefragt, sondern der Respekt vor dem jeweiligen biographischen Hintergrund."
(Reese, 2005, S. 157)

Die Erzieherschüler formen die Ergebnisse aus den Leitfadeninterviews in authentisch-fiktionale Texte um. Textform und Schreibstil wählen die Schüler in geeigneter Weise aus. Die entstandenen Texte werden in der Endversion wiederum den Jugendlichen mit Migrationshintergrund vorgelegt. Sie zeichnen die besten nach ihren eigenen Kriterien („authentisch, interessant und kurz") für einen Leseband aus.

Das Projektprodukt „Biografische Geschichten über türkeistämmige Jugendliche" (Gündoğdu/Zenk, 2009) ist leicht zu lesen, da von Schülern selbst geschrieben, und erzeugt sicherlich viel Lesefreude. Neben der nicht unwichtigen Lesekompetenz vermitteln die biografischen Geschichten dem Leser bedeutsame interkulturelle Einblicke, sie wecken Neugier, regen zu Offenheit an und setzen eine Verständigung in Gang. Biografisches Arbeiten verstärkt die Haltung, sich verständigen zu wollen (vgl. Gündoğdu/Zenk, 2008).

Leitfadenfragen:

- 1. Was weißt du über die Geschichte der Einwanderung deiner Familie nach Deutschland?
- 2. Wenn du die Entscheidung der Auswanderung deiner Familie zu treffen gehabt hättest, hättest du dich aus folgenden Gründen so entschieden:
- 3. Du fühlst dich heute als Türke und/oder als Deutscher in folgenden Situationen:
- 4. An welche Kindergeschichten und/oder Märchen aus deiner Kindheit erinnerst du dich?
- 5. Welche Spiele hast du in deiner Kindheit am liebsten/häufigsten gespielt? Beschreibe sie.
- 6. Wie gehst du mit „zwei Identitäten" um? Beschreibe eventuelle Schwierigkeiten, Widersprüche und Auswirkungen auf dich selbst.
- 7. Welche „kulturelle" Persönlichkeit würdest du dir heute für dich idealerweise wünschen (ganz unabhängig von deiner tatsächlichen momentanen Situation)?
- 8. Wo möchtest du in der Zukunft leben? Beschreibe und begründe deine Träume.
- 9. Beschreibe für dich bedeutsame Erlebnisse in Deutschland a) während deiner frühen Kindheit, b) während deiner Grundschulzeit und c) in deiner Jugendzeit, die dir als Mädchen/als Junge mit türkischer Abstammung ein prägendes Gefühl gaben. Beziehe wichtige Personen, Kinder, Erzieher, Lehrer, Nachbarn etc. in deine Erzählung ein.
- 10. Du hast einige deutsche Familien kennengelernt. Worin liegen deiner Meinung nach allgemeine Unterschiede zwischen deutschen und türkischen Familien?

- 11. Findest du, dass türkische Mädchen und Jungen anders erzogen werden als deutsche? Veranschauliche deine Meinung an Beispielen.
- 12. Siehst du wesentliche Unterschiede in der Rolle einer türkeistämmigen Frau im Vergleich zur deutschen Frau? Welche? Beschreibe diese. Welche Einstellung hast du persönlich? Welches Wunschbild hast du für dich in der Zukunft?
- 13. Welche Bedeutung spielen für dich „Ehe" und „Familie"? Was wünschst du dir in Bezug auf Ehe und Familie? Beschreibe deine Wunschvorstellung.
- 14. Welche spontanen Empfindungen hast du bei den Begriffen „deutsch", „Deutschland"?
- 15. Hast du früher in die Poesiealben von Freundinnen geschrieben? Wenn ja, was hast du genau geschrieben? Welche Verse, Sprüche, Gedichte, Wünsche?
- 16. Was denkst du persönlich über die Kopfbedeckung? Wann und warum willst du heute oder zu einem späteren Zeitpunkt ein oder kein Kopftuch tragen?
- 17. Welche Verhaltensweisen/Meinungen der Deutschen stören dich sehr? Beschreibe sie möglichst genau.
- 18. Hast du deutsche und türkische Freunde? Wenn ja, gibt es zwischen ihnen Unterschiede?
- 19. Was machst du wie gerne und wie lange außerhalb der Schulzeit und am Wochenende?
- 20. Hast du gegenwärtig eine Lieblingsmusik? Welche? Wie findest du diese? Welche Gefühle hast du, wenn du diese Musik hörst?
- 21. Hast du gegenwärtig einen Lieblingsfilm, eine Lieblingsserie? Erzähle kurz die Geschichte oder Geschichten. Was gefällt dir daran so gut?
- 22. Wie viel deutsches, wie viel türkisches Fernsehen siehst du?
- 23. Wenn du im Moment drei Wünsche frei hättest, was würdest du dir jetzt wünschen?
- 24. Wie fühlst du dich hier und wie fühlst du dich in der Türkei? Gibt es Unterschiede? Welche?
- 25. Welche Feste feierst du gerne und welche Bedeutung haben sie für dich und deine Familie?
- 26. Könntest du dir vorstellen, auch einen deutschen Mann/eine deutsche Frau zu heiraten? Warum ist das so?
- 27. Welchen Stellenwert hat deine Religion für dein alltägliches Leben? Wie denkst du, dass dich deine Religion im Alltag beeinflusst?
- 28. Wann sprichst du deutsch, wann türkisch?
- 29. Wie denkst du über das Ritual, „versprochen" oder „verheiratet" zu werden?

- 30. Wie oft gehst du in die Moschee? Erzähle, was du in der Moschee erlebst.
- 31. Womit könntest du deine Eltern sehr verärgern?
- 32. Erlebst du für dich hier andere „Freiheiten" bzw. „Verbote" als in der Türkei?
- 33. Welche Aufgaben übernimmst du in deiner Familie und seit wann?
- 34. Wenn du an die Türkei denkst, welche Empfindungen hast du dann? Sind es die gleichen Empfindungen, die du auch hast, wenn du dort bist?

4.3.3 Reflexion der Werte

Im Verlauf von Erziehung und Sozialisation eignet sich der Mensch Werte an. Zunächst sind die Erwachsenen für die Vermittlung von Werten über Normen und Erziehungsmaßnahmen verantwortlich. In Anlehnung an Lawrence Kohlberg entwickelt der Mensch über sechs Entwicklungsstufen der Werteorientierung seine moralische Urteilsfähigkeit. Sie ist die Voraussetzung für ein autonomes Handeln in modernen Gesellschaften. Auf der höchsten Entwicklungsstufe folgen Menschen universalen ethischen Prinzipien, die beispielsweise in den Menschenrechten ihren Ausdruck finden.

„Werte bestimmen weitgehend, was für Individuen und kollektive Akteure bedeutungsvoll, sinnhaft und erstrebenswert ist" (Handschuck u. a., 2004, S. 234). Die Motivation, Werte zu verinnerlichen, ist die Verhaltenssicherheit. Werte unterliegen gleichwohl einem historischen, kulturellen und gesellschaftlichen Wandlungsprozess. Gesellschaftliche Werte stehen in einer Hierarchie; die obersten Grundwerte beschreiben Idealzustände wie Freiheit und Gleichheit. Aus den Werten werden Normen abgeleitet, zum Beispiel aus dem Wert der Gleichberechtigung u. a. das Willkürverbot, d. h., der Lehrer muss eine gleiche Schülerleistung auch gleich bewerten, unabhängig vom Geschlecht oder der sozialen Herkunft des Schülers. Die Normen orientieren sich an dem moralisch Wünschbaren. Die Normen legen die Regeln des sozialen Handelns fest und haben Verpflichtungscharakter. Sie sanktionieren die Nichtbefolgung.

> *Definition*
> *„Werte sind Vorstellungen des Wünschbaren; sie geben der Person Orientierung für das Handeln und erlauben es ihr, sich in die Gesellschaft einzuordnen. Sie dienen der Integration in die Gesellschaft. Zugleich trägt der Konsens der Mitglieder einer Gesellschaft über Werte zur Integration der Gesellschaft bei; das Profil der Unterstützung von Werten bestimmt die Identität der Gesellschaft."*
> *(Meulemann, 2001, S. 184)*

Die Bedeutung von Werten und Normen in einer pluralistischen Gesellschaft

Die 16. Shell Jugendstudie (2010) erfasst Wertorientierungen und Lebenseinstellungen der Jugendlichen im Alter von 12 bis 25 Jahren. Die Jugendlichen wurden gefragt, mit welchen Lebenszielen sie sich subjektiv in Bezug auf ihre gesellschaftliche Umwelt verorten. Im Gegensatz zur Gesamtbevölkerung, bei der mit zunehmendem Alter das

Leistungs- und Erfolgsstreben einen Vorrang hat gegenüber dem Lebensgenuss, ist es zwar 60 % der Gesamtjugendlichen besonders wichtig, fleißig und ehrgeizig zu sein, aber 57 % wollen gleichzeitig mit gleicher Intensität das Leben genießen. Die Untergruppe „Jugendliche mit Migrationshintergrund" gibt wiederum den Sekundärtugenden Fleiß und Ehrgeiz den Vorrang, ebenso wie die ostdeutsche, weibliche und ältere Jugend (vgl. Gensicke, 2010, S. 200).

Die Wertorientierungen im Einzelnen:

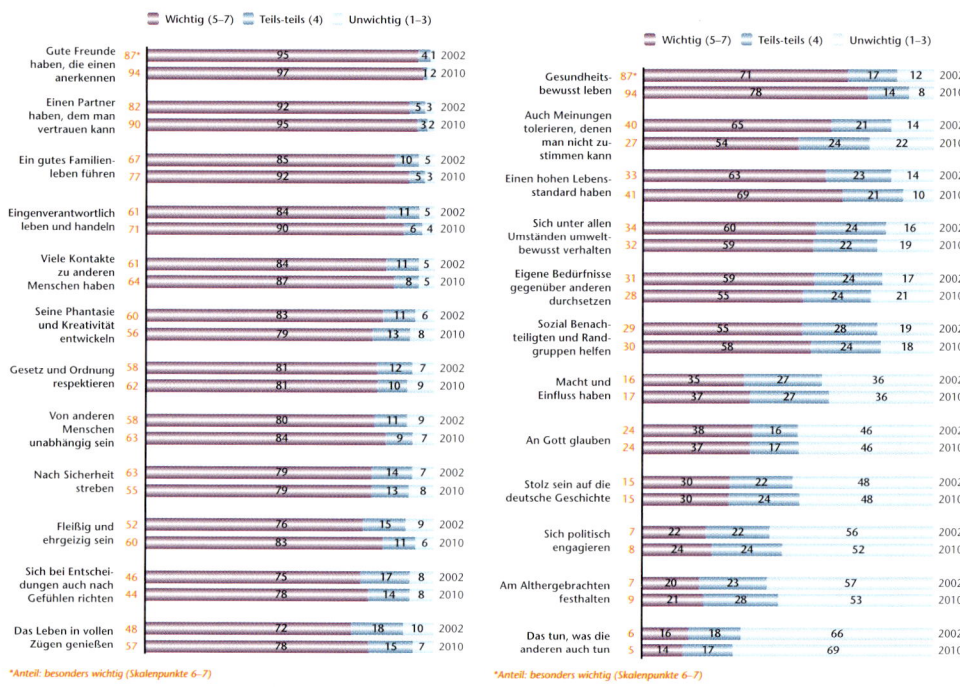

Wertorientierungen der Jugendlichen 2002–2010
(16. Shell Jugendstudie, Gensicke, 2010, S. 197)

Wertorientierungen der Jugendlichen 2002–2010
(16. Shell Jugendstudie, Gensicke, 2010, S. 203)

Aus den Wertorientierungen ergeben sich erstens „Ansprüche an das eigene Leben, die durch aktive Strebungen erreicht werden sollen" und zweitens „soziale und psychische Begrenzungslinien, deren Einhaltung soziale und emotionale Integration und damit Befriedigung gewährt" (Gensicke, 2010, S. 212). Im Ergebnis der Shell-Studie fällt auf, dass die große Mehrheit der Jugendlichen ein klares Bedürfnis nach verbindlichen sozialen Regeln hat. Jedoch 18 % zweifeln am Sinn grundlegender moralischer Regeln und Normen für die Gesellschaft. Die Zweifel steigen, je schichtniedriger der Status der Jugendlichen ist (vgl. Gensicke, 2010, S. 213). 30 % der Jugendlichen aus der Unterschicht erachten es gar als sinnlos, „sich Ziele für sein Leben zu setzen, weil heute alles so unsicher ist" (Gensicke, 2010, S. 216). Ferner geht die Schere weit auseinander unter dem Aspekt, wie die Jugendlichen die Chancen der Wertrealisierung einschätzen. Schichtniedrige Jugendliche sehen für sich geringere Chancen, sei es infolge fehlender Moralordnung oder der Unmöglichkeit, eigene Ziele zu verfolgen (vgl. Gensicke, 2010, S. 214). Sehr niedriger Schichtstatus, Arbeitslosigkeit bzw. bereits die Angst vor Arbeitslosigkeit bestimmen in hohem Maße die

Unzufriedenheit der Jugendlichen. Wertorientierungen des jugendlichen Leistungsstrebens, des Respekts vor Gesetz und Ordnung und eines guten Familienlebens hängen dagegen eng mit einem positiven Lebensgefühl zusammen (vgl. Gensicke, 2010, S. 210). Das Gefühl der Unzufriedenheit zieht wiederum bestimmte Bewältigungsstrategien nach sich: Nur 56 % der schichtniedrigen Jugendlichen schließen Aggression aus, wenn sie in Schwierigkeiten sind oder ein größeres Problem haben. Der apathische oder resignative Rückzug auf sich selbst wird in der Unterschicht nur zu 35 %, in der Oberschicht dagegen zu 60 % ausgeschlossen (vgl. Gensicke, 2010, S. 232). Die Strategie der Ablenkung von den Problemen über die Beschäftigung mit elektronischen Medien wählt die Hälfte der Jugendlichen der Unterschicht im Vergleich zu 20 % in der Oberschicht (vgl. Gensicke, 2010, S. 235).

Auf der Ebene konkreter Lebenswelten existieren und entwickeln sich vielfältige Werte in Subsystemen, Gegenkulturen, Schichten, Milieus und ethnischen Gruppierungen. Die Vielfalt und Verschiedenheit kennzeichnet den Normalzustand eines Einwanderungslandes. Dazu gehört, dass Werte in einer pluralen, multikulturellen und zunehmend globalisierten Gesellschaft aufeinanderstoßen und Unsicherheiten und Wertekonflikte hervorrufen. Das Bezugssystem aller Wertesysteme für alle Menschen, die in Deutschland leben, bildet das *Wertesystem im deutschen Grundgesetz*. Die Werte des Grundgesetzes sind richtungsweisend und nicht verhandelbar. Das Grundgesetz zählt zu den vorbildlichen Verfassungen der Welt. Menschenwürde, innere Sicherheit, individuelle Freiheit, rechtliche Gleichheit, Demokratie und Rechtsstaatlichkeit sind zentrale Verfassungswerte, die unser alltägliches Zusammenleben, die Gesellschaft und die Politik nachhaltig prägen. Dabei wird aber auch deutlich, dass diese Rechte kein Freibrief sind, individuelle Neigungen und Begierden hemmungslos auszuleben. Das Grundgesetz zeigt vielmehr auch Grenzen auf, die für ein gedeihliches Zusammenleben in einer Gesellschaft unerlässlich sind. Das bedeutet zum Beispiel, dass das Recht des Einzelnen, seine Meinung zu äußern, dort endet, wo er einen anderen verunglimpft oder beleidigt. Das Recht auf freie Religionsausübung kann kein Vorwand dafür sein, Frauen zu bevormunden, und das Recht auf freie Entfaltung der Persönlichkeit kann nicht dazu führen, das Gewaltmonopol des Staates anzutasten und Selbstjustiz zu üben. Insgesamt ist das Grundgesetz zwar weltanschaulich und religiös neutral, aber eben nicht wertneutral. Es besitzt durch die genannten Werte eine starke Legitimität, schafft jedoch auch durch die staatlichen Ordnungswerte einen klaren Rahmen, der für jeden verbindlich ist. Letztlich geht es konkret darum, dass das Grundgesetz täglich gelebt wird, was den politisch wachen, aktiven und verantwortungsbewussten Bürger voraussetzt und hervorbringt.

In der zunehmenden Freiheit in der Gestaltung der individuellen Lebensweise und der Lockerung der sozialen und kulturellen Bindungen liegen einerseits Chancen für individuelle Gestaltungen von Lebensentwürfen, aber andererseits auch Risiken des Scheiterns, wenn Jugendliche mangels Ressourcen überfordert sind. Schulen und sozialpädagogische Institutionen haben daher verstärkt die Aufgabe, die *Ressourcen eines handlungsfähigen Subjekts* durch eine positive Jugendentwicklung zu fördern und dadurch Demokratie und soziale Gerechtigkeit zu stärken. Das Bundesministerium für Familie, Senioren, Frauen und Jugend nennt in seinem 13. Kinder- und Jugendbericht folgende Ressourcen:

1. Externale Entwicklungsressourcen:
   - Empowerment: Jugendliche benötigen die Wertschätzung der Gesellschaft und die Gelegenheit, sinnvolle Rollen einzunehmen und andere Personen zu unterstützen. Dafür müssen sie sich zu Hause und in der Schule sicher fühlen.
   - Grenzen und Erwartungen: Jugendliche müssen wissen, was von ihnen erwartet wird und ob sich ihre Handlungen in den gesellschaftlichen Grenzen bewegen.
   - Konstruktive Nutzung der Zeit: Jugendliche brauchen konstruktive und bereichernde Gelegenheiten für ihr persönliches Wachstum durch kreatives Handeln und Engagement.

2. Internale Ressourcen:
   - Lernbereitschaft zu lebenslanger Bildung
   - Positive Werte: Jugendliche müssen starke Werte entwickeln, die ihr Handeln bestimmen, z. B. Hilfsbereitschaft, Gleichheit, Gerechtigkeit, Verantwortlichkeit, Ehrlichkeit.
   - Soziale Kompetenzen: Jugendliche müssen Entscheidungen treffen können, Beziehungen aufbauen, Konflikte austragen, Widerstandsfähigkeit gegenüber Gruppenzwängen und den Umgang mit kultureller Differenz beherrschen.
   - Positive Identität: Alle Jugendlichen brauchen ein Gefühl der Selbstwirksamkeit, des Selbstwertes, der Sinnhaftigkeit und einer positiven Zukunft (vgl. BMFSFJ, 2009, S. 47).

Im Rahmen der Förderung dieser Ressourcen kommt der Werteerziehung eine große Bedeutung zu. Lehrer und Sozialpädagogen reflektieren mit Kindern und Jugendlichen mit und ohne Migrationshintergrund in dialogischen Prozessen Werte, fördern die Akzeptanz von Vielfalt und setzen eindeutig Grenzen entsprechend unserem gesamtgesellschaftlich verbindlichen Wertesystem.

„Die Notwendigkeit des reflexiven Denkens und Handelns stellt ein zentrales Element dieses konzeptuellen Referenzrahmens dar. Reflexivität beinhaltet nicht nur die Fähigkeit, im Umgang mit einer bestimmten Situation routinemäßig nach einer Formel oder Methode zu verfahren, sondern auch mit Veränderungen umzugehen, aus Erfahrungen zu lernen und kritisch zu denken und zu handeln."
(OECD, 2005, S. 7)

Es wird grundsätzlich unterschieden zwischen zwei Modellen der Wertevermittlung (vgl. Stein, 2008, S. 38 ff.):

- *Unidirektionale Wertevermittlung* bezeichnet die Wertevermittlung in eine Richtung. Sie erfolgt ausschließlich von den Eltern zu den Kindern. Vorstellungen der Eltern werden auf die Kinder übertragen. Diese übernehmen die elterlichen Vorstellungen, ohne sie zu hinterfragen oder zu beurteilen. Der Prozess der Wertevermittlung ist geglückt, wenn das Kind die festen Vorstellungen der Eltern in der gleichen Weise übernimmt und somit eine soziale Beständigkeit aufrechterhalten wird.

- *Bidirektionale Wertevermittlung* weist auf eine wechselseitige Beeinflussung von Eltern und Kindern hin. Das Kind kann Wertevorstellungen der Eltern beurteilen, hinterfragen und auf ihre Verträglichkeit mit eigenen persönlichen Vorstellungen hin überprüfen. Sie können ebenfalls durch die Wertevorstellungen des Kindes bzw. des Jugendlichen bewusst oder auch unbewusst beeinflusst werden. Bei dieser Wertevermittlung steigt die Teilhabe des Kindes bzw. Jugendlichen an der Gestaltung der Gesellschaft und es wird den permanenten Veränderungen bzw. Entwicklungen der Gesellschaftsstrukturen Rechnung getragen.

Da in der Erziehung der türkeistämmigen Familie in Deutschland die unidirektionale Wertevermittlung überwiegt (vgl. Toprak, 2004, S. 68), die Familie den Einfluss der Außenwelt und somit den Kontakt des Kindes mit anderen Werten, die das Bestehen der Familie/Community und den Erhalt traditioneller und kultureller Muster gefährden könnten, rigide kontrolliert, bedingen der Prozess der Integration in die Aufnahmegesellschaft und die Orientierung auf die Werte des Grundgesetzes die Notwendigkeit der *bidirektionalen Wertevermittlung* in Schulen und sozialpädagogischen Einrichtungen. Die intensive Kooperation mit Eltern wird ebenfalls einen Beitrag zu ihrer Integration leisten.

Darüber hinaus ist die Werteentwicklung des Kindes abhängig vom Erziehungsstil:

„Der größte Zusammenhang zwischen prosozialen Werten und Erziehungsstil zeigte sich bei Eltern, die einen autoritativ-demokratischen Erziehungsstil pflegen: Sie begegnen ihren Kindern grundsätzlich mit akzeptierender Wärme, richten die Kommunikation bidirektional akzeptierend aus, artikulieren klar, dass sie vom Kind ein reifes, altersangemessenes und soziales Verhalten erwarten, zeigen jedoch nur mittlere Kontrolle und begründen dieses auch argumentativ." (Stein, 2008, S. 105)

Der *permissiv-vernachlässigende Erziehungsstil* zeichnet sich durch eine ablehnend-ignorierende Haltung dem Kind gegenüber aus. Dieser Erziehungsstil lässt ein hohes antisoziales oder grenzüberschreitendes Verhalten wie Alkohol- und Drogenkonsum und ein geringes Maß an Werten im prosozialen Bereich, der Verantwortungsübernahme und Autonomie beobachten. Der permissiv-laissez-faire Erziehungsstil korreliert mit einem erhöhten Selbstvertrauen bezüglich sozialer Fähigkeiten, aber auch mit Defiziten in der Leistungsorientierung und starken Tendenzen von Suchtverhalten. *Autoritär erzogene Kinder* haben ein geringes Selbstwertgefühl und geringe soziale Kompetenzen (vgl. Stein, 2008, S. 101 ff.).

Mit dem Erziehungsstil ist das Disziplinierungsverhalten verbunden. Beim *autoritativ-demokratischen Erziehungsstil* werden soziale Verstärker mehr eingesetzt als materielle Verstärker. Es kommt zu einer dauerhaften Übernahme von Werten. Außerdem dominieren Appelle und Erklärungen bei Zuwiderhandlungen gegenüber Bestrafungen. In der Folge ergeben sich dauerhafte kognitive Umstrukturierungen und eine Verinnerlichung von Werten. Modelle erklärender Eltern und Pädagogen steigern das Empathiegefühl und die Fähigkeit, Werte und Verhalten zu reflektieren. Auf diese Weise erzogene Kinder können ihr Handeln selbst nach diesen Werten kontrollieren, sie sind emotional stabiler und zufriedener. Der Grund dessen ist ein Gleichgewicht zwischen klaren und nachvollziehbaren Regeln und demokratischer Handlungsfähigkeit des Kindes. Die erfolgreiche

Wertevermittlung setzt voraus, dass die Wertvorstellungen klar erkennbar sind, dass sie von Kindern und Jugendlichen adäquat wahrgenommen und von ihnen persönlich akzeptiert werden (vgl. Stein, 2008, S. 11 ff.). Die bedeutsamste Form der Werteerziehung ist das authentische Vorleben der Werte durch die Pädagogen.

Werteerziehung in Schulen und sozialpädagogischen Institutionen

Lehrer und Sozialpädagogen haben die Chance, die Dynamik in einer Schulklasse oder einer Jugendgruppe für die Reflexion von Werten in einer bidirektionalen Wertevermittlung zu nutzen. Reflexionsgespräche müssen stets in positiv emotionale Beziehungen zu den Jugendlichen eingebettet und durch die erzieherischen Haltungen der Wertschätzung und des Verstehens geprägt sein (siehe Regeln der Ermutigung in Kapitel 4.3.1 und Regeln der Biografiearbeit in Kapitel 4.3.2).

Eine weitere didaktisch-methodische Möglichkeit für die Wertereflexion bietet der zusätzliche Einsatz sogenannter *Vorbilder* oder *Modelle*. Die sozial-kognitive Lerntheorie von Albert Bandura besitzt eine große Bedeutung für die Übernahme von Einstellungen und Verhalten. Der Pädagoge kann selbst als Modell für das Verhalten auftreten, das er bei den Jugendlichen erreichen will. Hat er sogar einen Migrationshintergrund, wirkt er als sehr starkes und kompetentes Vorbild, weil er ein hohes Ansehen und eine hohe Attraktivität hat, wodurch die Nachahmungsbereitschaft begünstigt wird.

Der Pädagoge kann auch auf andere *reale Modelle* aus den Bereichen Kultur, Politik und Sport zurückgreifen oder auf Vorbilder aus dem unmittelbaren Lebensumfeld der Kinder und Jugendlichen, die ihnen nahe sind und als Migranten einen erfolgreichen Prozess der Selbstverwirklichung authentisch vermitteln können. Migrantische Kinder und Jugendliche können sich mit diesen Vorbildern identifizieren und werden motiviert, ebenfalls Erfolg zu haben.

Die Pädagogen können beim Einsatz von geeigneten Medien ferner mit *symbolischen Modellen* arbeiten. Hierzu eignen sich

- biografische Berichte wie zum Beispiel ein Bericht aus der Süddeutschen Zeitung über Sengül, die anderen erzählen will, wie es möglich ist, sich aus einem Getto zu befreien, und dass man es schaffen kann. Sie selbst realisierte ihr Glück, indem sie trotz widriger Lebensumstände ihrem Bild einer Anwältin nacheiferte (vgl. Przybilla, 2010, S. 37).

- Filme, die beispielhaft Jugendliche in ihren Selbstfindungsprozessen und ihrer Selbstverwirklichung in der deutschen Aufnahmegesellschaft zeigen. Von Lehrpersonen oder Sozialpädagogen sollte die Auswahl und der Einsatz von bestimmten Medien gründlich und mehrperspektivisch durchdacht werden. Massenmedien arbeiten sehr stark mit Bildern, deshalb beeinflussen und prägen sie das Bild von bestimmten Gesellschaftsgruppen. Klischeehafte Darstellungen in den Massenmedien verstärken ethnozentrische Vorurteile (vgl. Boos-Nünning u. a., 2006, S. 97). Pädagogisch wertvolle Filmmaterialien beinhalten über das Kriterium der Problemorientierung hinaus konkrete positive Beispiele für das anschauliche Lernen. Sie zeigen mögliche Bewältigungsstrategien und Perspektiven auf, die zum Erfolg führen. Wenn Jugendliche in einem

Film beobachten können, dass Streben nach Selbstverwirklichung zum Erfolg führt und dass diesem Modellverhalten befriedigende Konsequenzen folgen, so steigt die Motivation dieser jugendlichen Betrachter, ähnliches Verhalten zu zeigen.

Beispiel: „Fightgirl Ayşe" – Filmeinsatz zur Reflexion von Werten in Jugendgruppen und im Unterricht

> *Filminhalt:* Ayşe ist ein 17-jähriges Mädchen mit türkeistämmigem Hintergrund. Sie lebt mit ihren Eltern in Dänemark. Ihre Eltern verlangen von ihr, dass sie einen guten Abschluss macht und wie ihr Bruder Medizin studiert. Ayşes Interesse gilt aber in erster Linie der Sportart Kung Fu. Ihre Mädchengruppe muss sie verlassen, weil sie auf die Provokation einer anderen Teilnehmerin aggressiv reagiert. Die Trainerin empfiehlt ihr, da sie ihre Talente erkennt, in einem gemischten Verein zu trainieren. Als sie nicht die Genehmigung des Vaters bekommt, weil er ihre Teilnahme in einem gemischten Verein nicht toleriert, entscheidet sie sich, diesen Verein heimlich aufzusuchen. Als der türkeistämmige Omar dem Verein beitritt, bekommt das Ganze eine Wendung. Omar verachtet Ayşe und nennt sie eine Schlampe, weil sie mit Männern trainiert. Er ist es auch, durch den die Familie von Ayşes Geheimnis auf tragische Art auf der Verlobungsfeier ihres Bruders Ali erfährt, worauf die Familie der Braut Yasmin die Verlobung auflöst. Ayşe wird vorgeworfen, schuld daran zu sein. Es entstehen innerfamiliäre Konflikte. Zwischenzeitlich tritt Ayşe aus dem Verein aus. Als Mehmet, der Bruder von Yasmin, erfährt, dass sie von Ali schwanger ist, schlägt er Ali brutal zusammen. Ayşe schlägt Mehmet und seine Freunde in die Flucht und rettet ihren Bruder. Ali hält erneut um die Hand seiner geliebten Yasmin an und die Familie stimmt nun der Heirat zu. Ayşe nimmt kurzentschlossen an einer Kung-Fu-Meisterschaft teil und kämpft am Ende gegen Omar.

Dieser Film bietet folgende thematische Einsatzmöglichkeiten:

- „das Individuum in der Auseinandersetzung mit der Familie, der Gesellschaft und den kulturellen Werten
- dialogische Konfliktbewältigungsstrategien (Rollenspiele und Textanalyse)
- Auseinandersetzung mit dem Begriff Ehre, seinen kulturellen Wertungen und den Grenzen der Legitimation von Gewalt (Toleranz und Vorurteile)
- Visualisierung innerer Vorgänge (Einsatz und Wirkungsweise spezifisch filmsprachlicher Mittel)"

(Twele, 2009, S. 15)

Der Film *Fightgirl Ayşe* konkretisiert türkeistämmige Familienstrukturen, geschlechtsspezifische Rollenbilder, Männlichkeit, Freundschaft, Traditionen, Erziehung, Werte. Im Vordergrund der Problemlage steht der Begriff der Ehre (hier: die Trennung von Lebensräumen von Mann und Frau sowie das Vermeiden von Kontakten zwischen den Geschlechtern) als ein wichtiger Wert in der türkeistämmigen Gesellschaft. Der Film ist insgesamt geeignet für den Einsatz im Unterricht, weil er nicht nur problemorientiert ist,

Fightgirl Ayşe, 2009

sondern auch einen Weg der Selbstverwirklichung exemplarisch darstellt. Durch ihre Leidenschaft zu dieser Sportart ist Ayşe in der Lage, sich für ihre individuellen Ziele einzusetzen, mit den damit verbundenen Problemen umzugehen und darin Ausdauer zu zeigen. Insofern nimmt Ayşe eine starke Vorbildfunktion ein. Jugendliche brauchen individuelle Ziele, die sie ernsthaft unbedingt erreichen wollen, ansonsten werden sie bei dem geringsten Widerstand aufgeben. Dies zeigt deutlich, wie wichtig es ist, Kindern und Jugendlichen erzieherisch Impulse zu geben, um bei ihnen Interessen zu wecken, die sie fortlaufend in Form von Freizeitgestaltung weiterentwickeln.

Ayşes Interesse gilt dem Erfolg im Kung Fu. Für diesen Erfolg ist sie bereit, entgegen ihrer Erziehung auch gegen Männer zu kämpfen, was eine bestimmte Körpernähe bedeutet. Bei den ersten Kontakten zum Trainingspartner Emil kann Ayşes Problemlage beobachtet werden. Dies lässt vermuten, dass sie von der Vorstellung, etwas Falsches zu machen, eingenommen wird. Der körperliche oder räumliche Kontakt zu Männern wird aufgrund der Wertevorstellung auf das Sexuelle reduziert, was einen sportlichen Kontakt in erster Linie verhindert. Ayşe gelingt es, sich davon loszulösen und professionell ihren Weg fortzusetzen. Die Traumsequenzen im Film deuten darauf hin, dass Ayşe auch einen inneren Konflikt austragen muss. Sie ist in diesen Sequenzen im Kampf mit sich selbst. Dieser Kampf äußert sich darin, dass sie ihre individuellen Ziele erreichen, aber ihre Familie nicht verlieren will. Sie kämpft demnach nicht nur für die Erfüllung ihres individuellen Weges, sondern auch für die Erhaltung ihrer Familie. Diese beidseitige Loyalität, ihre Kommunikationsfähigkeit und ihre Anstrengungen bis hin zu ihrem persönlichen Erfolg machen Ayşe zu einer sympathischen Protagonistin. Das Filmmaterial bietet eine pädagogisch wertvolle Grundlage für eine Auseinandersetzung über Werte und Wertkonflikte.

4.4 Lenkende Handlungskompetenz

Ein migrationspädagogisches Handlungskonzept bedingt gleichermaßen die Anwendung von verstehensorientierter und lenkender Handlungskompetenz (siehe S. 84). Lenkende Handlungskompetenz bedeutet, dass der Pädagoge dem Kind/Jugendlichen verständliche und klare Grenzen setzt, ihm in seinem Verhalten ein gutes Vorbild ist und ihm entwicklungsgerechte Aufgaben stellt. Im Falle eines Regelverstoßes setzt der Pädagoge die konfrontative Gesprächsführung ein. Er versteht zwar die Motive und wichtigen Nebenfaktoren devianten Verhaltens, akzeptiert sie aber nicht als Begründung.

> **Lernsituation**
>
> **Nermin, 11 Jahre, Offene Ganztagsgrundschule (OGS)**
> 1 In Ihrer OGS-Gruppe sind auch Nermin und Ali, ein türkeistämmiges Zwillingspaar. Da sie die erste Klasse der Grundschule wiederholt haben, befinden sie sich mit knapp 11 Jahren immer noch in der OGS.
> Ihre Geburt war sehr schwierig und viel zu früh (10 Wochen vor dem Geburtstermin).
> 5 Die Mutter konnte für die entwicklungsverzögerten Kinder leider nicht alle Frühförderangebote der Stadt wahrnehmen, da sie für den Verkauf im Familiengeschäft zuständig war, während der Vater sehr früh am Tag auf den Großmärkten einkaufte.

Die Zwillinge hatten Plätze in einer Kita, ihr Besuch war aber durchgängig unregelmäßig. Während Nermin zu der Zeit manchmal plötzlich Ängste äußerte, z. B. vor der Kita-Leiterin, oder teilnahmslos und apathisch sowie gar unbemerkt eingenässt an einem Tisch saß, nahm Ali mal eine sehr unterwürfige und gefügige, mal eine hochgradig aggressive Haltung ein, schlug um sich und griff andere Kinder mit Gegenständen an und imitierte beispielsweise eine „Schießszene".

Die Mutter, die bis zu ihrer Heirat in der Türkei lebte und nur für kurze Zeit eine Schule besucht hatte, erzählte der Erzieherin der Kita von ihrer Entwurzelung. Sie leide heute noch stark an Migräne und schwerer Depression, weshalb sie schon über Jahre in medikamentöser Behandlung sei. In ihrer Kleinstadt fühle sie sich und ihre Familie abgelehnt. Es seien die Blicke auf der Straße. Selbst zu den türkeistämmigen Kunden in ihrem Laden habe sie keine gute Beziehung, sie seien ihr zu deutsch. Die Kinder hielten sich zu Hause schon als Kleinkinder alleine auf, denn der Laden sei ja nur drei Häuser entfernt. Es sei den Eltern recht gewesen, wenn die Kinder nicht in die Kita wollten und lieber zu Hause blieben. Nermin übernahm entsprechend den elterlichen Erwartungen bereits mit 5 Jahren komplett alle hauswirtschaftlichen Aufgaben. Nach Spielmaterial gefragt, geben die Eltern an, dass ihre Kinder dies nicht bräuchten. Die einzigen Spielkameraden sind gelegentlich die Nichten und Neffen. Mit der Einschulung stellten sich den Eltern schwierige Erziehungsaufgaben. Da beide Kinder in den ersten Schultagen einnässten, machten sie die Erfahrung, deswegen lächerlich gemacht zu werden. Die Mutter versuchte es nun mit einer harten Reinlichkeitsdressur und hohlen Versprechungen. Der Vater schlug Ali, Nermin verschonte er. Aus Ali sollte einmal ein Geschäftsmann werden.

Gegenwärtig sucht Nermin in der Grundschule die Freundschaft zu zwei türkeistämmigen Klassenkameradinnen, jedoch erfolglos. Sie beneide diese Mädchen, weil sie zwei Mal in der Woche zum Judoverein gehen. Sie selbst nimmt zwar leidenschaftlich gerne am Schulsport teil, aber sagt, was sei das schon. Sie würde es nie wagen, ihren Wunsch den Eltern mitzuteilen und weine manchmal, wenn sie an die beiden Mädchen denke. Da diese Mädchen beim Rechnen miteinander wetteifern, beginnt sie erst gar nicht mit ihren Rechenaufgaben. Sobald der Lehrer die Rechenaufgaben verteilt hat, verschränke sie ihre Arme und werfe „prüfende" Blicke auf die Arbeitsblätter ihrer Nachbarn. Nach Aufforderungen des Lehrers sagt sie in zunehmend lautem und aggressivem Ton den Standardsatz: „Ich kann das nicht!"

Während der ganzen Grundschulzeit wächst Ali zum großen Beschützer seiner Schwester. Sein Vater lobt ihn dafür. Alis Hauptbeschäftigung sowohl während der Unterrichtsstunden wie auch in den Pausen besteht darin, seiner Schwester auf Schritt und Tritt zu folgen. Sobald sich jemand an seine Schwester wendet, stellt er sich vor sie, verteidigt sie, ohne dass sie angegriffen wird und zieht sie zur Seite. Ist Ali einmal nicht zugegen, schaut sie bei Lehrerfragen zunächst ohne zu antworten schamvoll auf den Boden. Bei weiteren Nachfragen bezüglich ihrer Rechenverweigerung protestiert sie mit trotziger Miene und sagt, dass sie Mathe eben nicht könne. Ihr Lehrer ist vom Gegenteil überzeugt. Er konnte in einigen Situationen beobachten, dass sie beim Rechnen viel Eifer und gute Lösungsstrategien entwickelt hat.

> *Beide Kinder sprechen bis heute die deutsche Sprache sehr schlecht. Ihre Zeugnisse dokumentieren schwach ausreichende Leistungen. Beim letzten Beratungsgespräch hat die Klassenlehrerin den Eltern vorgehalten, Ali würde zwar seine Schwester beschützen, aber jedwedes andere Kind grundlos verängstigen, bedrohen und ihm in*
> 55 *unbemerkten Augenblicken Schmerzen zufügen, z. B. brutal in die Kniekehlen treten. Täglich gebe es Beschwerden dieser Art. Außerdem habe er so gut wie nie seine Hausaufgaben und flüchte sich in Ausreden. Heute sagte er, dass er gestern auf seine Schwester aufpassen und anschließend seine Mutter zum Arzt begleiten musste. Nermin dagegen würde regelmäßig frühzeitig nach Hause geschickt, ihr sei übel, sie*
> 60 *habe Kopf- oder Bauchschmerzen. Der praktische Arzt rät zu einer Mutter-Kind-Kur.*

4.4.1 Regeln, Grenzen, Konsequenzen

Einfach, klar und kurz formulierte Regeln geben insbesondere Kindern und Jugendlichen eine Orientierung und Verhaltenssicherheit, in deren Familien gar keine oder andere Regeln gelten oder Regeln, die Grenzen setzen, zwar gelten, ihre Einhaltung jedoch nicht beachtet wird oder ihre Durchsetzung nicht konsequent erfolgt. *Sicherheit und Verbindlichkeit erleben* gehört hingegen zu den bedeutsamsten psychischen Grundbedürfnissen und bildet die Grundlage der Selbstentwicklung (vgl. Haug-Schnabel u. a., 2007, S. 101). Regeln in Bezug auf die Lernsituation „Nermin" könnten lauten: „Im Unterricht beginne ich sofort mit meinen Rechenaufgaben", „Ich beantworte selbstständig Lehrerfragen", „Ich verängstige, bedrohe und verletze niemanden", „Ich mache regelmäßig meine Hausaufgaben".

> *Merksatz*
> *Damit Kinder kognitive, affektive und soziale Entwicklungsfortschritte erzielen, müssen sie „emotional warme, offene, aber auch strukturierte und normorientierte Erziehungsbedingungen erfahren. Dies schützt sie und befähigt sie, in interaktiven Anforderungssituationen immer kompetenter zu agieren" (Haug-Schnabel u. a., 2007, S. 123).*

Ein *autoritativer oder demokratischer Erziehungsstil* fördert die Autonomie der Kinder unter der Bedingung, dass das kindliche Verhalten „durch Anleitung und Führung, Grenzen setzen und Wissen über das, was das Kind gerade tut" (Bensel, 2007, S. 172) reguliert wird und nicht durch psychologische Kontrolle, wie z. B. durch Liebesentzug. Eine Verhaltenskontrolle, die einhergeht mit Vertrauen, führt dazu, dass das Kind Wert- und Normvorstellungen verinnerlicht. Autoritativ erzogene Kinder werden lebenstüchtig und selbstbewusst, handlungs- und entscheidungsfähig und leiden weniger unter Angst, Depression oder Aggression (vgl. Bensel, 2007, S. 171). Scheint der autoritative Erziehungsstil für Mittelschichtmilieus optimal, macht eine soziale Risikoumwelt einen stärker lenkenden und einschränkenden Erziehungsstil erforderlich, um auch dort eine positive Entwicklung zu erzielen (vgl. Bensel, 2007, S. 173).

Erziehungskompetenz beinhaltet demnach die Fähigkeit, Erfahrungsräume zu schaffen und klar umrissene, für das Kind nachvollziehbar begründete Grenzen zu setzen, in denen das Kind seine Welt mit Neugierde erkunden und seine Selbstbildungspotenziale entdecken kann. *Grenzen setzen* heißt in diesem Sinne, pädagogisch sinnvolle und verantwortbare Grenzen zu setzen und nicht willkürliche Macht auszuüben.

Beim *Aufstellen von Regeln* werden Kinder an altersgemäß überschaubaren Entscheidungen beteiligt, aber nicht überfordert. Letztlich entscheiden die Erziehungspersonen. Partizipation ist ein elementarer resilienter Schutzfaktor für Kinder und Jugendliche, da sie aktiv und verantwortungsvoll handeln lernen. Außerdem halten Kinder und Jugendliche Regeln bereitwilliger ein, wenn sie an ihrer Erstellung selbst beteiligt waren (vgl. Bensel, 2007, S. 207).

Die *Konsequenzen* werden gemeinsam mit den Kindern/Jugendlichen eingeführt. Konsequenzen sollen logische Folgen sein, keine Strafen. Sie sollen das Störverhalten des Kindes schnellstmöglich und wirksam unterbinden und die soziale Atmosphäre und die Zusammenarbeit der Gruppe nicht wesentlich beeinträchtigen (z. B. „Wenn ich wütend bin, gehe ich in die Bewegungsbaustelle." oder „Wenn ich jemanden verletzt habe, mache ich es wieder gut." oder „Wenn ich beim Spiel andere Kinder bedrohe, kann ich das Spiel nicht fortsetzen und verlasse für eine bestimmte Zeit den Raum." oder „Verlasse ich frühzeitig den Unterricht, erkundige ich mich nach dem Lehrstoff, arbeite das Versäumte selbstständig nach und lege es am nächsten Tag vor." oder „Werde ich mit meinen Rechenaufgaben nicht fertig, erledige ich sie nach dem Unterricht sofort in der OGS.").

Bei der *Durchsetzung der Folgen* orientiert sich der Sozialpädagoge an der Entwicklung des Kindes und geht gegebenenfalls stufenweise vor: → nonverbaler Hinweis auf die Regel → verbale Erinnerung → gelbe Karte → rote Karte. In jedem Falle kündigt der Sozialpädagoge nur Konsequenzen an, die er auch umsetzen kann und wird. Setzt er seine Konsequenzen gar nicht um, so schadet er dem Kind. Denn das Ausbleiben einer unangenehmen Konsequenz erlebt das Kind wie eine Belohnung für sein unangemessenes Verhalten. Es wird verstärkt. Bleibt diese unangenehme Konsequenz sogar hin und wieder aus, so spricht man von „intermittierender" Verstärkung, d. h., das Fehlverhalten wird noch stärker gelernt als bei einer kontinuierlichen Verstärkung und resistenter gegenüber einer Verhaltensänderung.

Im günstigen Fall gibt der Sozialpädagoge dem Kind eine Wahlmöglichkeit, sodass Ali eine Entscheidung treffen lernt, wie er seine Verletzung bei dem anderen Kind wiedergutmachen kann. Die Einhaltung der Regel muss trainiert werden, aber nicht immer wieder besprochen! Regeln einhalten ist ein Lernprozess und erfordert wie jedes Lernen eine systematische Wiederholung.

In einer konkreten Handlungssituation werden Folgen erst angekündigt und dann konsequent durchgesetzt, auch wenn das Kind gerade keine Einsicht aufbringt. Sie werden nicht mehr diskutiert. Denn Erziehung heißt, eine verlässliche, sichere und berechenbare Bindung zum Kind herstellen. Grenzenlosigkeit bedeutet auch Lieblosigkeit, weil das Kind spürt, dass es dem Erziehenden nicht wert ist, dass er achtsam mit ihm umgeht, wenngleich der Erziehende subjektiv das Motiv haben kann, das migrantische Kind verschonen zu wollen, da es doch schwierige Lebensumstände habe. Anstelle von Mitleid benötigt das Kind ein echtes Mitgefühl und eine Anleitung, wie es seine Lernprozesse verbessern kann und zu seinem Ziel kommt, Anerkennung von seiner Gleichaltrigengruppe zu bekommen und schulisch erfolgreich zu sein. Die Befriedigung dieser wichtigen Bedürfnisse erzieherisch optimal zu begleiten, ist die vorrangige Aufgabe des Sozialpädagogen, spontane Lust- oder Unlustäußerungen des Kindes/Jugendlichen stehen demgegenüber zurück.

Das *Gewähren von Grenzüberschreitungen* und das Übersehen von Regelverletzungen durch Sozialpädagogen führt beim migrantischen Kind umso mehr zu Irritationen, wie es aufgrund seiner familialen autoritären Sozialisation eine Erziehungsantwort erwartet. Hat Ali keine Hausaufgaben gemacht, so kann er am Nachmittag nicht am Freizeitangebot der OGS teilnehmen, da er seine Hausaufgaben nacharbeitet, um sie am nächsten Tag dem Lehrer vorlegen zu können. Der Sozialpädagoge setzt die Konsequenz *freundlich*, aber bestimmt durch, d. h., er bleibt in der Rolle des Erziehenden und verwechselt diese nicht mit der Rolle des *Freundes*, die mit seinem Erziehungsauftrag nicht vereinbar wäre.

Grenzen setzen heißt für den Sozialpädagogen, dem Kind/Jugendlichen stets ein *gutes Vorbild* in der Einhaltung von Regeln und Grenzen zu sein. Nur wenn ein Kind das Verhalten der Regeleinhaltung bei ihm beobachten kann und erlebt, dass dieses Verhalten zum Erfolg führt und anerkannt wird, wird es die Regeleinhaltung nachahmen. Das heißt, Ali erlebt bei seinem Sozialpädagogen etwa die Regeleinhaltungen: Ich gehe mit Kindern rücksichtsvoll um (z. B. wenn sie eingenässt haben)./In der Pause spreche oder spiele ich mit Kindern./Ich vermeide Ausreden.

Grenzen setzen bedeutet, anderen Menschen *aus Respekt Grenzen setzen* und die Grenzen anderer respektvoll beachten. Interkulturell betrachtet kommt der Begriff Respekt dem den türkeistämmigen Kindern und Jugendlichen vertrauten türkischen Begriff der Ehre im Sinne von „saygı" sehr nahe und kann daher von Erziehenden wirkungsvoll eingesetzt werden.

Keine Grenzen setzen führt schnell zu einer *erschöpften Aufopferung* von Eltern und Pädagogen und erzeugt einen ständigen Kampf, vom Kind doch akzeptiert und geliebt zu werden. Erziehungskompetenz misst sich aber nicht an den Opfern, die die Eltern/Pädagogen erbringen, indem sie Grenzüberschreitungen zulassen. Häufig geraten Erziehende dadurch in einen Teufelskreis: Kinder und Jugendliche, die die gesetzten Grenzen missachten und Verhaltensauffälligkeiten zeigen, erzeugen in den Pädagogen das Gefühl der *sozialen Kränkung*. Aus ihrem persönlichen Versagensgefühl heraus lassen sie weitere Grenzverletzungen zu, resignieren oder reagieren mit Liebesentzug als Strafe und Machtmittel.

In der Lernsituation „Nermin" versucht es die Mutter schließlich mit einer harten Reinlichkeitsdressur und hohlen Versprechungen. Der Vater schlägt Ali. Erfahren Nermin und Ali außer dieser negativen Form der Zuwendung keine oder wenig positive Zuwendung, so können die Kinder die Bestrafung gar angenehmer empfinden als keine Beachtung. Ihr Fehlverhalten wird also noch mehr bekräftigt und nimmt zu. In diesem Falle sinkt die

Widerstandsfähigkeit (Resilienz) der Kinder und auch die der Eltern und das Risiko von Erkrankungen steigt.

Dagegen machen *sicherheitsgebende Beziehungen* Kinder und Jugendliche psychisch widerstandsfähiger (resilienter) – „ich"-stark – und befähigen sie, mit stressrelevanten Situationen fertig zu werden und kognitive Potenziale zu nutzen (vgl. Bensel, 2007, S. 177). Erziehende müssen insbesondere zu Kindern aus überfordernden und belastenden Beziehungen *sichere Bindungen* aufbauen, damit sich ihre *inneren Arbeitsmodelle* verändern, denn Beziehungsschemata sind innere Arbeitsmodelle, wie Aufgaben und Stress zu bewältigen sind.

In einem *resilienzpädagogischen Handlungskonzept* stärkt der Sozialpädagoge die Schutzfaktoren des migrantischen Kindes und Jugendlichen, die die Wirkung vorhandener Risikofaktoren besser abpuffern. Als Risikofaktoren zählen ein Migrationshintergrund, Arbeitslosigkeit, Armut, Gewalterfahrungen, psychische Erkrankung der Eltern, traumatische Erlebnisse, Mobbing in der Peergroup u. a. Die Schutzfaktoren können das Kind/den Jugendlichen befähigen, Risiken und Belastungen zu bewältigen und trotz besonderer Widerstände gesund zu bleiben. Sie stellen eine Prophylaxe gegen Angst, Aggression, Schulversagen und Erkrankung dar.

Pädagogische Ansatzpunkte zur Förderung der Resilienz:

- Der Sozialpädagoge als Übergangsbegleiter unterstützt das Kind bei der Bewältigung der Anforderungen bei Übergängen in die Kita und die Schule.

- Der Sozialpädagoge als Bindungspartner ermöglicht korrigierende Beziehungserfahrungen, sodass sich Bindungsunsicherheit nicht bestätigt und neue „innere Arbeitsmodelle" entstehen.

- Der Sozialpädagoge als Emotions-Coach stellt sichere Freiräume zur Verfügung, in denen Kinder Gefühle mitteilen können und Wertschätzung erfahren.

- Der Sozialpädagoge als Empathie-Befähiger lässt das Kind Empathie erfahren, indem er kindliche Gefühlsäußerungen versteht und dies signalisiert. Dadurch befähigt er Kinder zur Empathie.

- Der Sozialpädagoge als Coping-Vorbild zeigt dem Kind als gutes Vorbild, wie man eine Stresssituation wahrnimmt, bewertet und sich mit ihr auseinandersetzt.

- Der Sozialpädagoge als kognitiver Herausforderer ermöglicht und gestaltet Aktionsfelder, die „Gelegenheit zu selbsttätigen Lern- und (Selbst-)Bildungsprozessen" geben, sodass Eigeninitiative und Selbstregulation gefördert und kindliche Intelligenz- und Leistungspotenziale realisiert werden.

- Der Sozialpädagoge als ressourcenstärkender Beobachter konzentriert seine Beobachtungen zunächst auf das, was das Kind bereits gut kann, führt dem Kind seine Kompetenzen vor Augen und stärkt so sein Selbstbewusstsein. Anschließend schlägt er ihm eine Brücke zu Aktionsbereichen, in denen das Kind andere Kompetenzen aufbauen kann (vgl. Bensel, 2007, S. 192 ff.).

4.4.2 Konfrontative Gesprächsführung

Zwei Beispiele aus einem Schulalltag:

Beispiel 1: Tolga, Schüler, 18 Jahre; Lehrer

Tolga war gestern nicht im Unterricht. Er hat für heute keine Hausaufgaben.

Tolga: „Aber Sie wissen doch, ich hatte doch erzählt, meiner Mutter geht's nicht gut."

Lehrer: „Aber du weißt, keine Hausaufgaben ergibt eine 6."

Tolga: „Ja, ich wollte sie ja machen, ich hatte aber kein Arbeitsblatt und Derya hatte es auch nicht und Yusuf konnte ich nicht erreichen, mein Handy war leer. Sie hatten mir übrigens auch gar kein Arbeitsblatt gegeben."

Lehrer: Geht weiter. Trägt keine Note ein. Tolga soll in der 5. Stunde eine Klassenarbeit schreiben.

Tolga: „Ich kann heute auch die Klassenarbeit nicht mitschreiben, weil ich ja davon gar nichts wusste. Da kann ich gleich gehen."

Kurz vor der 5. Stunde meldet sich Tolga krank, erscheint dann aber wieder zur 6. Stunde. In der 7. Stunde ist Sport.

Tolga: „Ich hab keine Sportsachen dabei. Ich dachte, heut ist kein Sport, ist ja alle 14 Tage und ich dachte heute nicht!"

Der Sportlehrer entlässt ihn.

Beispiel 2: Zeynep, Schülerin, 17 Jahre; Lehrer

Es soll ein Text (Länge: eine Seite) für ein Diktat geübt werden. Der Text liegt vor.

Lehrer: „Alle schwierigen Wörter markieren und anschließend mehrfach schreiben, bis sie eingeprägt sind. Dabei laut sprechen, Farben benutzen und an Eselsbrücken erinnern!"

Zeynep schaut auf das Blatt.

Lehrer: „Befolge bitte die Anweisung."

Zeynep: „Ich kann das, Herr Mayer, ich lese erst mal."

Zeynep spricht mit ihrer Nachbarin. 3 Minuten später:

Lehrer: „Zeynep, befolge die Anweisung."

Zeynep: „Ich hab's gelesen, ich kann das."

Lehrer: „Du hast nichts markiert und nichts geschrieben."

Zeynep: „Ich kann das doch, ich find das blöd, das Schreiben. Immer sollen wir schreiben. Sagen Sie mal, kennen Sie Tuğba, ich soll Sie grüßen von ihr."

Lehrer: „Zeynep, befolge die Anweisung."

Zeynep: „Tuğba ist meine Cousine, sie kriegt jetzt ein Kind. Ich habe Sie gesehen auf ihrer Hochzeit!"

Während des Diktats versucht Zeynep mit allen Mitteln, von jemandem abzuschreiben. Der Lehrer bittet sie, sich an einen anderen Platz zu setzen.

Ergebnis: 32 Fehler.

Zeynep: „Aber, Herr Mayer, ich sag es Ihnen, ich kann wirklich schreiben!"

Aufgabe

Reflektieren Sie beide Alltagssituationen. Bestimmen Sie mögliche lernpsychologische Vorgänge.

Konfrontative Gesprächsführung ist ein erzieherischer Handlungsansatz der *unnachgiebigen Konsequenz*. Er folgt der Devise: Den Menschen akzeptiere und wertschätze ich, sein Verhalten aber kritisiere ich. Dieser Ansatz ist in der Arbeit mit einem migrantischen Jugendlichen von großer Bedeutung, denn nicht er steht im Mittelpunkt, weil er Ausländer ist, sondern sein Fehlverhalten. Konfrontative Gesprächsführung setzt aber voraus, dass der Sozialpädagoge *gleichzeitig* sicherstellt, dass der Jugendliche an anderer Stelle über verstehensorientierte Methoden ausreichend Verständnis und Wertschätzung erhält (siehe Kapitel 4.3), sonst kann Konfrontation kontraproduktiv sein (vgl. Toprak, 2006, S. 100).

> **Definition**
> *„Konfrontative Gesprächsführung heißt, dass der Betreuer die Motive, die für das deviante Verhalten nicht relevant sind, zwar versteht, aber als Begründung nicht akzeptiert. Der Betreuer bezieht sich nur auf die mit dem Jugendlichen getroffene Vereinbarung und konfrontiert ihn permanent mit der Nichteinhaltung der verhandelten Zielevereinbarung. Die Gründe, warum der Jugendliche verhindert war, sind zwar als Hintergrundwissen von Bedeutung, spielen aber bei der konkreten Handlung und Einhaltung der Vereinbarung keine Rolle. Primäres Ziel ist es, den Jugendlichen damit zu konfrontieren, warum er sich nicht an die Abmachung gehalten hat."* (Toprak, 2006, S. 83)

Das *Ziel* der konfrontativen Gesprächsführung ist, dass sich der Lehrer/Sozialpädagoge Respekt verschafft. Denn insbesondere für türkeistämmige Kinder gilt, dass sie Respekt vor Autoritäten aufbringen können, „wenn Ordnung und Disziplin vorhanden sind" (Toprak, 2006, S. 86). Anderenfalls läuft der Lehrer/Sozialpädagoge Gefahr, dass seine verständnisvolle Haltung vom Jugendlichen missbraucht und gegen ihn verwendet wird.

Bei der *Durchführung* des konfrontativen Gesprächs konzentriert sich der Lehrer/Sozialpädagoge auf das Fehlverhalten des Kindes/Jugendlichen, nicht auf die Person. Er vermeidet unbedingt Angriffe auf die Person, Diffamierungen, Urteile über die Person,

Verachtung gegenüber oder Ablehnung der Person sowie vorschnelle Ratschläge. „Unüberlegte und von stereotypen Vorurteilen geprägte Konfrontationen, wie z. B. ‚Alle türkischen Jungen sind Gewalttäter' oder ‚Der Islam erlaubt dir nicht zu schlagen', können verletzend, kränkend und schließlich kontraproduktiv sein. Auf die Abwertung der kulturellen Wertvorstellungen reagieren die türkischen Jugendlichen sehr gereizt und fühlen sich nicht verstanden und ernst genommen" (Toprak, 2006, 103 f.). Der Lehrer/ Sozialpädagoge beschreibt das Verhalten sachlich – ohne es zu bewerten –, er formuliert Ich-Botschaften, er weist auf den Widerspruch zwischen der Vereinbarung und dem Verhalten hin, er fordert Eigenverantwortung ein und er setzt Konsequenzen konsequent durch.

Das konfrontative Gespräch dient der *Grenzziehung und der Prävention:*

„Unnachgiebigkeit ist das oberste Prinzip, das die (insbesondere türkeistämmigen) Jugendlichen in der Erziehung, vor allem im Kontext der Freundschaft und Familienehre, erfahren. Mit diesem Ansatz können sich die pädagogischen Fachkräfte Respekt verschaffen, indem sie die Sprache der Jungen sprechen. [...] die konfrontative Gesprächsführung ist auf Dauer nur erfolgreich, wenn sie unmittelbar und konsequent bei alltäglichen ‚Harmlosigkeiten' eingesetzt wird. Dieser Stil bietet den Kindern und Jugendlichen Sicherheit, weil er als Grenzziehung interpretiert wird. Dadurch erlernen die Heranwachsenden unmittelbar und unmissverständlich, dass ihr Verhalten nicht ‚normkonform' ist."
(Toprak, 2006, S. 95)

Ahmet Toprak kennzeichnet die konfrontative Gesprächsführung folgendermaßen:

- *Zielvereinbarung*: Der Pädagoge möchte vom Jugendlichen nur wissen, warum er die Vereinbarung nicht eingehalten bzw. die Aufgabe nicht erledigt hat. Er fragt nach, akzeptiert aber alle „wichtigen" Nebenfaktoren nicht als Hindernis. Die Nichteinhaltung der Vereinbarung zieht sich als „roter Faden" durch das Gespräch.

- *Unnachgiebigkeit*: Unabhängig davon, welche Gründe er angibt, darf der Pädagoge nicht nachgeben, sondern muss die Aufgaben einfordern und die Konsequenzen durchsetzen. Die Devise pädagogentrainierter Jugendlicher könnte nämlich heißen: *Ich erzähle ihm meine schlechte und traurige Kindheit, schon habe ich meine Ruhe.* Nachgiebigkeit nehmen sie als Schwäche wahr.

- *Widerlegen*: Der Pädagoge widerlegt alles, was der Jugendliche angibt, wie z. B. die Aussage Alis, er habe keine Hausaufgaben machen können, da er auf seine Schwester aufpassen und seine Mutter zum Arzt begleiten musste. Das Aufpassen auf seine gleichaltrige Schwester macht Hausaufgaben durchaus möglich. Oder die Aussage Nermins, sie könne Mathe nicht, obgleich sie noch gar nicht angefangen hatte.

- *Ständiges Wiederholen*: Um für sein Verhalten selbst keine Verantwortung übernehmen zu müssen, macht der Jugendliche andere oder irgendwelche Umstände dafür verantwortlich. Deshalb muss der Pädagoge immer wieder seine Aussagen so lange wiederholen, bis der Jugendliche genervt aufgibt, Teilverantwortung übernimmt und keine Ablenkungsmanöver oder Ausreden mehr sucht.

- *Unterbrechen und verunsichern*: Sobald der Jugendliche von seinem Verhalten ablenkt, unterbricht ihn der Pädagoge und konfrontiert ihn wieder mit seinem Fehlverhalten. Mit der Zeit wird der Jugendliche die Lust verlieren, sein Verhalten schönzureden und zu rechtfertigen.
- *Keine Einsicht verlangen*: Der Pädagoge führt dem Jugendlichen vor Augen, dass sein Verhalten nicht richtig ist. Aber Einsicht kann er nicht verlangen. Dem Jugendlichen muss von selbst die Einsicht kommen. Verlangt ein Pädagoge Einsicht, läuft er Gefahr, dass der Jugendliche sie zeigt, ohne dass er sie hat, nur um gut wegzukommen (vgl. Toprak, 2006, S. 94 f.).

Bedingungen für den Einsatz der konfrontativen Gesprächsführung:

- *Fingerspitzengefühl und maßvoller Einsatz:* Diese Methode sollte bei auffälligen Kindern/Jugendlichen bewusst eingesetzt werden, insbesondere wenn sie die Konfrontation bewusst oder latent suchen. Sie ist weniger geeignet für ruhige und zurückhaltende Kinder.
- *Regelbruch:* Der Lehrer/Sozialpädagoge setzt diese Methode ein, sobald sich das Kind/der Jugendliche nicht an die Regel/Vereinbarung hält.
- *Konfliktfall:* Bei einer Konfliktsituation mit mehreren Jugendlichen konfrontiert der Pädagoge jeden Einzelnen mit seinem Verhalten. Ziel ist nicht herauszubekommen, wer Recht hat, sondern welche Teilverantwortung jeder Einzelne übernimmt.
- *Prävention als Grenzziehung:* Die konfrontative Gesprächsführung auch ohne Anlass ist eine pädagogisch sinnvolle Methode, sehr früh eine Grenzeinhaltung zu trainieren und Grenzüberschreitungen vorzubeugen (vgl. Toprak, 2006, S. 100 f.).

„Wir sollten alle Anstrengungen unternehmen, um die Neigung zur Nichtanpassung und zum Rückzug von der Gemeinschaft bei Kindern und Jugendlichen möglichst frühzeitig zu erkennen. Sie kann weder durch Gewalt unterdrückt noch durch ständige Nachsicht gemildert werden. Gerade diese zwei Methoden, Nachsicht und gewaltsame Unterdrückung, die bei auffälligen Kindern und Jugendlichen häufig angewandt werden, sind verantwortlich dafür, dass aus trotzigen oder genusssüchtigen Heranwachsenden sozial unangepasste und im schlimmsten Fall psychopathische Erwachsene mit einer antisozialen Persönlichkeit werden." (Dreikurs u. a., 2010, S. 132)

Nermins Lehrer nimmt an, dass sie gute Rechenkompetenzen hat. Sie beginnt jedoch erst gar nicht mit ihren Rechenaufgaben und sagt dem Lehrer den Standardsatz „Ich kann das nicht". Vor dem konfrontativen Gespräch müssen die Grenzen und Regeln sowie die Konsequenzen klar formuliert sein (siehe Kapitel 4.4.1). Nermins Klasse und ihr Lehrer hatten vereinbart, dass jeder sofort mit den Rechenaufgaben beginnt und nicht zu Ende gebrachte Aufgaben unmittelbar im Anschluss an den Unterricht in der OGS erledigt werden. Sobald sich Nermin weigert, mit den Aufgaben zu beginnen und um sich schaut und demonstrativ keinerlei Initiative zeigt, könnte folgendes konfrontative Gespräch entstehen:

Beispiel:

Lehrer: „Nermin, was machst du?"

Nermin: „Boa, nichts."

Lehrer: „Und was solltest du tun?"

Nermin: „Ja, weiß nicht, kann das nicht!"

Lehrer: „Was kannst du nicht?"

Nermin: „Ja, diese Aufgaben da. Ich check das nicht! Hab das noch nie gemacht."

Lehrer: „Was hast du noch nie gemacht?"

Nermin: „Ja, das!"

Lehrer: „Wie heißt das denn?"

Nermin: „Klammer oder so."

Lehrer: „Ja, richtig! Klammerrechnung! Schlag bitte dein Heft auf. Was haben wir gestern und vorgestern gemacht?"

Nermin: „Punkt vor Strich. Das ist aber hier ganz anders!"

Lehrer: „Was ist denn anders?"

Nermin: „Keine Ahnung. Ist anders!"

Lehrer: „Ich verstehe das nicht. Du weißt nicht, was jetzt anders ist, sagst aber, dass es anders sei?"

Nermin: „Ich kann es aber nicht. Die anderen sind schon fast fertig."

Lehrer: „Was denkst du, wie es kommt, dass sie schon fast fertig sind?"

Nermin: „Boa, die können das. Die sind schneller."

Lehrer: „Meinst du, sie rechnen schneller als du?"

Nermin: „Nein. Aber die rechnen."

Lehrer: „Du meinst wohl: Weil du noch nicht angefangen hast, haben die anderen jetzt einen Vorsprung. Nermin, was haben wir vereinbart?"

Nermin: „Mach ich ja gleich."

Lehrer: „Fang jetzt sofort an! Aufgaben, die du nicht erledigst, machst du gleich in der OGS. Morgen legst du mir diese Aufgaben zusammen mit den Hausaufgaben vor."

Ergebnis: Welche Ziele wurden im besten Fall erreicht?

- Nermin übernimmt Teilverantwortung dafür, dass sie ihre Rechenaufgaben nicht sofort begonnen hat.

- Nermin wird die vorgebrachte Ausrede in Zukunft nicht mehr heranziehen. Wenn sie eine andere Ausrede willkürlich erfindet, muss sie auch wieder mit dieser konfrontiert werden. Der Pädagoge muss sie hinterfragen, widerlegen und nicht nachgeben. Da der Pädagoge Nermin und ihre Geschichten ernst nimmt, wird auch Nermin den Pädagogen ernst nehmen. Die Strategie des Geschichtenerzählens wird auf die Dauer versiegen.
- Nermin lernt aufgrund von Konsequenzen. Gegebenenfalls wird sie am Nachmittag nicht an beliebten Tätigkeiten teilnehmen können und Rechenaufgaben nacharbeiten. Um diese unangenehmen Konsequenzen zu vermeiden, wird sie im Unterricht zügiger arbeiten.
- Nermin wird angemessenes/erwünschtes Verhalten zeigen: Konzentration, zügiges Arbeiten, richtiges Rechnen. Und jedes Erfolgserlebnis wird sie bekräftigen. Sie wird stolz auf ihre Leistung sein. Ihr Status innerhalb der Klasse wird sich verbessern.
- Nermin lernt Grenzen einzuhalten.
- Verfolgte Nermin das Ziel, durch Fehlverhalten die Aufmerksamkeit des Lehrers zu erlangen, und erfährt sie jetzt eine sowohl konfrontative wie ermutigende Erziehung, so kann Nermin ihr Ziel umlenken auf sozial nützliche Verhaltensweisen.

Ali hat keine Hausaufgaben und sagt, dass er gestern auf seine Schwester aufpassen und anschließend seine Mutter zum Arzt begleiten musste. Da Ali und seine Klasse mit ihrem Lehrer vereinbart haben, dass Hausaufgaben immer erledigt und vorgelegt und nicht erledigte Hausaufgaben am Nachmittag während des Freizeitangebots der OGS erstellt werden, kann der Lehrer Ali mit seinem Verhalten etwa folgendermaßen konfrontieren:

> *Beispiel:*
>
> *Lehrer:* „Ali, wo sind deine Hausaufgaben?"
>
> *Ali:* „Konnt nicht machen."
>
> *Lehrer:* „Das verstehe ich nicht. Was heißt das, du konntest deine Hausaufgaben nicht machen?"
>
> *Ali:* „Ich musste auf meine Schwester aufpassen. Die war gestern allein. Das ist bei uns so."
>
> *Lehrer:* „Ali, wie alt ist deine Schwester?"
>
> *Ali:* „Wir sind doch Zwillinge."
>
> *Lehrer:* „Also deine Schwester ist 11. Wie musst du denn auf sie aufpassen?"
>
> *Ali:* „Ja, kann nicht raus, weißt du?"
>
> *Lehrer:* „Aha, du konntest nicht raus. Musstest also in der Wohnung bleiben. Und wieso konntest du keine Hausaufgaben machen?"

Ali:	„Als ich wieder raus bin, bin ich mit meiner Mutter zum Arzt. Kann ja kein Deutsch."
Lehrer:	„Du musstest also in der Wohnung bleiben, weil sonst deine Schwester alleine gewesen wäre. In dieser Zeit hattest du gute Gelegenheit, die Hausaufgaben zu machen."
Ali:	„Aber meine Mutter! Kannste sie ja fragen, wenn du nicht glaubst."
Lehrer:	„Ali, um wie viel Uhr musste deine Mutter beim Arzt sein und wie lange wart ihr da?"
Ali:	„Ja, weiß nicht. So um 17.00 Uhr oder so. Ne Stunde, vielleicht zwei oder drei."
Lehrer:	„Aha, am Abend warst du mit deiner Mutter etwa eine Stunde beim Arzt. Davor hattest du mehr Zeit zur Verfügung, als für die Hausaufgabe notwendig war. Heute Nachmittag erledigst du diese Aufgaben in der OGS."
Ali:	„Kann ich nicht! Heute Nachmittag ist doch Fußball."
Lehrer:	„Ali, du kannst heute nicht am Fußball teilnehmen. Du arbeitest deine Hausaufgaben nach und legst sie mir morgen bei Unterrichtsbeginn vor."

Ergebnis: Welche Ziele wurden im besten Fall erreicht?

- Ali übernimmt Teilverantwortung dafür, dass er keine Hausaufgaben gemacht hat.
- Ali wird die vorgebrachten Entschuldigungen/Ausreden in Zukunft nicht mehr heranziehen, denn durch die erlebte Festigkeit des Pädagogen ahnt Ali, dass er seine Ausreden auch weiterhin nicht akzeptieren wird. Sehr wahrscheinlich wird sich Ali zunächst andere Geschichten überlegen, aber auch diese muss der Pädagoge widerlegen. Insgesamt wird Ali durch die Rückmeldung des Pädagogen von seinen realitätsfernen Vorstellungen von sozial akzeptablen Entschuldigungen abrücken.
- Ali lernt aufgrund von Konsequenzen, regelmäßig seine Hausaufgaben zu erledigen, um sich als Mitglied seiner Klassengemeinschaft und auch seiner Fußballmannschaft fühlen zu können. Ali lernt durch Erfahrung, *„dass es befriedigender ist, die gegebenen Regeln zu beachten, als sie zu verletzen"* und wird eine innere Bereitschaft dazu entwickeln, dies zu tun (Dreikurs u. a., 2010, S. 243).
- Ali wird seine schulischen Leistungen verbessern. Dadurch steigt sein Selbstwertgefühl.
- Ali lernt Vereinbarungen einzuhalten, wenn er spürt, sie sind für alle bindend. Ohne die Vereinbarung würde der Pädagoge wahrscheinlich impulsiv reagieren und willkürliche Konsequenzen setzen und Ali würde ihn für feindselig oder gemein halten.
- Verfolgte Ali das Ziel, durch seine trickreichen Bemühungen dem Lehrer seine Stärke, Macht oder Überlegenheit zu beweisen, so wird er nun dieses Ziel durch sozial angemessenes Verhalten zu erreichen versuchen, unter der Bedingung, dass der Lehrer/Sozialpädagoge in seinem Erziehungskonzept neben der konfrontativen Methode die Regeln der Ermutigung (siehe Kapitel 4.3.1) anwendet.

Ali ist mit seinen Klassenkameraden nach dem Pausenende auf dem Weg ins Klassenzimmer. Da der Lehrer von den Kindern unbemerkt bereits im Klassenzimmer ist, beobachtet er direkt folgendes Geschehen: Ali kommt ins Klassenzimmer, rennt dann schnell an Peters Tisch und schmeißt mit einer kraftvollen Handbewegung alles, was dort liegt, auf den Boden. Als Peter hinzukommt, zeigt Ali Peter Drohgebärden. Vorher hatte der Lehrer mit Alis Klasse vereinbart, dass niemand ein anderes Kind verängstigt, bedroht, verletzt oder ihm Schaden zufügt. Tut er es doch, sollte er als Konsequenz für eine bestimmte Zeit mit einem Arbeitsblatt den Raum verlassen sowie seinen Schaden wiedergutmachen. Der Lehrer konfrontiert Ali mit seinem Verhalten:

Beispiel:

Lehrer: „Ali, was hast du eben gemacht?"

Ali: „Nichts. Das war ich nicht. Ich war ja gar nicht hier."

Lehrer: „Ich meine gerade eben. Wie kommen Peters Sachen auf den Boden und was willst du damit sagen, wenn du dich vor Peter so aufbäumst?"

Ali: „Keine Ahnung. Ich hab damit gar nichts zu tun. Ich war ja gar nicht da."

Lehrer: „Du weißt, wovon ich spreche. Deine Mitschüler müssen es dir jetzt nicht noch einmal erzählen."

Ali: „He, Alter! Denen glaubste, mir nicht! Die sind doch eh gegen mich."

Lehrer: „Ali, wie kommen Peters Sachen auf den Boden?"

Ali: „Ich sag nichts mehr dazu."

Lehrer: „Ali, wir haben eine Abmachung getroffen."

Ali: „Aber ... Kann doch nichts dafür, dass die überm Tischrand lagen."

Lehrer: „Du meinst, nur weil du an den Tisch gekommen bist, flogen alle Sachen gleich runter?"

Ali: „Alter, lass mich in Ruhe!"

Lehrer: „Ali, ich will dich gerne in Ruhe lassen, aber erst will ich wissen, wie unsere Regeln heißen."

Ali: „Keine Sachen kaputt machen. Mann, so `ne Kacke, regst dich auf wegen so `ner Kleinigkeit!"

Lehrer: „Ich habe den Eindruck, dass du außerdem mit deiner Drohgebärde Peter sehr verängstigt hast."

Ali: „Hab ich gar nicht. Das war doch gar nicht so gemeint!"

Lehrer: „Wie war deine Körperhaltung denn dann gemeint?"

Ali: „Peter ist doch mein Freund. Dem tu ich doch nichts. Der weiß, ich mach doch Spaß. Ne Peter?"

Lehrer: „Ich verstehe das nicht als Spaß. Meinst du, dass Peter dein Freund sein kann, wenn dein Verhalten ihm Angst einjagt?"

Ali: „Mann, Peter, sag doch was! Entschuldigung."

Lehrer: „Ali, wie kannst du den Schaden wiedergutmachen?"

Ali: „Ich räum ja schon auf."

Lehrer: „In Ordnung. Mache es. Danach verlässt du bitte für 15 Minuten diesen Raum. Bearbeite dieses Arbeitsblatt an dem dafür vorgesehenen Tisch und bringe es dann zurück."

Ergebnis: Welche Ziele wurden im besten Fall erreicht?

- Ali übernimmt Teilverantwortung dafür, dass er Peters Arbeitsmaterialien heruntergeworfen und ihn bedroht hat.
- Ali erfährt direkt und unmissverständlich, wie sein Verhalten im Vergleich zu seiner Perspektive von außen wahrgenommen wird und dass daraufhin Konsequenzen folgen, die sich aus der Ordnung ergeben, die für alle Mitglieder der Gruppe gilt.
- Ali muss sich mit seinem Verhalten auseinandersetzen, denn er merkt, dass er sich in dieser Situation nicht herausreden kann.
- Ali wird sich aufgrund der konsequenten Haltung des Lehrers bemühen, seine destruktiven Verhaltensweisen zu unterbinden und Grenzen und Vereinbarungen einzuhalten. Ali erfährt immer wieder, dass er kein Recht hat, andere Kinder zu bedrohen oder ihnen Schaden zuzufügen.
- Hatte Ali das Ziel, durch sein Fehlverhalten sich zu rächen oder Vergeltung zu üben oder andere zu bestrafen für alles, was ihm seiner Meinung nach angetan wurde, so wird er nun sein Ziel über sozial akzeptable Verhaltensweisen verfolgen. Denn:
- Neben der konfrontativen Methode wendet der Lehrer/Sozialpädagoge an anderer Stelle/zu einem anderen Zeitpunkt verständnisorientierte Methoden an, um gemeinsam mit Ali seine Ziele zu bearbeiten. Durch die Enthüllung seiner tatsächlichen Absichten kann er sein Verhalten ändern. Priorität in der sozialpädagogischen Arbeit hat das Ziel, dass Ali konstruktive Verhaltensweisen erlernt, die sein Gemeinschaftsgefühl verbessern und seine Entwicklung im sozial nützlichen Rahmen ermöglichen (siehe Kapitel 4.3.1). Der Sozialpädagoge plant deshalb Angebote von Abenteuer- und Erlebnissport, in denen sich Ali intensiv erleben und siegreich behaupten, seine Kräfte erproben und Hindernisse überwinden kann (vgl. Dreikurs u. a., 2010, S. 146).

Lernsituation

Städtischer Kindergarten. Sprachentwicklung in Gefahr?

1 Immer mehr Eltern mit Migrationshintergrund melden ihre Kinder im Städtischen Kindergarten in Ulenkopf an. In dieser Zeit nehmen die Erzieher nicht wenige Beschwerden deutscher Eltern am Telefon entgegen – sie befürchten eine Dominanz ausländischer Sprachen und anderer kultureller Gewohnheiten in allen drei
5 Kindergartengruppen und sehen insbesondere die Sprachentwicklung ihrer eigenen Kinder gefährdet. Die Kindergartenleiterin versucht die Eltern zuberuhigen und weist sie darauf hin, dass sie seit diesem Jahr eine Fachkraft für Sprachförderung bekommen hat, die hervorragende Arbeit leisten würde. Sie arbeitet mit dem Programm „Kon-Lab". In der Tat wird dieses Sprachförderan-
10 gebot gut angenommen, doch bei einem Anteil von Kindern nicht-deutscher Abstammung in Höhe von 63 % reicht es bei Weitem nicht aus. Auch Sie werden deshalb schon vor Beginn Ihres Berufspraktikums auf diese berufliche Aufgabe hingewiesen. Es wird von Ihnen erwartet, dass Sie sich auf dem Gebiet der Spracherziehung intensiv vorbereiten und bestehende Angebote sinnvoll erweitern.
15 Sie fragen sich, warum plötzlich die „Sprachförderung im Elementarbereich" in aller Munde ist. Ihnen fallen die Ergebnisse der letzten PISA-Studie ein, die belegten, dass sich die sprachlichen Fähigkeiten der Migrantenkinder der dritten Generation gegenüber denen der ersten wider Erwarten nicht verbesserten.
Bei der nächsten Teamsitzung steht der Bildungsbereich „Sprache und Kommuni-
20 kation" auf der Tagesordnung. Im Rahmen der Konzeptionsentwicklung will sich Ihre Einrichtung für eine bedarfsgerechte, umfassende Spracherziehung entscheiden, die insbesondere den Zweitspracherwerb türkeistämmiger Kinder unterstützt. Da Sie gerade Ihre schulische Ausbildung absolviert haben, werden Sie von der Kindergartenleiterin gebeten, den neuesten Wissensstand darüber in die Teamsit-
25 zung einzubringen, welche Rolle das Sprachvorbild des Erziehers für die kindliche Sprachentwicklung hat und welche erzieherischen Handlungsweisen sich im pädagogischen Alltag besonders sprachfördernd auswirken.
Im Vorfeld erfahren Sie unterschiedliche Einstellungen im Team. Eine Kollegin vertritt den Standpunkt, dass sich der „natürliche" Zweitspracherwerb am besten im
30 „Sprachbad" der Einrichtung vollziehe. Eine andere Kollegin der Einrichtung äußert starke Skepsis: „Solange die türkeistämmigen Eltern zu Hause mit ihrem Kindergartenkind nicht auch Deutsch sprechen, macht unsere Sprachförderung nicht viel Sinn."
Die Kindergartenleiterin ist sehr daran interessiert, dass sich das ganze Team auf dem Gebiet der Spracherziehung qualifiziert, um Sprachförderung erzieherisch
35 kompetent und effizient im Kindergartenalltag zu verankern, um die Entwicklung aller Kinder zu unterstützen und mit einer guten Konzeption, professionelle Erziehungs- und Bildungsförderung nach außen kommunizieren zu können.

Aufgaben zur Lernsituation

1. Nehmen Sie den Bildungsbereich (3) „Sprache und Kommunikation" aus den „Grundsätzen zur Bildungsförderung für Kinder von 0 bis 10 Jahren in Kindertageseinrichtungen und Schulen im Primarbereich in Nordrhein-Westfalen" (2010, S. 61–63) als Grundlage (abzurufen unter: www.schulministerium.nrw.de/BP, Schulsystem – Bildungsgrundsätze). Erarbeiten Sie für die Konzeption des Städtischen Kindergartens in Ulenkopf einen Entwurf für den Baustein Spracherziehung.

2. Erstellen Sie aus den Sprachförderaktivitäten für den Elementarbereich „Wir verstehen uns gut" von Elke Schlösser (2007), Claudia Iven (2010, S. 37 ff.) und/oder Johannes Merkel (2010, S. 213 ff.) eine didaktische Einheit, bereiten Sie sie vor und führen Sie sie in einer Kleingruppe durch.

3. Erläutern und begründen Sie erziehungswissenschaftlich den handlungsorientierten Sprachförderansatz und vergleichen Sie ihn mit dem funktionalistischen Ansatz. Verdeutlichen Sie Ihre Ausführungen an Ihrer ausgewählten didaktischen Einheit.

4. Reflektieren Sie nach der Durchführung, welche Regeln der Sprachförderung Sie angewendet haben bzw. anwenden wollten.

5. Überzeugen Sie Ihr Team von der herausragenden Bedeutung des Spracherwerbs der deutschen Sprache für den Integrationsprozess migrantischer Kinder. Bei der nächsten Teamsitzung stehen Ihnen dafür 15 Minuten zur Verfügung.

6. Reflektieren Sie im Rahmen Ihrer Portfolioarbeit, wie Sie Ihre persönliche Professionalisierung in Bezug auf die Anforderungen sprachlicher Bildungsprozesse im Elementarbereich vorantreiben können. Planen Sie „Selbstbildungsprozesse" und externe Fortbildungen mit dem Ziel, Experte auf dem Gebiet der Spracherziehung zu werden.

7. Suchen Sie die wichtigsten und häufigsten Sätze, die Sie bei der Kontaktaufnahme und im Dialog mit einem türkeistämmigen Kind verwenden und lassen Sie sie sich ins Türkische übersetzen. Studieren Sie diese Sätze ein und beobachten Sie, wie sich Ihre Türkischkenntnisse auf das Kind auswirken. Beispielhafte Sätze: „Guten Morgen, Zeynep! Wie geht es dir?": „Günaydın, Zeynep! Nasılsın?/„Komm, wir spielen!": „Gel, oynayalım!"/„Wollen wir frühstücken?": „Kahvaltı edelim mi?"/ „Zeynep, suche du ein Bilderbuch aus!": Zeynep, sen bir resimli kitap seç!"/„Komm mit, wir lesen ein Bilderbuch!": „Gel, bir resimli kitap okuyalım!"/„Erzähle du mir diese Geschichte!": „Sen bana bu hikâyeyi anlat!"

Legen Sie für die folgenden Aufgaben die Lernsituation „Nermin" (siehe S. 98 ff.) zugrunde:

8. Erklären Sie mithilfe geeigneter Theorien (siehe Kapitel 3) die Entstehung von Nermins Fehlverhalten. Achten Sie auf eine präzise theoretische Erörterung und einen prägnanten Textbezug.

9. Formulieren Sie für Nermin Erziehungsziele in den Dimensionen Selbst-, Sozial- und Sach-/Methodenkompetenz (siehe Kapitel 2.4).

10. Entwickeln Sie ein pädagogisches Handlungskonzept und integrieren Sie in dieses unter anderem die „Arbeit mit Vorbildern" und die „Wertereflexion" aus Kapitel 4.3.3. Bauen Sie den Film „Fightgirl Ayşe" ein.

    a. Stellen Sie Verhaltensweisen der Protagonistin Ayşe aus dem Film „Fightgirl Ayşe" dar, die Nermin eine gute Vorlage zur Nachahmung bieten könnten.

    b. Ob es zu einem Modelllernen kommt, hängt von mehreren Faktoren ab, unter anderem:

    – das Modell (Ayşe) besitzt hohe Attraktivität für die Lernende/den Lernenden (Nermin),

    – die/der Lernende (Nermin) beobachtet, dass das Verhalten des Modells (Ayşe) bekräftigt wird, sodass sie/er sich durch das Nachahmen der Verhaltensweise Vorteile verspricht.

    Inwiefern sind diese beiden Faktoren gegeben?

    c. Begründen Sie förderliche Erziehungsfaktoren für die Werteentwicklung des Kindes/Jugendlichen, an denen Sie sich bei Ihrer Wertereflexion orientieren wollen.

    d. Stellen Sie die Widersprüche in den Grundwerten des Erziehungskonzeptes der Schule und Nermins Familie dar, die Ahmet Toprak in seiner Theorie beschreibt. Entwickeln und begründen Sie auf dieser Grundlage ein Konzept für Ihre Elternkooperation mit Nermins Eltern.

    e. Wenden Sie die Methode des konfrontativen Gesprächs an, indem Sie an weiteren Textaussagen anknüpfen und ein fiktives Gespräch schriftlich ausarbeiten.

Legen Sie für die folgenden Aufgabenstellungen die Lernsituation „Ümit" (siehe S. 62 f.) zugrunde.

11. Formulieren Sie für Ümit Erziehungsziele in den Dimensionen Selbst-, Sozial- und Sach-/Methodenkompetenz (siehe Kapitel 2.4).

12. Entwickeln Sie für sich als Erzieher im Jugendzentrum ein begründetes pädagogisches Handlungskonzept für Ihre Arbeit mit Ümit. Greifen Sie konkrete Textaussagen auf und ziehen Sie geeignete und bedeutsame Bausteine heran: Prinzipien der Ermutigung, biografisches Arbeiten, Regeln, Grenzen und Konsequenzen, Arbeit mit Vorbildern, Wertereflexion und das konfrontative Gespräch.

13. Suchen Sie in Ihrem Lebensumfeld einen Menschen mit Migrationshintergrund auf, der Ihnen als geeignetes reales Modell in der Hinsicht erscheint, dass er für sich einen erfolgreichen Weg der Selbstverwirklichung in der deutschen Gesellschaft gefunden hat. Laden Sie ihn für eine Jugendgruppe oder Ihre Klassengemeinschaft ein. Bereiten Sie mit Ihrer Gruppe vorher einen Fragenkatalog vor. Orientieren Sie sich bei der Wertereflexion an den pädagogischen Grundsätzen der Wertevermittlung in Kapitel 4.3.3.

14. Schauen Sie sich folgende Filme an: „Die Fremde", „Knallhart", „Rhythm is it", „Wut", „Zeit der Wünsche", „Almanya – Willkommen in Deutschland".

a. Ziehen Sie die in Kapitel 4.3.3 erläuterten Filmkriterien heran und erstellen Sie als Hausarbeit eine vergleichende Filmanalyse. Bringen Sie die Filme unter den Aspekten „Soziales Lernen/Wertereflexion" in eine Reihenfolge von „pädagogisch weniger geeignet" bis hin zu „pädagogisch sehr gut geeignet". Verteidigen Sie anschließend Ihre Position in einem Kleingruppen-Streitgespräch.

b. Wählen Sie einen geeigneten Film für eine Wertereflexion aus und bereiten Sie Fragekarten für ein Reflexionsgespräch vor. Setzen Sie den Film anschließend in einer Jugendgruppe oder im Klassenverband als Grundlage für eine Reflexion der Werte ein. Beachten Sie dabei die für die Wertevermittlung förderliche erzieherische Vorgehensweise aus Kapitel 4.3.3.

15. Lesen Sie das Kapitel Biografiearbeit (4.3.2). Wählen Sie für Ihre Lerngruppe die autobiografische Lektüre „So wie ich will" von Melda Akbaş (2010). Welche Erkenntnisse können Sie aus der Lebenswelt dieses Mädchens gewinnen, die Ihre interkulturelle Kompetenz erweitern? Stellen Sie diese anschließend in der Gesamtgruppe zur Diskussion.

Lernsituation

Yusuf, 8 Jahre, wiederholt gerade die erste Grundschulklasse und verbringt den Nachmittag in der Offenen Ganztagsgrundschule (OGS).

Yusuf ist das erste Kind eines jungen türkeistämmigen Ehepaares. Die Mutter Ayşe (28 J.) lebte vor ihrer Hochzeit mit ihrer Familie in Deutschland. Sie ist hier geboren, besuchte hier die Schule, brach dann ihre Ausbildung ab, als sie 20-jährig Kenan (damals 21 J.) aus der Türkei heiratete. Ihr Mann spricht zu diesem Zeitpunkt kein Deutsch, absolviert anschließend in Deutschland sofort mehrere Sprachkurse, jedoch erzielt er dabei nur mäßigen Erfolg. Darin liegt sicherlich auch der Hauptgrund, weshalb er bis heute keine Arbeit gefunden hat. Er verbringt den Tag zu Hause und ist eigentlich für die Hausarbeit zuständig. Ayşe äußert dies mit verächtlichem Ton. Sie wirft ihrem Mann Untätigkeit vor und mutmaßt, er hätte sie benutzt, um nach Deutschland zu kommen. Sie war zwar in Kenan verliebt, aber mit zunehmendem Alter des Kindes merkt sie, dass aus der Verliebtheit niemals Liebe geworden ist. Die junge Familie lebt „vom Vater Staat" und Ayşe verdient durch Heimarbeit etwas hinzu. Neuerdings denkt sie daran, wieder ihre abgebrochene Ausbildung aufzunehmen. Wenn da nicht Yusuf und Kenan wären. Sie erwarten von Ayşe alles: familiäre Geborgenheit, wirtschaftliche Sicherheit, Haushaltsführung. Ayşe fühlt sich komplett überfordert. Das OGS-Angebot ist eine erste Hilfe.
Kenan spricht bis heute mit Yusuf – wenn er überhaupt mit ihm spricht – türkisch. Aufgrund von Kenans mangelhafter Schulbildung in der Türkei ist Kenans Sprache sehr defizitär. Ayşe rechnet ihrem Mann schon in Stunden vor, wie viel Zeit er seit Yusufs Geburt zu Hause verbracht hat. Die Ehe kriselt – nicht nur deshalb. Er fühlt sich zu Hause gelangweilt und von seiner Frau eingeengt. Am Anfang war die Situation für sie einigermaßen erträglich, berichtet Ayşe, denn so versuchte sie, ihre ganze Liebe ihrem Jungen zu geben. Sie habe ihn mit voller Freude bis ins zweite Lebensjahr hinein gestillt. Dann aber begann er mehr und mehr, Verhaltensmuster seines Vaters zu übernehmen, zog sich von seiner Mutter demonstrativ zurück, hörte nur noch auf seinen Vater, verlangte unaufhörlich nach ihm und verweigerte sich zunehmend den Zärtlichkeitsanwandlungen seiner Mutter. Ihre eheliche Enttäuschung kann sie nicht verbergen, noch schlimmer aber ist für Ayşe das Eingeständnis, dass sie heimlich ähnliche Gefühle Yusuf gegenüber hegt. Die häusliche Atmosphäre ist seit diesem Zeitpunkt ein permanenter Streit darüber, was Yusuf wann anziehen, was und wie und wie lange er essen, was und ob er aufräumen oder spielen soll. Kündigt sich dann auch noch der Vater an, eskaliert die Spannung, weil Ayşe zumindest in Anwesenheit ihres Mannes eine innige, harmonische Beziehung zu ihrem Kind mimen will. Darauf fällt Yusuf aber nicht herein und Ayşe schildert dann die Zeit „mit" dem Vater so, als ob es nicht schlimmer sein könne.
In der OGS tobt er auffallend oft wie ein Wilder durch die Gegend, er geht die Treppen zur Sporthalle nicht hinunter, er stürzt fast hinunter, weil er grundsätzlich ein oder zwei Stufen übersieht und schreit sich dann bei solchen harmlosen Unfällen die halbe Lunge aus dem Hals. Zwar kann er diese Schreianfälle unzählige Male unterbrechen,

40 zum Beispiel wenn von draußen irgendwelche Geräusche zu hören sind oder es klingelt. Er setzt dann aber kurz darauf wieder sein Schreien in derselben Lautstärke fort. Wenn er schreit, produziert er willkürliche Laute, die er auch dann protestierend einsetzt, wenn Sie ihn vergeblich bei der Hausaufgabenbetreuung zu den Hausaufgaben auffordern. In einer sehr verwaschenen Sprache wehrt er sich gegen
45 jede Form von Anweisung. Außerdem haben Sie das Gefühl, dass er Sie kaum wahrnimmt, in jedem Falle aber nicht ernst nimmt.

Aufgaben zur Lernsituation

16. Bestimmen Sie für sich selbst interkulturelle Kompetenzen (siehe Kapitel 2.2 und 2.3), die Ihnen in Ihrem Erziehungsprozess mit Yusuf und auch Ihrer Elternkooperation dringend notwendig erscheinen.

17. Entwickeln Sie ein Konzept einer intensiven Elternkooperation (siehe Kapitel 4.1).

18. Bereiten Sie einen Elternabend vor, bei dem Sie wesentliche Themenaspekte aus der Handlungssituation aufgreifen. Orientieren Sie sich dabei an den Beispielen für Elternabende bei Elke Schlösser (Schlösser, 2004, S. 70–136). Führen Sie diesen Elternabend im Klassenverband durch und reflektieren Sie ihn anschließend.

19. Erläutern Sie weitestgehend die Entstehung von Yusufs Fehlverhalten, indem Sie geeignete Theorien aus Kapitel 3 heranziehen.

20. Formulieren Sie für Ihre Arbeit mit Yusuf Erziehungsziele in den Dimensionen Selbst-, Sozial- und Sach-/Methodenkompetenz (siehe Kapitel 2.4)

21. Entwickeln Sie ein umfassendes pädagogisches Handlungskonzept (siehe Kapitel 4) in Bezug auf die Lernsituation. Beachten Sie:

    a. Einen bedeutsamen Baustein sollen sowohl die Arbeit mit Regeln, Grenzen und Konsequenzen sowie das konfrontative Gespräch bilden. Begründen Sie diese Handlungsweisen und entwickeln Sie sie in Bezug auf geeignete Textstellen. Zur weiteren Orientierung finden Sie beispielhafte konfrontative Gespräche in Toprak, 2006, S. 86 ff.

    b. Beziehen Sie in umfassender Weise die Ermutigungsprinzipien in Ihr Erziehungskonzept für Yusuf ein und arbeiten Sie es detailliert aus.

    c. Greifen Sie die methodischen Anregungen auf, resilienzfördernde Geschichten (vgl. Hoffmann-Biencourt, 2010, S. 58 ff.) und Einheiten aus dem Grundschul-Curriculum „Faustlos" (Cierpka, 2001) einzusetzen.

5 Anhang

5.1 Grafiken und Diagramme: Ergebnisse der Messung von Integration

5.2 Textauszüge aus: Ungenutzte Potenziale. Zur Lage der Integration in Deutschland, Berlin, 2009

5.3 Lernsituation mit Prüfungsaufgabe, Erwartungshorizont und Lösung

5.1 Grafiken und Diagramme: Ergebnisse der Messung von Integration

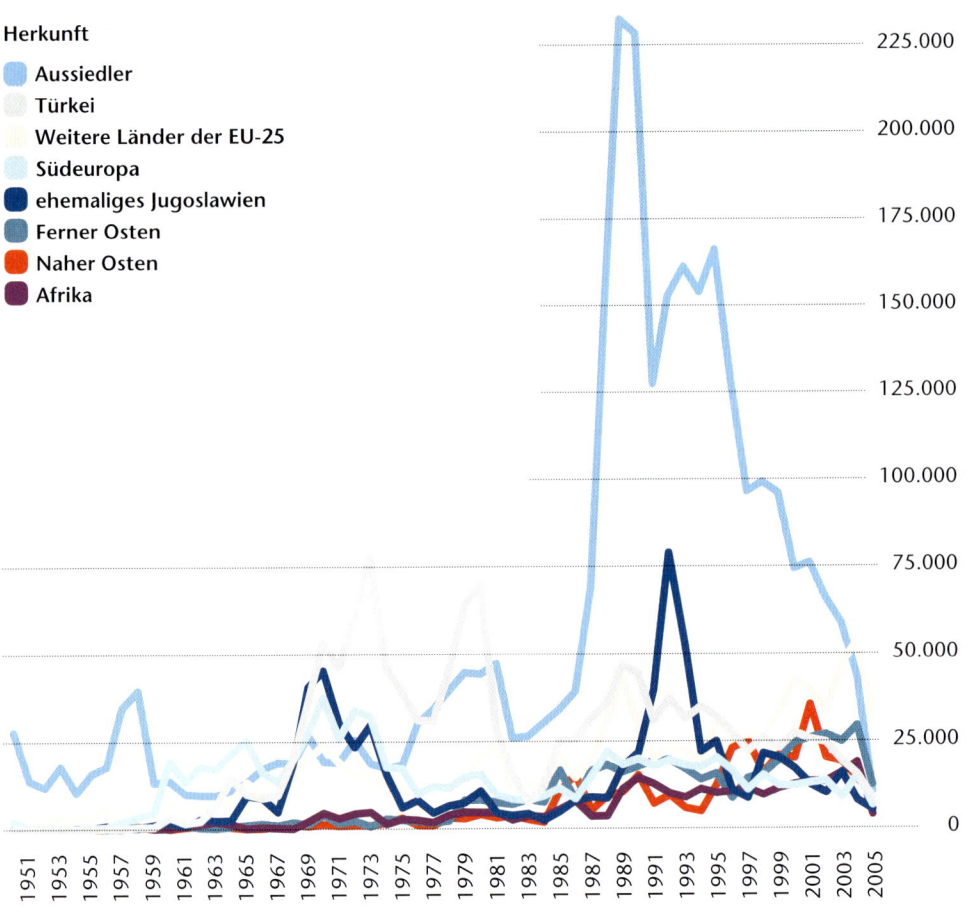

Abb. 1: Die wichtigsten Migrantengruppen in Deutschland (Berlin-Institut, 2009, S. 16)

Herkunft	Prozent															Dynamik*					Gesamt (Punktbewertung)
	Deutsche Staatsbürgerschaft	bikulturelle Ehen	ohne Bildungsabschluss	Schüler der gymnasialen Oberstufe	Hochschulreife	Akademiker	Erwerbslosenquote	Erwerbspersonen	Jugenderwerbslosenquote	Hausfrauenquote	Selbstständige	Beschäftigte im öffentlichen Dienst	Vertrauensberufe	Abhängige von öffentlichen Leistungen	Individualeinkommen (Klasse)	Deutsche Staatsbürgerschaft	bikulturelle Ehen	Hochschulreife	Erwerbslosenquote	Abhängige von öffentlichen Leistungen	
Weitere Länder der EU-25	42	61	3	33	51	29	13	72	17	27	15	13	13	9	8	3,96	1,29	0,84	0,94	0,88	5,5
Aussiedler	100	18	3	23	28	16	15	75	18	20	5	13	13	13	7	–	3,93	1,69	0,80	0,48	5,1
Ferner Osten	39	31	18	37	48	43	17	59	20	42	16	14	8	14	6	3,04	1,59	1,37	0,86	0,50	4,6
Südeuropa	18	25	17	25	28	17	14	74	13	27	13	10	6	10	7	7,02	1,74	1,13	0,95	0,65	4,4
Naher Osten	40	18	22	28	38	48	35	58	26	54	19	8	6	34	6	2,70	0,87	1,48	0,60	0,47	4,1
ehemaliges Jugoslawien	19	14	14	16	20	10	19	69	18	32	6	12	10	18	7	4,31	1,82	1,45	0,98	0,67	3,2
Afrika	41	34	25	21	37	31	26	62	31	44	11	10	4	24	6	2,78	0,95	0,86	0,98	0,39	3,2
Türkei	32	5	30	18	14	13	23	61	28	48	7	8	4	16	7	2,42	1,40	2,00	1,04	0,78	2,4
Einheimische	–	5	1	27	38	19	10	75	14	20	11	21	17	8	8	–	–	–	–	–	6,1

*Änderungsfaktor der Werte der in Deutschland Geborenen im Vergleich zu denen der selbst Zugewanderten

Abb. 2: Indikatorenwerte und Gesamtbewertung der Integration der Herkunftsgruppen im Vergleich (Berlin-Institut, 2009, S. 49)

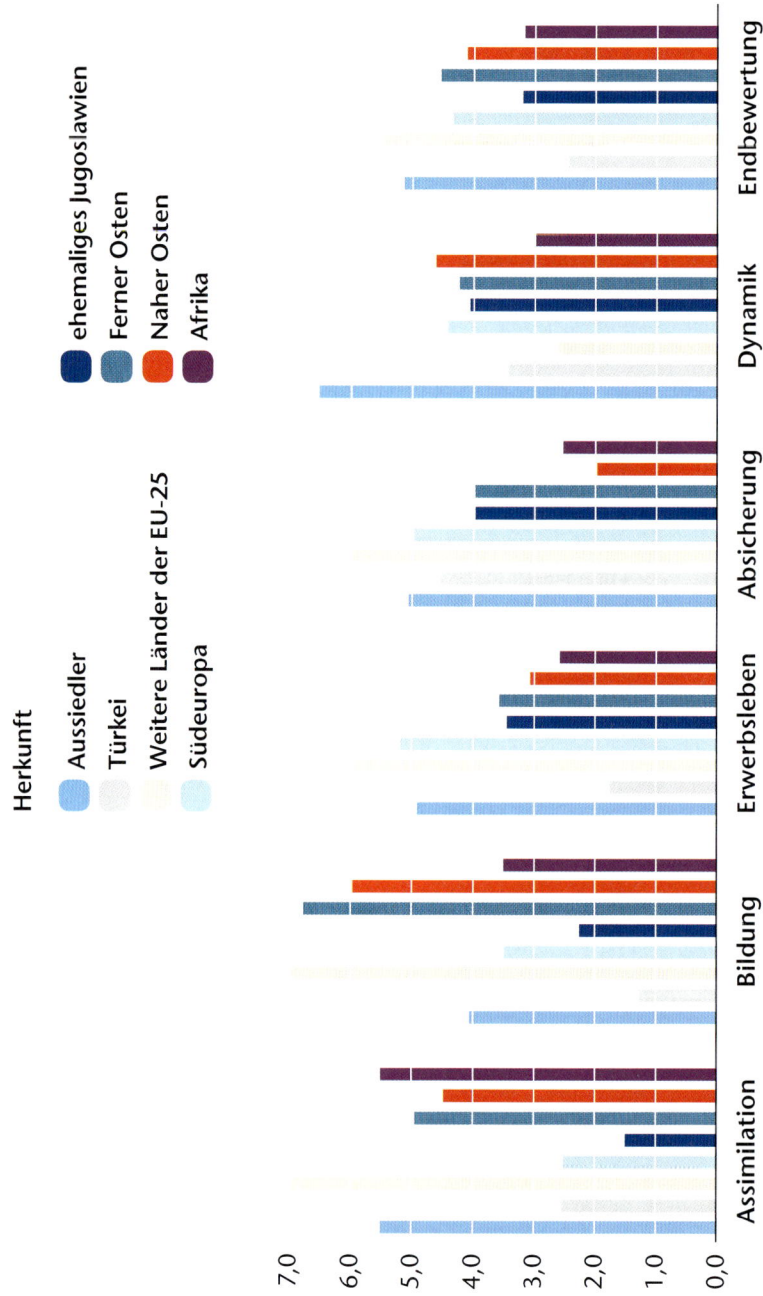

Abb. 3: Nach dem IMI gemessene Integrationsleistung der Herkunftsgruppen im Vergleich (Berlin-Institut, 2009, S. 50)

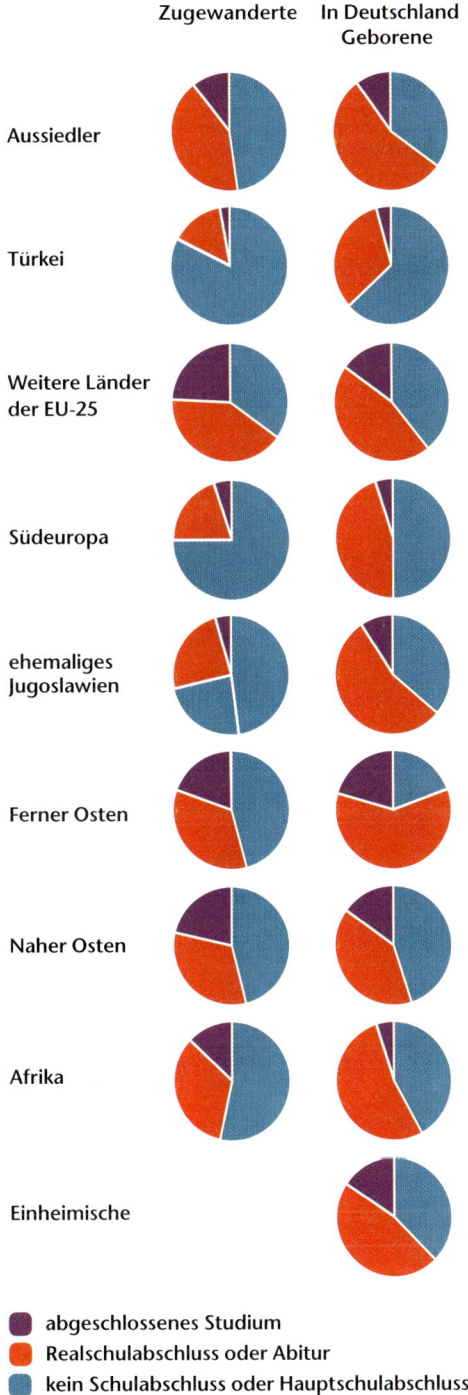

Abb. 4: Das Bildungsniveau der Herkunftsgruppen im Vergleich Zugewanderte/in Deutschland Geborene (Berlin-Institut, 2009, S. 51)

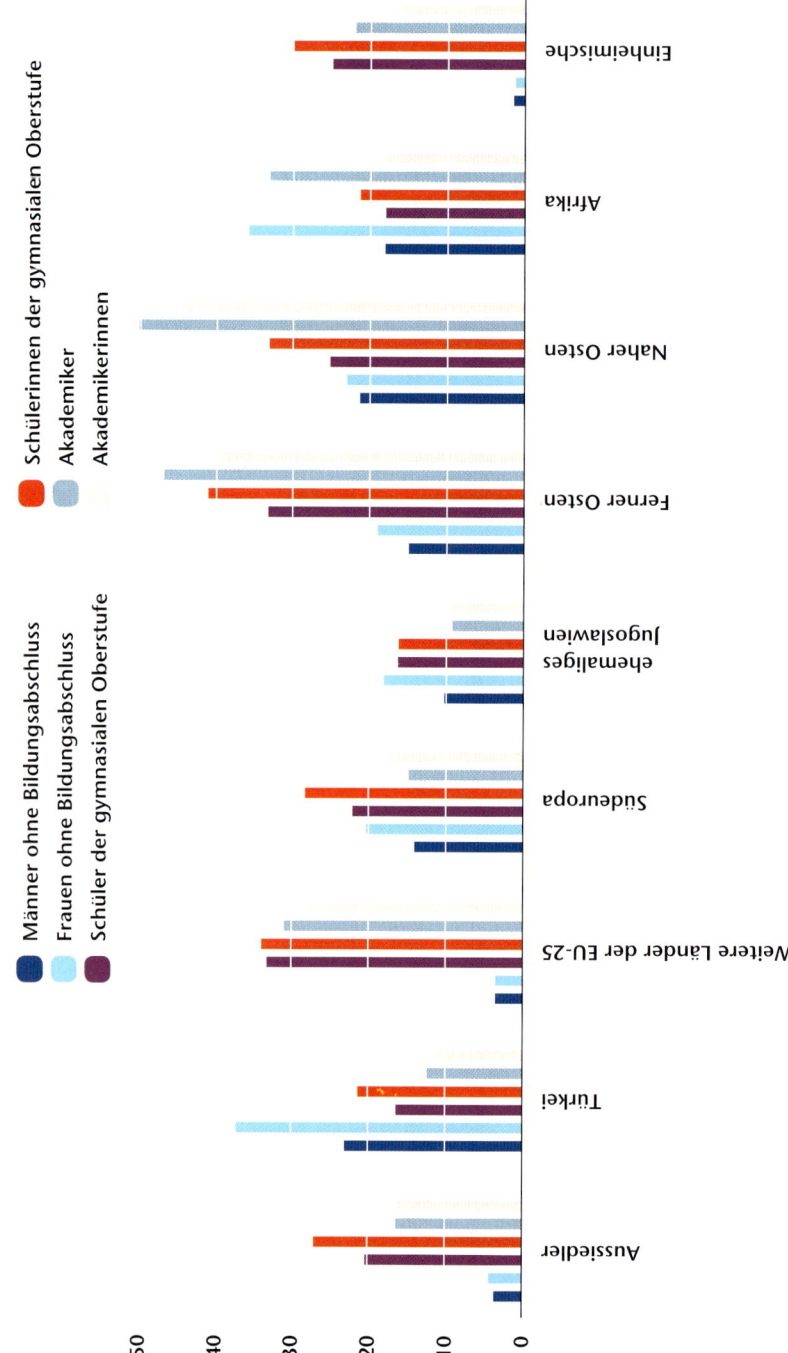

Abb. 5: Bildungsvergleich zwischen den Geschlechtern (Berlin-Institut, 2009, S. 52)

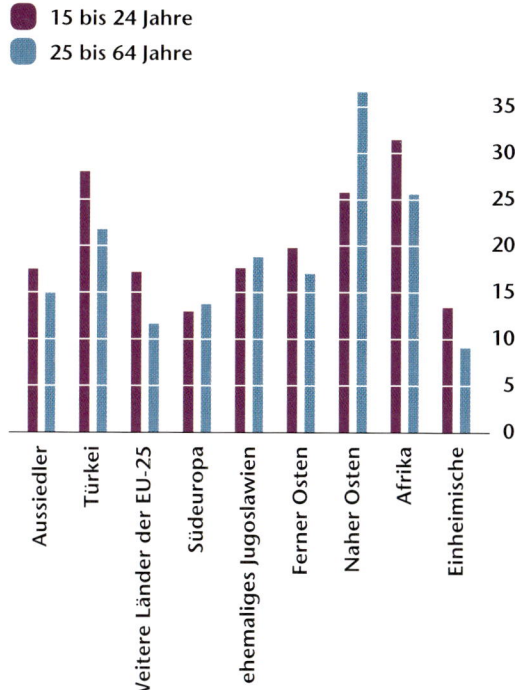

Abb. 6: Junge Menschen ohne Arbeit (Berlin-Institut, 2009, S. 54)

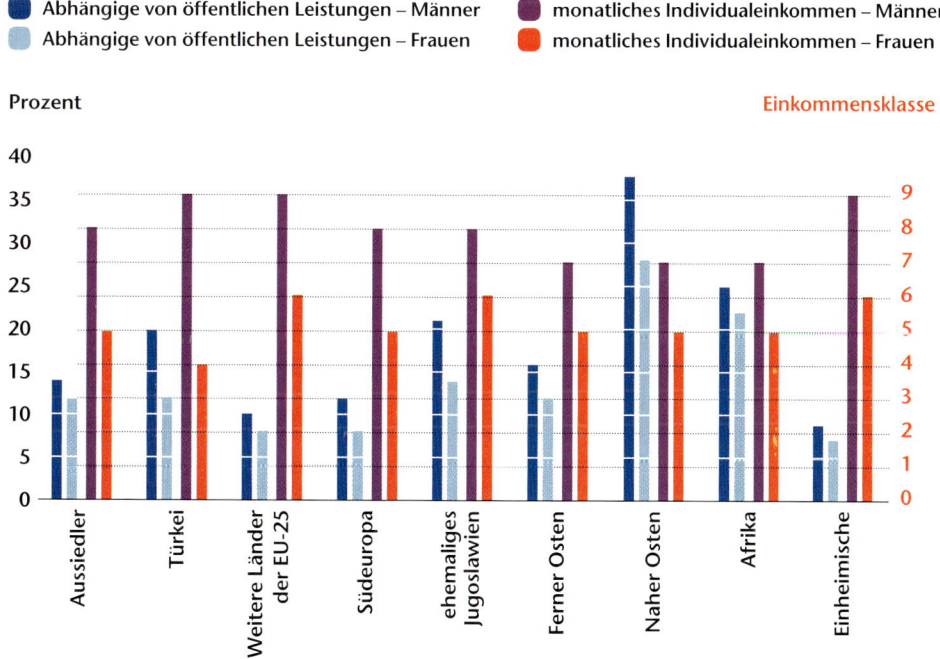

Abb. 7: Abhängige von öffentlichen Leistungen und Individualeinkommen (Berlin-Institut, 2009, S. 55)

5.1 Grafiken und Diagramme: Ergebnisse der Messung von Integration

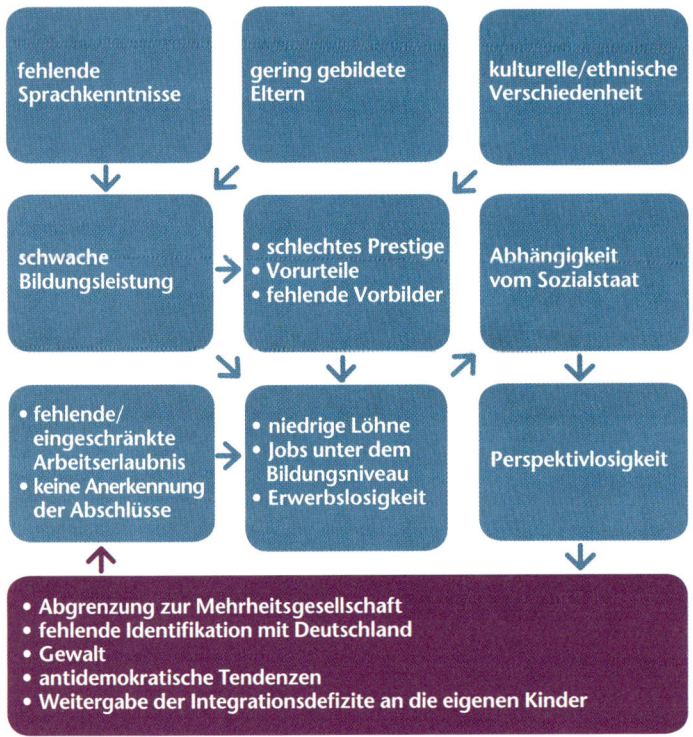

Abb. 8: Zusammenfassung: Wie sich missglückte Integration etablieren kann (Berlin-Institut, 2009, S. 81)

5.2 Textauszüge aus: Ungenutzte Potenziale. Zur Lage der Integration in Deutschland, Berlin, 2009

„Schulen sollten zu ganztägig offenen Integrationszentren ausgebaut werden, in denen neben dem Unterricht Projektarbeit stattfindet, Weiterbildung und Beratung für die Eltern angeboten wird und Integrationsbeauftragte gesellschaftliche Defizite aufdecken. Um eine Identifikation mit Deutschland zu erleichtern, empfiehlt sich eine Einbürgerung von hier Geborenen nach dem ius soli, wie es in Frankreich oder den Vereinigten Staaten üblich ist. Sinn dieser Politik ist es, den Menschen ein Zeichen zu setzen, dass sie von Anfang an willkommen sind und gebraucht werden. All diese Maßnahmen sind notwendig, um die Lage von Menschen mit Migrationshintergrund zu verbessern."
(S. 8)

Herkunft: Türkei: „Einst als Gastarbeiter angeworben, prägen die türkischen Einwanderer und deren Nachkommen heute vielerorts das Bild deutscher Großstädte. Nach landläufiger Meinung sind gerade sie die „typischen" Migranten. Diesem Eindruck zum Trotz machen Menschen mit türkischem Migrationshintergrund nur rund 3,4 Prozent der gesamten Wohnbevölkerung Deutschlands aus. Viele von ihnen haben allerdings schon seit mehr als einer Generation ihre Heimat in Deutschland: Lediglich die Hälfte der 2,8 Millionen Menschen mit türkischem

Migrationshintergrund ist zugewandert, die übrigen sind bereits hier geboren. Die Türkischstämmigen sind nach den Aussiedlern die zweitgrößte Migrantengruppe in Deutschland. In keinem anderen Land der Welt leben so viele Türkischstämmige – außer in der Türkei selbst."
(S. 18)

Personen ohne Bildungsabschluss: „Unqualifizierte sind häufig ein Kostenfaktor für die Gesellschaft. Wer die Schule ohne einen Hauptschulabschluss verlässt und auch keine Berufsausbildung vorweisen kann, dem bieten sich wenige Chancen auf Arbeit und auf gesellschaftliche Anerkennung. Die Spanne reicht von 30 Prozent unter den Personen mit türkischem Migrationshintergrund bis zu 3,3 Prozent unter den Aussiedlern und den Migranten aus den Weiteren Ländern der EU-25. Die Einheimischen schneiden mit 1,4 Prozent noch besser ab."
(S. 29)

Personen mit (Fach-) Hochschulreife: „Dieser Indikator bezieht sich speziell auf Jugendliche, jenen Bevölkerungsteil, der die Gesellschaft von morgen prägen wird. Die Spanne reicht von 14 Prozent unter den türkischstämmigen Schulabgängern bis zu 51 Prozent bei den Personen aus den Weiteren Ländern der EU-25. Die Einheimischen liegen mit 38 Prozent im oberen Mittelfeld."
(S. 30)

Schon lange im Land – und noch immer nicht angekommen: „Türkischstämmige Migranten haben nicht nur eine fast schon ein halbes Jahrhundert währende Geschichte im Einwanderungsland Deutschland, sie stellen auch die zweitgrößte Gruppe von Migranten dar. Umso bedenklicher ist es, dass sie im Integrationsvergleich mit Abstand am schlechtesten abschneiden. Besonders alarmierend sind der hohe Anteil von Personen ohne Bildungsabschluss und die sehr hohe Erwerbslosigkeit unter den Jugendlichen. In kaum einem Bereich verläuft die Integration dieser Herkunftsgruppe wirklich gut. Vielmehr verstärkt sich der Eindruck, dass sich ein Teil der türkischen Mitbürgerinnen und Mitbürger in eigene soziale Gemeinschaften zurückziehen."
(S. 36)

„Einziger Hoffnungsschimmer: Die Mädchen holen aber auf und stellen inzwischen an der gymnasialen Oberstufe gegenüber den Jungen die Mehrheit. Im Schnitt verbessert sich das Bildungsniveau der türkischstämmigen Migrantengruppe von der ersten zur zweiten Generation. Dennoch schneidet die zweite türkische Generation im Bildungsbereich deutlich schlechter ab als die in Deutschland geborenen Mitglieder aller anderen Herkunftsgruppen."
(S. 36)

„Auf dem Arbeitsmarkt schaffen es die türkischen Migranten kaum, derartige Bildungsdefizite auszugleichen. Auch hier ist bedenklich, wie wenig sich die in Deutschland Geborenen im Vergleich zu ihren Eltern verbessern. Lediglich die Jugenderwerbslosenquote sinkt in der zweiten Generation deutlich, bleibt aber insgesamt auf hohem Niveau. Personen türkischer Herkunft, egal welcher Generation, machen sich entgegen landläufiger Auffassung nur selten selbstständig, arbeiten kaum im öffentlichen Dienst und sind auch in Vertrauensberufen deutlich unterrepräsentiert. Die Hausfrauenquote liegt sehr hoch – fast 2,5-mal höher als unter den Einheimischen. Ihr – relativ betrachtet – bestes Integrationsergebnis erreichen die Personen türkischer Herkunft beim Vergleich der Abhängigkeit von öffentlichen Leistungen. Sie sind

mit 16 Prozent zwar doppelt so häufig von Sozialleistungen abhängig wie Einheimische, liegen aber im Vergleich mit anderen Migrantengruppen im Mittelfeld. Diese Situation verbessert sich in der zweiten Generation allerdings nur leicht."
(S. 37)

„So ist heute klar, dass es nicht zu vertreten ist, einen Teil der jungen Menschen so schlecht auszubilden, dass sie später fiskalisch gesehen nur wenig zur Volkswirtschaft beitragen können."
(S. 74)

„Der ökonomische Schaden durch eine in den Arbeitsmarkt schlecht integrierte Person ist insgesamt also viel höher als die bloßen Kosten langfristiger Arbeitslosigkeit. Ein Leben am Existenzminimum bedeutet in sämtlichen Lebensbereichen Verluste für die Wachstumswirtschaft: Ärmere Menschen konsumieren kaum, der Wirtschaft entgeht Gewinn und dem Staat Mehrwertsteuer. Auch von der Allgemeinheit finanzierte medizinische Leistungen werden von Arbeitslosen häufiger in Anspruch genommen als von Erwerbstätigen gleichen Alters: Durch Unzufriedenheit und fehlende finanzielle Mittel sinkt das Wohlbefinden, der Lebensstil ist ungesünder, und das Risiko für psychische Erkrankungen wie Depressionen steigt – und damit die Gesundheitskosten."
(S. 78)

„Fazit. Integration – kurzfristig Kosten, langfristig Gewinne. In einer Gesellschaft, der aus demografischen Gründen die jungen Menschen ausgehen und die daher in den kommenden Jahrzehnten mit einer rückläufigen Zahl an Erwerbsfähigen zu kämpfen haben wird, ist es fahrlässig, die vorhandenen Potenziale massiv zu missachten und verkümmern zu lassen. Und nicht allein das: Eine gute Integration der zum heutigen Zeitpunkt in Deutschland lebenden Migranten ist auch eine Voraussetzung für den sozialen Frieden im Land und erleichtert die künftige Zuwanderung von hoch Qualifizierten, nach denen die Wirtschaft bereits heute dringend sucht."
(S. 79)

„Dafür ist es nötig, Schule nicht mehr als reine Bildungsanstalt für Kinder und Jugendliche zu betrachten, sondern als Knotenpunkt gesellschaftlichen und staatlichen Engagements. Schulen sollten zu Integrationszentren ausgebaut werden, denn sie sind die einzigen öffentlichen Einrichtungen, die diese Aufgabe übernehmen können. Schule ist für alle Kinder verpflichtend. Nur über sie lassen sich auch alle Eltern ansprechen. Schule sollte daher mehr bieten als Unterricht: Projektarbeit, Weiterbildungs- und Freizeitangebote, Integrationsbeauftragte, Beratungsdienste für Schüler und Eltern, all das sollte unter dem Dach der Schule zur Verfügung stehen. Schule ist in jedem Fall als Ganztageseinrichtung zu sehen, die auch in den Ferien Dienste anbietet. Darüber hinaus sollte das Fachpersonal möglichst genauso bunt gemischt sein wie die Schülerschaft. Also braucht es mehr Männer und mehr Personen mit Migrationshintergrund in den Lehrberufen."
(S. 84)

„Vorbild Kanada. Eine Schule im kanadischen Toronto hat vorgemacht, wie sich die Idee einer Schule als Integrationseinrichtung umsetzen lässt. In einem der größten Einwanderungslän-

der – in Kanada leben mittlerweile etwa sechs Millionen Zugewanderte aus nahezu allen Ländern der Welt – bietet die Schule Migranten aller Altersklassen Unterstützung an. Im Kleinkindalter erlernen Migranten die englische Sprache und spielen mit gleichaltrigen Einheimischen, so dass beide Gruppen, wenn sie in die Schule kommen, die gleichen Startbedingungen haben, dem Unterricht zu folgen. In der Schule können sich Eltern informieren und austauschen: Über das neue Land, über Arbeitsmöglichkeiten, Sprachunterricht und Kinderbetreuung sowie über Weiterbildungsangebote und den Wohnungsmarkt. Aber auch über die medizinischen Angebote, über Impfprogramme und Ernährungsfragen. Hierzu bietet eine Integrationsberaterin in der Schule ihre Dienste an. 2,8 Millionen Dollar stellt die Schulbehörde für das Programm zur Verfügung. Klassen wurden verkleinert, Lehrerfortbildungen organisiert, eine durchgängige Sprachförderung für Kinder jeden Alters eingeführt, Nachhilfe durch Tutoren angeboten und Lehrer mit Migrationshintergrund angeworben. In den Sommerferien bleibt die Schule geöffnet und organisiert zahlreiche Freizeitaktivitäten für die Kinder und weitere Beratungsdienste für die Eltern. Für dieses Engagement erhielt die Firgrove Public School in Toronto den Carl Bertelsmann-Preis 2008."
(S. 84)

Vielfalt nutzen: Parallelgesellschaften entgegenwirken. „Für Jugendliche sind Austauschprogramme wie Klassenfahrten und Partnerschaften mit den Herkunftsregionen der in Deutschland lebenden Migranten wichtig."
(S. 85)

5.3 Lernsituation mit Prüfungsaufgabe, Erwartungshorizont und Lösung

Lernsituation

Ayla, 11 Jahre; Sie sind ihr Erzieher in der OGS

1 Ayla wird in Deutschland als zweites Kind der Familie geboren. Ihr Vater lebt ebenfalls seit seiner Geburt in Deutschland, ihre Mutter seit ihrer Heirat. Ihr Mann hatte sie in seinem anatolischen Dorf geheiratet und nach Deutschland geholt. Wenn die Mutter davon spricht, hat man den Eindruck, als sei dies nicht mit
5 ihrem Einverständnis geschehen. Seitdem leben sie zusammen mit inzwischen vier Söhnen und Ayla. Ihr Vater sei gut integriert in seiner Firma, ihre Mutter lebe in ihrer und für ihre Familie und spricht nach 12 Jahren fast kein Deutsch. Sie leide unter dem Klima in Deutschland und den finanziellen Nöten der Familie, denn einen Teil des Einkommens ihres Mannes stellt er seiner Familie in der
10 Heimat zur Verfügung. Darüber wird aber nicht gesprochen. Sie kennt einige benachbarte Familien, aber das mache sie lange nicht glücklich. Sie lebe viele Stunden jeden Tag in ihrer Heimat, sehne sich zurück in ihre vertraute Lebenswelt. Mithilfe des türkischen Fernsehens gelänge ihr das ganz gut.

Ayla versäumt mehr als 35 % des Unterrichts, ein Mahnverfahren läuft. Die Eltern entschuldigen ihre Fehlzeiten mit immer ernsteren Krankheiten, die jedoch zunehmend weniger glaubhaft erscheinen. Einerseits erledigt Ayla zur Freude ihrer Mutter einen großen Teil der Hausarbeit, andererseits erscheinen inzwischen ihre Lernrückstände kaum überwindbar. Die Grundschullehrer sprechen von einem Lernrückstand von einem Jahr und führen diesen insbesondere auf sprachliche Defizite in der Begriffsbildung, der Grammatik (Konjugation; Zeitenbildung) sowie der Satzbildung zurück.

Ayla hat schon eine Schulklasse wiederholt, weshalb die anderen Schüler ihrer Klasse jünger sind als sie. Ihre Mutter klagt über das schulische Versagen ihrer Tochter und sorgt sich, dass sie die Versetzung wieder nicht schafft, schmiedet allerdings auch Pläne für eine Zukunft ihrer Tochter in der Heimat. Ayla selbst war bis jetzt dreimal in den Ferien bei ihren anatolischen Verwandten, äußerte danach aber immer, dass sie dort auf keinen Fall bleiben wolle, denn inzwischen könne sie sich mit ihnen kaum mehr in ihrer Muttersprache verständigen. Trotzdem beschreibt sie Ihnen gegenüber ihre Zukunft dort einmal rundum als „rosig". Ihren einzigen, türkeistämmigen Freundinnen gegenüber beschimpft sie alles, was deutsch ist, die Mädchen, die Schule, die Stadt.

Auch in den Kindergarten ging Ayla schon nicht gerne. Sie schrie sehr viel und lange, wenn ihre Mutter sie brachte. Wohl, damit sie lieber in den Kindergarten ging, packte ihre Mutter in ihren Brotbeutel Süßigkeiten. Ayla und ihre Mutter wussten, dass das nicht erlaubt war. Trotzdem hörte diese Angewohnheit nicht auf, auch nicht, als Ayla Vorschulkind wurde. Ayla erweckte den Eindruck, als ob sie die Anweisung nicht verstehen würde. Tatsächlich war es aber anders. Die Erzieher fühlten sich provoziert, dass Ayla fortan zu ihrem Beutel schlich und sich mit Süßem versorgte. Auch andere Kinder kriegten schon mal heimlich etwas ab. Erzieher X beschloss in einer solchen Situation, Ayla für die nächste Zeit ihre beliebte Aktivität, sich in der Rollenspielecke zu verkleiden, zu streichen. Ayla kam daraufhin noch unregelmäßiger in den Kindergarten. Und wenn sie kam, setzte sie sich in der Regel an den Maltisch, ohne zu malen und wirkte sehr in sich gekehrt.

Prüfungsaufgabe

Entwickeln Sie für Ayla (11 Jahre; OGS) ein erziehungswissenschaftlich begründetes pädagogisches Handlungskonzept unter besonderer Berücksichtigung migrationspädagogischer Aspekte.

Erwartungshorizont

In Bezug auf die vorgegebene komplexe und konkrete Lernsituation hat der Studierende die Kompetenzen erworben, erziehungswissenschaftliche Theorien als Fundament der Erziehungs- und Bildungsarbeit heranzuziehen, die Selbstbildungspotenziale aufzugreifen, den Bildungsauftrag und die Bildungsbereiche zu berücksichtigen und Bildungs-

und Erziehungsprozesse gemäß den Grundsätzen zur Bildungsförderung für 0- bis 10-jährige Kinder zu planen. Entsprechend den Richtlinien kann der Studierende dabei auf geeignete inhaltliche Beiträge aus dem Fach Sozialpädagogische Theorie und Praxis (STP) zurückgreifen (vgl. Richtlinien und Lehrpläne, 2010, S. 29–44).

Aufgrund seiner interkulturellen Lernprozesse im Fach (Natur und) Kulturelle Umwelten ist der Studierende auf die Aufgabe vorbereitet, die Entwicklung und Bildung von Kindern und Jugendlichen mit Migrationshintergrund zu fördern, ihre deutsche Sprachkompetenz zu erhöhen – bei gleichzeitiger Wertschätzung und Unterstützung ihrer erstsprachlichen Fähigkeiten und ihrer ethnischen und kulturellen Identität. Der Studierende übernimmt Mitverantwortung für eine kontinuierliche Entwicklungs- und Bildungsarbeit in Zusammenarbeit sowohl mit den Lehrern als auch den zugewanderten Eltern der Kinder und Jugendlichen.

Des Weiteren hat sich der Studierende im Fach Projektarbeit mit wesentlichen Prinzipien und Zielen der Projektarbeit auseinandergesetzt: Situationsorientierung, Partizipation, Nachhaltigkeit. Er kennt die verschiedenen Phasen im Projektverlauf: Projektplanung, Einstiegsphase, Durchführungsphase einschließlich zentraler Aktivitäten, Abschlussphase und Evaluation ebenso wie seine veränderte Rolle als Erzieher in der Projektarbeit. Auf dieser Grundlage kann der Studierende integrationsförderliche Projekte planen und durchführen.

Im Detail ist der Studierende in der Lage,

- das Verhalten und Erleben Aylas zu beschreiben (Fachkompetenz),
- kulturell und religiös bedingte, lebensweltliche, soziale und institutionelle Normen und Regeln als Einflussgrößen auf Aylas Verhalten und Erleben wahrzunehmen und zu beachten (Fachkompetenz),
- geeignete Theorien heranzuziehen, um Aylas Verhalten und Erleben im Kontext der Migrationssozialisation zu erklären und zu verstehen (Fachkompetenz),
- ein erzieherisches Handlungskonzept zu entwickeln (Human- und Sozialkompetenz, Fach- und Methodenkompetenz), das

a. unterschiedliche erzieherische Handlungsformen in begründeter Weise integriert, insbesondere Wertschätzung und sichere Bindung, Ermutigungsregeln, biografisches Arbeiten, Regeln und Grenzen, lerntheoretisch orientierte Maßnahmen der Verhaltensänderung, konfrontative Gesprächsführung sowie die Bereitstellung einer förderlichen Umgebung (Ausstattung der OGS).

b. dazu führt, dass Ayla ihr Streben nach Unabhängigkeit und Selbstbestimmung sowie nach vielseitiger Ausschöpfung ihrer eigenen Möglichkeiten realisieren kann und ihr Möglichkeiten gibt, eigene Kräfte und Fähigkeiten zu erfahren, mit Mut Neues auszuprobieren, Entwicklungspotenziale zu nutzen sowie gezielte Impulse, die ihre kindliche Entwicklung herausfordern, ihren Entwicklungsprozess stabilisieren, ihre Defizite aktiv kompensieren, ihre Desintegrationserfahrungen unterbrechen und ihre Ich-Identität stärken.

c. ein Zusammenleben von Ayla und Kindern unterschiedlicher sozialer, kultureller und religiöser Herkunft unterstützt, interkulturelles und interreligiöses Lernen fördert und dazu geeignet ist, Konflikte, Gewalt, Vorurteile und Rassismus zu bearbeiten.

d. kontinuierlich in Kooperation mit den Lehrern der Grundschule sowie den Eltern mit Blick auf ihre Lebenswelt als Migranten umgesetzt werden kann.

e. auch die Forderungen der interkulturellen Kompetenz an sich selbst als die erziehende Person reflektiert, um Ayla in einer positiven, starken und flexiblen Identitätsentwicklung zu unterstützen.

Lösung für die Prüfungsklausur

Bevor ich ein Handlungskonzept entwickle, versuche ich, mit geeigneten erziehungswissenschaftlichen Theorien Aylas Verhalten zu erklären und zu verstehen.

Zunächst legen Aylas Äußerung, dass sie sich ihre Zukunft in der Türkei rundum „rosig" vorstelle und ihre Beschimpfungen ihrer deutschen Umgebung (vgl. Z. 22 f.) die sozialkognitive Lerntheorie nahe. Ayla könnte ihre Mutter nachahmen und ihre Einstellung übernehmen. Aylas Mutter hat wenige außerfamiliäre Kontakte, leidet unter ihren aktuellen Lebensbedingungen, ist nicht glücklich und sehnt sich zurück in die Türkei (vgl. Z. 5–9). Ihre Mutter ist für Ayla ein Modell, denn sie besitzt soziale Macht, sie kann belohnen und bestrafen, und Ayla befindet sich in einer abhängigen Beziehung zu ihr. Außerdem erlebt Ayla in ihrer Mutter den Vorteil, den das Leben in der vertrauten türkischen Heimat bringt, wenngleich nur im türkischen Fernsehen (vgl. Z. 9 f.). Es macht sie glücklicher als das Leben in ihrem realen Umfeld.

Auch die Lerntheorie der operanten Konditionierung könnte Aylas Fehlverhalten erklären: Während Ayla durch ihre Hausarbeit die Freude ihrer Mutter hervorruft und ihr Verhalten dadurch positiv verstärkt wird, erfährt sie ebenso eine Verstärkung ihres Schulversäumens. Die Eltern schreiben Entschuldigungen. Wenn die für Ayla unangenehmen Konsequenzen, dass sie leistungsmäßig versagt, ausbleiben, dann kommt es zu einer negativen Verstärkung ihres Schulversäumens.

Mit Blick auf ihre hohen Fehlzeiten im Kindergarten und in der Schule ist darüber hinaus davon auszugehen, dass Ayla in Bezug auf ihre Gleichaltrigengruppe keine oder kaum Freundschaften knüpfen konnte, also kein Gemeinschaftsgefühl in der Kindergartengruppe und Klassengemeinschaft entwickelt und keinen sicheren sozialen Platz gefunden hat. Insofern könnte nach Alfred Adler ein Minderwertigkeitskomplex (MWK), der mit dem nicht entfalteten Gemeinschaftsgefühl einhergeht, als Grundlage für Aylas Fehlentwicklung angenommen werden. Ayla könnte sich hinter hoch bewerteten Sachverhalten zurückbleibend fühlen. Ihre Sprachentwicklung in ihren beiden Sprachen verlief nicht erfolgreich, sodass ihre Kommunikationsfähigkeit eingeschränkt ist (vgl. Z. 15, 21). Außerdem steht ein zweites Mal ihre Klassenversetzung infrage. Ayla ist mit 11 Jahren in der Lage, einen Großteil der Hausarbeit zu erledigen (vgl. Z. 13), aber schulisch kann sie keine optimistische Perspektive entwickeln. Der Lehrer spricht von einem kaum überwindbaren Lernrückstand (vgl. Z. 14 f.). Ayla könnte eine soziale Angst haben und befürchten, es wieder nicht zu schaffen und damit einen noch ungünstigeren sozialen

Status zu erlangen. Darüber hinaus kann es sein, dass Ayla ihrer Mutter gegenüber das Gefühl von Unterlegenheit erlebt, denn diese schmiedet schon Pläne für ihre Zukunft in der Türkei (vgl. Z. 19).

Als Ursachen für die Entstehung eines MWK könnten Fehlhaltungen in der Erziehung eine Rolle spielen. Da die Mutter mehrere Stunden am Tag „im türkischen Fernsehen" lebt (vgl. Z. 10) und ein enormes psychisches Leiden zum Ausdruck bringt, könnte davon ausgegangen werden, dass sie Ayla vernachlässigt. Auch ihr ungünstiges Modellverhalten als „leidende, zurückgezogene Mutter" wie auch ihre widersprüchliche Erziehung, sich Sorgen über Aylas Schulerfolg zu machen und sie gleichzeitig mit Krankheiten zu entschuldigen, fallen hierunter. Ein ähnlicher erzieherischer Widerspruch findet sich während der Kindergartenzeit, als Aylas Mutter Süßigkeiten in ihre Tasche packte, wohlwissend, dass dies gegen die Regeln der Einrichtung verstieß (vgl. Z. 26 f.). Vielleicht kann in dieser Lernsituation auch eine Übertragung elterlicher Konflikte auf das Kind angenommen werden. Eventuell realisiert Aylas Mutter mit dem Pläneschmieden für ihre Tochter in der Türkei unbewusst ihren eigenen Traum. Denn sie musste die Türkei verlassen (vgl. Z. 3). Im Kindergarten reagiert auch der Erzieher mit einer Fehlhaltung, nämlich einer willkürlichen Strafe (vgl. Z. 32), anstelle mit einer logischen Konsequenz. Ayla meidet daraufhin noch mehr den Kindergarten (vgl. Z. 33). Eine andere Ursache für den MWK kann in ihrer ungünstigen Stellung im Klassenverband liegen. Sie ist aufgrund der Wiederholung die Älteste und zugleich eine sehr schwache Schülerin. Innerhalb der Familie erlebt sie finanzielle Nöte, also eine ungünstige ökonomische Lage (vgl. Z. 6 f.) sowie auch eine ungünstige soziale Lage. Die Atmosphäre ist gespannt, man spricht nicht über Geld (vgl. Z. 7 f.) und die Mutter leidet unter dem Klima in Deutschland, ihrer Sehnsucht nach ihrer Heimat und hat nur wenige soziale Kontakte (vgl. Z. 8). Einen weiteren Faktor bilden Misserfolgserlebnisse. Ayla erlebt schulisch aufgrund ihrer sprachlichen Defizite (vgl. Z. 15 f.) viele Misserfolge, musste sogar eine Nichtversetzung hinnehmen und auch mit ihren Verwandten könne sie sich kaum in ihrer Muttersprache verständigen (vgl. Z. 21).

In der finalen Persönlichkeitstheorie Alfred Adlers strebt Ayla nach Überwindung des hoffnungslosen Gefühls des MWK. Im Kindergarten schleicht sie zu ihrem Beutel und verteilt heimlich Süßigkeiten (vgl. Z. 30 f.), was aber eher den Zorn der Erzieher erregt, als dass sie dadurch Anerkennung und Freunde gewinnt. Es ist also ein vergeblicher Versuch im Kreislauf des sozial Unnützen. Dazu zählt auch ihre Strategie, so zu tun, als ob sie die Anweisung nicht verstünde (vgl. Z. 27) und ihr nur unregelmäßiger Besuch des Kindergartens. Da Ayla nicht den Anforderungen der Realität entspricht, die Vereinbarungen nicht einhält, sinkt ihr Gemeinschaftsgefühl noch mehr.

Daraufhin wendet sich Ayla von der Realität ab, sie setzt sich zwar an den Maltisch, malt aber nicht und wirkt sehr in sich gekehrt (vgl. Z. 34). Eine weitere Abwendung von der Realität ist in ihren „rosigen" Vorstellungen von ihrer türkischen Zukunft zu sehen, denn sie stehen im Gegensatz zu ihren geäußerten Gefühlen nach Türkeiaufenthalten (vgl. Z. 21). Ihre Idealisierung dieser Zukunftsperspektive verbessert aber nicht ihre tatsächliche schulische Perspektive, ganz im Gegenteil. Die vorgeschobenen ernsteren Krankheiten (vgl. Z. 12) könnten ein Hinweis darauf sein, dass Ayla die Rolle der „Kränkelnden" einnimmt. Sobald jedoch diese Angaben nicht mehr glaubhaft sind, sinkt ihre soziale Anerkennung weiter, ihre schulische Situation verschlechtert sich noch mehr und auch ihr Gemeinschaftsgefühl. Ihre heimlichen Ziele nach Aufmerksamkeit, Machtkampf oder Unfähigkeit als Ausrede erreicht sie nicht. Sie greift nun zu Sicherungsmaßnahmen. Sie zieht sich zurück, meidet die Schule und rechtfertigt ihr Fehlen mit Krankheiten. Diese Strategie enthält auch ein Machtmittel. Denn mit ernsthaften Krankheiten muss sich der Lehrer auseinandersetzen. Eine Sicherung durch Aggression kommt auch in ihren Beschimpfungen gegenüber Deutschem zum Ausdruck (vgl. Z. 23). Ihre private Logik könnte lauten: „Wenn ich nicht in die Schule gehe, kann ich auch nicht versagen. Im Übrigen brauche ich auch gar nichts lernen, ich gehe sowieso in die Türkei." Ayla zeigt infolgedessen realitätsunangepasstes Verhalten. Sie versäumt die Schule und zieht offensichtlich Ausreden heran. Sie schafft es nicht mehr, ihre Lernrückstände aufzuholen und ihre Potenziale zu nutzen.

Ahmet Toprak führt als Ursache für die Fehlentwicklung türkeistämmiger Kinder zunächst den Widerspruch zwischen dem Erziehungskonzept der Familie und der deutschen Schule an. Ayla erfüllt die familiären Erwartungen, ordnet sich den Erwartungen der Mutter unter und verkündet öffentlich, dass ihr zukünftiges Leben in der Türkei rundum rosig sei (vgl. Z. 22). Die Schule fordert hingegen Selbstständigkeit, eine eigene Meinung zu haben und eigene Wege zu gehen. Legt die türkeistämmige Familie Wert auf die rigide Einhaltung und Befolgung von getroffenen Entscheidungen, herrscht diesbezüglich in der Schule Liberalität. Entscheidungen können noch einmal hinterfragt oder gar revidiert werden. Ein anderer Widerspruch liegt zwischen dem jeweils vorherrschenden Kollektivismus und Individualismus. Das großzügige Entschuldigen versäumter Fehltage wie auch schon das Einpacken von Süßigkeiten im Kindergarten vonseiten der Mutter oder Aylas Beschimpfungen von allem Deutschen gegenüber ihren türkeistämmigen Freundinnen (vgl. Z. 23) drücken einen starken kollektiven Zusammenhalt und eine Zusammengehörigkeit aus, während die Schule individuelle Entscheidungen und Verantwortlichkeit fordert.

Als weiteren Ursachenkomplex führt Ahmet Toprak den Widerspruch zwischen den Erziehungsvorstellungen innerhalb der türkeistämmigen Familie und dem außerfamiliären Ist-Zustand an. Ayla erfüllt familial sehr stark die primären Erziehungsziele wie Leistung, Respekt, Zusammengehörigkeit und Ehrenhaftigkeit. Auch den sekundären Zielen, eine türkische und religiöse Identität aufzubauen, entspricht sie zumindest in der Hochhaltung türkischer Werte bzw. der Abwertung der deutschen. Die tertiären Ziele betreffen für die Mädchen die Selbstständigkeit in Bezug auf den Haushalt. Ayla erledigt zur Freude ihrer Mutter ihre aufgetragenen Aufgaben. Im kompletten Gegensatz dazu steht jedoch Aylas außerfamiliärer Ist-Zustand: geringer Schulerfolg, mangelhafte Fähigkeiten, Perspektivlosigkeit in Deutschland, keine eigene Meinung, keine Hobbys.

Ungünstige Sozialisationsfaktoren verstärken nach Ahmet Toprak das kindliche Fehlverhalten. Im Falle Aylas sind es die eingeschränkte Kommunikationsfähigkeit, die Reethnisierung in der Peergroup – Ayla scheint nur türkeistämmige Freundinnen zu haben (vgl. Z. 23) – sowie die ungünstigen ökonomischen und sozialen Lebensbedingungen.

Im Folgenden entwickle ich ein erzieherisches Handlungskonzept für Ayla. Ich orientiere mich an den Grundsätzen zur Bildungsförderung der Kinder von 0 bis 10 Jahren (NRW).

Ayla hat einen Lernrückstand von einem Jahr und insbesondere sprachliche Defizite, eine negativ geprägte Einstellung zu ihrem „deutschen" Lebensumfeld und äußert „rosige" Vorstellungen von ihrer Zukunft in ihrem Herkunftsland. Nach einigen Situationsanalysen und einer kollegialen Fallberatung in meinem Team schlage ich Ayla das Projekt „Biografisches Arbeiten" vor. Ich will sie damit begeistern, dass es ein individuelles Bildungsangebot ist. Das Projekt soll an Aylas Lebenswelt anknüpfen und ihr in vielen Reflexionen Einblicke in ihre Biografie geben. Als Projektprodukt stelle ich mir ein Buch vor: „Das bin ich". In das Biografieprojekt baue ich auch gezielt Phasen des unterstützten Lernens zur Sprachförderung ein.

Das Projekt verfolgt das Ziel, Aylas Basiskompetenzen zu fördern: a. Selbstkompetenz: Ayla soll Vertrauen in ihre eigenen Kräfte entwickeln, eigene Stärken und Schwächen einschätzen und Verantwortung für sich selbst übernehmen, Ideen entwickeln und Initiative ergreifen, eine positive Einstellung zu sich selbst gewinnen und Kreativität, Fantasie und Entscheidungsfähigkeit entwickeln können. b. Sozialkompetenz: Ayla soll Regeln vereinbaren und einhalten, Konflikte aushandeln, sich einfühlen und Kompromisse schließen, eigene Interessen, Bedürfnisse und Einstellungen mit denen anderer Menschen vergleichen und die der anderen respektieren und Vorurteile überwinden können. c. Sach- und Methodenkompetenz: Ayla soll Erfahrungen und Erlebnisse in geeigneter Weise erzählen und Sachverhalte beschreiben, Zusammenhänge erkennen und reflektieren, mit Ausdauer und Durchhaltekraft Vorhaben planen und durchführen, Handlungsmöglichkeiten mit Neugierde ausprobieren und weiterentwickeln, eigene Gedanken erläutern und Erkundigungen einholen und Visionen entwickeln können. In der Projektarbeit verläuft der Bildungsprozess ganzheitlich.

Bei meinen einzelnen Projektangeboten fokussiere ich mich auf die Leitideen und Bildungsmöglichkeiten der zwei Bildungsbereiche: *Sprache und Kommunikation* und *Soziale, kulturelle und interkulturelle Bildung*.

Meine Projektarbeit soll eine nachhaltige Wirkung haben. Ich achte daher auf eine größtmögliche Teilhabe Aylas an allen Entscheidungsprozessen und beziehe auch die Mutter mit ein. Das Projekt hat den Titel „Das bin ich. Biografisches Arbeiten". Das Projekt im Projekt ist die Sprachförderung.

Sprache dient der kognitiven Entwicklung, denn einen Begriff, den das Kind nicht kennt, kann es nicht denken. Sprache fördert auch die soziale Entwicklung. Bildung reduziert nach Ahmet Toprak das Suchen nach „Auswegen" in Form von Überbetonung der Imperative der Männlichkeit oder religiöser Werte der Ehre. Bildung kann aber nur stattfinden, wenn die Kommunikationsfähigkeit nicht eingeschränkt ist. Außerdem hat die Sprache eine Funktion für die Identitätsbildung. Mit einer Sprache kann ich mich mit der Kultur und dem Land identifizieren. Sprache ist Heimat, spreche ich eine Sprache, kann ich mich beheimatet fühlen. Eine Identität aufzubauen in diesem Land fällt leichter. Ayla beherrscht weder Türkisch (vgl. Z. 21) noch Deutsch, sodass sie sich nirgendwo richtig beheimatet fühlen kann. Identität entwickelt sich durch Interaktions- und Kommunikationsprozesse mit den Mitmenschen. Mein Biografieprojekt, das ich einmal wöchentlich je 90 Min. für die Dauer von drei Monaten anlege, soll Aylas Identitätsfindung unterstützen. Ein stärkeres Selbstwertgefühl macht die Überkompensation im sozial unnützen Bereich (Fehlzeiten in der Schule, Ausreden) hinfällig (Alfred Adler) und führt dazu, dass Ayla ihre Potenziale nutzen kann.

Für Ayla ist die Sprachförderung sowohl in kognitiver Hinsicht (Klassenwiederholung) wie auch in Bezug auf die Identitätsbildung von Bedeutung. Einerseits sagt sie nach Urlauben in der Türkei, dass sie da nicht bleiben wolle (vgl. Z. 20 f.), andererseits schildert sie ihre Zukunft dort als „rosig" (vgl. Z. 22). Die Biografiearbeit ist ein Prozess aus Erarbeitung, Sammeln und Auswerten von biografischen Ereignissen. Sie hat immer auch die gegenwärtige Beschreibung des Kindes zum Inhalt, Aussehen, Hobby, Umfeld, Familie. Zum Schluss wird die Zukunft angeschaut. Die Biografiearbeit muss individuell zugeschnitten werden. Bei Ayla ist eine Rückschau insofern angebracht, als sie ihre deutsche Umgebung beschimpft, aber dennoch in ihr leben und sich orientieren muss. Die Biografiearbeit verfolgt das Ziel, die Vergangenheit zu bearbeiten, die Gegenwart anzunehmen und für die Zukunft eine Perspektive aufzustellen. Es sollen Aylas Ressourcen entdeckt und genutzt und ihr Selbstbewusstsein gestärkt werden.

Als Ressourcen werde ich einerseits die Mutter gewinnen und ihre Erziehungskompetenz stärken. Andererseits werde ich Aylas Fähigkeiten, die sie im häuslichen Milieu zeigt – wie etwa die Übernahme von Verantwortung, Verlässlichkeit, Selbstständigkeit, Regeleinhaltung, Anstrengungsbereitschaft etc. – aufgreifen und auf ihren schulischen Bildungsprozess lenken, sodass sie auch dort erfolgreich ist.

Da Ayla – wie viele türkeistämmige Menschen – sowohl über objektive wie subjektive Diskriminierungserfahrungen verfügt, kann Biografiearbeit diesen Erfahrungen sehr gut entgegenwirken, indem ich zu Ayla eine positive emotionale Beziehung aufnehme und ihr *Wertschätzung* und *Verstehen* zeige: Ich bin interessiert an deiner Geschichte, an deiner Kultur.

In der Projektvorbereitung kooperiere ich mit Aylas Eltern. Ich werde sie darin unterstützen, mit mir gemeinsam für Ayla eine gute Erziehung zu vollbringen und bitte sie um einen längeren Hausbesuch. Aylas Mutter, zwei Brüder und Ayla sollen dabei sein. Die drei Kinder sollen alles übersetzen, was gesagt wird, so gut sie können. Ich bemühe mich um einen interessanten Dialog und eine angenehme Begegnung für beide Seiten. Ich werde mich in die Stimmungslage der Mutter einfühlen und auch ihr ein ganz persönliches Gespräch und gegebenenfalls eine Hilfestellung anbieten. Ich weiß, dass noch keine Deutschen zu Besuch bei dieser Familie waren. Da ich die erste bin, die zu ihnen in die Wohnung kommt, nehme ich eine sehr vertauensvolle Haltung ein. Ich werde die Mutter bitten, mit uns gemeinsam Fotoalben anzuschauen, um den Grundstein unseres Biografieprojektes in Aylas Wohnung zu legen. Meine Absicht ist, diesen Kontakt längerfristig zu intensivieren und so lade ich die Mutter sogleich für den Projekttag 4 Wochen später in die OGS ein. Ich wünsche eine verbindliche Teilnahme Aylas an meinem Projekt und dass die Mutter dafür Sorge trägt.

Bei dieser ersten Begegnung habe ich auch vor, mit der Mutter die Bedeutung der muttersprachlichen Kompetenzen für den Erwerb der deutschen Sprache als Zweitsprache zu besprechen. Zur Veranschaulichung nehme ich den Sprachbaum von Wolfgang Wendlandt mit: Die Wurzeln stehen für die Basis des Spracherwerbs, sie integrieren die sensomotorischen Erfahrungen im Lebensumfeld. Die Gießkanne symbolisiert den Erzieher/die Eltern. Sie geben dem Baum die Nährlösung: Aktives Zuhören, aussprechen lassen, nicht nachsprechen lassen, Blickkontakt, korrektives Feedback, sprachliche Anregungen. Der Baumstamm wächst und mit ihm das Sprachverständnis und die Sprechfreude. Die Äste verästeln sich unter der Sonne, d. h., die Sprache entwickelt sich bei Liebe, Wärme und Akzeptanz weiter in der Grammatik, der Artikulation und dem Wortschatz. Die Baumkrone stellt schließlich das ausgebaute Sprachvermögen dar. Die Zweitsprache ist ein Ableger der Erstsprache. Nur wenn diese solide ist, kann der Ableger gut wachsen und stark werden. Ein Beispiel: Wenn das Kind das türkische Wort *masa* als Begriff erworben hat, d. h. *masa* als Ober- und Unterbegriff verwenden kann, dann kann es das deutsche Wort *Tisch* mit seiner bereits vorhandenen Begrifflichkeit verknüpfen und leicht erlernen. Hat die Begriffsbildung im Türkischen nicht erfolgreich stattgefunden, wird das deutsche Wort nicht verstanden und nicht gelernt. Die Mutter wird die Botschaft verstehen und motiviert sein, mit Ayla viel mehr türkisch zu sprechen und sie auch regelmäßig in den Türkischkurs zu schicken. Überhaupt soll ganz deutlich werden, wie wichtig Aylas Schulbesuch ist und dass die Mutter dafür Verantwortung trägt. Ich werde Aylas Mutter versichern, dass die Lehrer und Sozialpädagogen ihre Sorgen bezüglich Aylas Schulversagen (vgl. Z. 18 f.) verstehen und das Ziel der türkeistämmigen Familie, dass die Kinder lernen und nach Leistung streben, ernst nehmen. Gerade deshalb wollen die Lehrer und die Sozialpädagogen Aylas Bildungsprozess fördern. Dazu ist aber Aylas Schulbesuch absolut notwendig. Bei der Verabschiedung drücke ich der Mutter unmissverständlich meine Erwartung aus, dass sie Ayla jeden Tag zur Schule schickt und keine Entschuldigungen mehr schreibt. Sie würden nicht mehr ohne Weiteres akzeptiert. Auch beim Abholen von der OGS bitte ich sie um einen kurzen Austausch mit mir.

Ich selbst drücke Ayla sehr viel Wertschätzung aus, indem ich ein paar Sätze und Redewendungen in ihrer Muttersprache gelernt habe. Dadurch signalisiere ich ihr, dass ich ihre Sprache und ihre Kultur respektiere und auch, dass Ayla eher in der türkischen Sprache beheimatet ist. Ein türkeistämmiges Mädchen fragte mich einmal schmunzelnd, ob *ich auch zu ihnen gehöre*, nachdem ich ein paar türkische Worte verwendet hatte. Eine positive Bewertung ihrer Muttersprache wird Aylas Sprechfreude während unseres Projektes erhöhen.

Ich beginne mein Projekt mit dem Ritual: İyi günler. *Guten Tag!* Burda olduğuna sevindim. *Ich freue mich, dass du hier bist.* Nasılsın? *Wie geht es dir?* Bugün Perşembe. *Heute ist Donnerstag.* Saat on dört. *Es ist 14.00 Uhr.* Projemiz şimdi başlıyor. *Jetzt beginnt unser Projekt!*

Mein Projekt beende ich ebenfalls mit einem Ritual: Hoşçakal! *Auf Wiedersehen.* Görüşmek üzere. *Bis zum nächsten Mal.* Bugün çok eğlendim. *Es hat mir heute viel Spaß gemacht!* Umarım sen de eğlenmişsindir. *Ich hoffe, dir (hat es) auch (Spaß gemacht)!*

In meiner Projektarbeit verknüpfe ich Biografiearbeit mit Sprachförderung und baue gezielt handlungsorientierte Phasen des Spracherwerbs ein. Dabei orientiere ich mich an

Alexej Leontjew. Äußere materielle Handlungen, also *Tätigkeiten,* werden etappenweise in innere geistige Handlungen umgewandelt. Ich verdeutliche meine Vorgehensweise an einem Beispiel zur Zeitenbildung (vgl. Z. 16). Das Lernziel wäre die Verbesserung der Kompetenz Aylas, Zeiten zu bilden (Gegenwart, vollendete Gegenwart, Vergangenheit, Vorvergangenheit, Zukunft und vollendete Zukunft) über die Schritte der Erfahrung (Wahrnehmung mit allen Sinnen), der sprachlichen Aneignung bis hin zum inneren Abbild.

- 1. Orientierungsphase: Ich gebe Ayla den Auftrag, Folgendes mitzubringen: Fotos oder Fotoalben der Familie, alte Schulbücher und Hefte, Poesiealben, Lieblingsanziehsachen, Gegenstände, die für sie äußerst wichtig waren/sind und die für sie im positiven wie im negativen Sinne eine große Bedeutung haben. Wir wenden uns gemeinsam ihrer Lebensgeschichte zu. Ayla wird ein paar Geschichten erzählen. Ihr wird klar werden, dass *es unterschiedliche Zeitebenen* gibt, dass manche Geschichten vor der Vergangenheit, also in der Vorvergangenheit liegen, manche in der Vergangenheit, manche Ereignisse in der Gegenwart liegen und andere in der Vergangenheit zwar abgeschlossen sind, aber einen Gegenwartsbezug haben. Manche Erzählungen weisen auf die Zukunft hin und manche gar auf die vollendete Zukunft.

- 2. Umgang mit dem „materialisierten Objekt": Wir stellen die *Zeiten grafisch* dar. In der Herstellung eines großformatigen Zeitstrahls auf einer Papierrolle in einer ganzen Wandlänge gliedert Ayla die Zeiten. Sie *visualisiert* die Gegenwart mit oranger Farbe, kreist gegenwärtige Prozesse ein und notiert dort beispielhafte Sätze: Im Moment/ Jetzt fühle ich mich gut. Vorhin habe ich mich beim Rechnen nicht gut gefühlt. Von dieser Stelle aus bewegt sich Ayla nach links, in die Vergangenheit. Sie zeichnet diesen Abschnitt blau und ordnet dort Geschichten der Vergangenheit und Vorvergangenheit in quadratische Formen. Sie fügt der Vergangenheit beispielhafte Sätze hinzu: Im letzten Jahr fuhren wir nicht in den Urlaub, davor hatten wir dreimal Urlaub in der Türkei gemacht. Sie *bewegt* sich anschließend auf ihrem Zeitstrahl nach rechts, über die Gegenwart in die Zukunft, zeichnet diesen Abschnitt grün und setzt Symbole für die Zukunft in Dreiecksformen. Auch hier schreibt sie Signalsätze: Heute Abend werde ich *baklava* backen. Morgen Abend werden wir ihn zum iftar gegessen haben. In dieser Phase der Tätigkeiten lese ich auch kurze Geschichten vor und lasse Ayla *auditiv* die Zeiten wahrnehmen. Signalworte wie „früher, vorher", „jetzt, gerade" und „danach, später" betone ich. Ich führe mit Ayla Bewegungen und Gangarten durch und begleite diese Tätigkeiten sprechend, sodass Ayla die Zeiten *kinästhetisch* verknüpft: Als ich klein war, krabbelte ich auf allen Vieren. Heute laufe ich so. Wenn ich alt bin, werde ich am Stock gehen. Ayla soll ferner die Zeitenbildung mit *olfaktorischen* Erfahrungen verbinden: Wenn ich früher von der Schule nach Hause kam, roch es in der Küche nach frischem Brot. Wenn ich heute *helva* zubereite, riecht es sehr gut! Auch *gustatorische* Wahrnehmungen nutzen wir für die Zeitenbildung: Baklava wird uns gut schmecken, baklava schmeckt sehr gut, baklava hat gut geschmeckt, baklava schmeckte gut. Ayla zeichnet in ihren Zeitstrahl Erlebnisse ein, markiert mit Symbolen Hoch- und Tiefpunkte, angenehme und unangenehme Gefühle, Konflikte ebenso wie Vorstellungen und Wünsche für die Zukunft. Sie bezieht wichtige Personen ein und lässt sie in Sprechblasen sprechen.

- 3. Übertragung der Handlungen in gesprochene Sprache: Denken ist hier *lautes Sprechen*. In der Phase der Versprachlichung verwendet Ayla in ihren Geschichten Sätze mit der entsprechenden Zeitenbildung. Ich schaffe zahlreiche Kommunikationsanlässe und ermutige sie, weiter zu erzählen. Bei fehlerhafter Zeitenbildung gebe ich ihr korrektive Feedbacks, d. h., Ayla hört ihren Satz noch einmal mit korrekter Zeitenbildung und wiederholt ihn selbst. Hier stehen das Erzählen, die Sprachproduktion, der Dialog mit mir sowie die Erzeugung der Sprechfreude im Mittelpunkt. Ich arbeite mit verschiedenen Verstärkern und schaffe eine entspannte Atmosphäre. Als Sprachvorbild unterstreiche ich meine Sprachproduktion mit Gestik, Mimik und Tonregulation. Bei Bedarf kann ich mit Ayla wieder zurückschreiten auf die Stufe der Tätigkeiten.

- 4. Umfassendes lautes Sprechen diente der Verinnerlichung: Es kommt jetzt zu einem inneren Sprechen. Ayla vollzieht beim Erzählen ihrer Geschichten die Zeitenbildung *für sich selbst,* benötigt dazu kein Schaubild mehr und muss auch nicht mehr gleichzeitig eine entsprechende äußere Handlung vollziehen.

- 5. Verselbstständigung: Ayla *überträgt ihre Fähigkeit* der Zeitenbildung auf ganz andere Themen und Aufgabenstellungen und setzt automatisch die richtige Zeit ein.

In meiner biografischen Arbeit stelle ich offene Fragen: Wer möchte ich einmal sein? Was möchte ich gerne können? Womit beschäftige ich mich am liebsten? Welches war mein schönstes Kindheitserlebnis? Ich überlasse es Ayla, ob und wie sie eine Frage bearbeiten möchte. Sie wählt selbst zwischen Text, Zeichnungen, Fotos oder Collage mit Untertiteln/Sprechblasen. Wichtige Regeln für mich sind, einen intensiven Dialog mit Ayla herzustellen, ihr keine Worte in den Mund zu legen und ihr aktiv zuzuhören, also ihre emotionalen Erlebnisinhalte widerzuspiegeln, ohne ihre Äußerungen und Ausdrucksweisen zu werten. Sprachlich wähle ich einfache und grammatikalisch korrekte Sätze. Ich setze meine Stimme lautmalerisch ein und begleite mein Tun mit Worten. Somit bin ich ein gutes Sprachvorbild und wecke Sprechfreude.

In mein Handlungskonzept baue ich auch die Arbeit mit Regeln und Konsequenzen ein. Nach Ahmet Toprak ist die konsequente Durchsetzung von Regeln neben einer hohen Wertschätzung beim migrantischen Kind von sehr großer Bedeutung.

Regeln bieten dem Kind Schutz, Sicherheit, Geborgenheit, Verlässlichkeit, Halt und Struktur. Erfahren Kinder keine Regeln und Konsequenzen, entstehen bei ihnen unrealistische Erwartungen und Phantasien. Da diese nicht erfüllt werden können, erfahren die Kinder Misserfolge, Rückschläge, Selbstabwertung und Enttäuschung. Eine liebevolle Bezugsperson, die das Kind als stark, kompetent und zugewandt erlebt, steht für die Internalisierung von Werten zur Verfügung. Die Folge muss vorher schon bei der Regeleinführung besprochen und bekannt sein und für alle gelten. Die Folge drückt dann die gesellschaftliche Ordnung aus und ist dem Fehlverhalten innerlich zugeordnet. Sie enthält kein moralisches Urteil. Ich setze die Folge konsequent, aber freundlich durch. Gemeinsam stelle ich mit den Kindern Regeln und Konsequenzen auf, um die Teilnahme am Unterricht zu sichern und ein Fernbleiben mit Ausreden zu verhindern. Die Regeln weisen sogleich auf die Konsequenz hin und könnten wie folgt lauten:

- Regel 1: „Ich nehme am Unterricht regelmäßig teil. Sobald ich fehle, nimmt der Lehrer telefonisch Kontakt mit den Eltern auf. Wiederholt sich mein Fehlen, lädt er die Eltern zu einem Gespräch in die Schule ein."
- Regel 2: „Versäumte Unterrichtsstunden arbeite ich selbstständig nach und lege sie dem Lehrer umgehend vor. Sobald ich in einen Rückstand gerate, arbeite ich diesen Rückstand nachmittags in der OGS nach."

Regeln halte ich für eine wichtige Erziehungsmaßnahme, sie geben Ayla psychische und körperliche Sicherheit und bieten einen Erfahrungs- und Bildungsraum. Ayla gewinnt durch den geübten Umgang mit Regeln soziale Kompetenz und erlangt dadurch einen besseren sozialen Status. Sie kann ihre Ziele auf der sozial nützlichen Seite anstreben. Daher übertrage ich Ayla für den Nachmittag in der OGS wichtige Gruppenaufgaben, die ihre Verantwortung für die Gemeinschaft fördern und ihr Anerkennung in der Gruppe bringen.

Von den Kindern

„Und eine Frau, die einen Säugling an ihre Brust drückte, sagte:
Sprich zu uns von den Kindern.

Und er sagte:

Eure Kinder sind nicht eure Kinder.
Sie sind die Söhne und Töchter der Sehnsucht des Lebens nach sich selbst.
Sie kommen durch euch, doch nicht aus euch,
Und sind sie auch bei euch, gehören sie euch doch nicht.

Ihr dürft ihnen eure Liebe geben, doch nicht eure Gedanken,
Denn sie haben ihre eigenen Gedanken,
Ihren Körpern dürft ihr eine Wohnstatt bereiten, doch nicht ihren Seelen,
Denn ihre Seelen wohnen im Haus der Zukunft, und das bleibt euch verschlossen,
selbst in euren Träumen.

Ihr dürft danach streben, ihnen ähnlich zu werden, doch versucht nicht,
sie euch ähnlich zu machen.
Denn das Leben schreitet nicht zurück, noch verweilt es beim Gestern.
Ihr seid die Bogen, von denen eure Kinder als lebendige Pfeile abgeschnellt werden.
Der Schütze sieht die Zielscheibe auf dem Pfad des Unendlichen, und Er beugt euch mit Macht, damit Seine Pfeile umso geschwinder und weiter fliegen.
Freut euch der Beugung, die euch die Hand des Bogenschützen aufzwingt;
Denn so wie Er den flüchtigen Pfeil liebt, liebt Er auch den verharrenden Bogen."
(Khalil Gibran, Der Prophet, 2003, S. 19 f.)

Wendlandts Sprachbaum

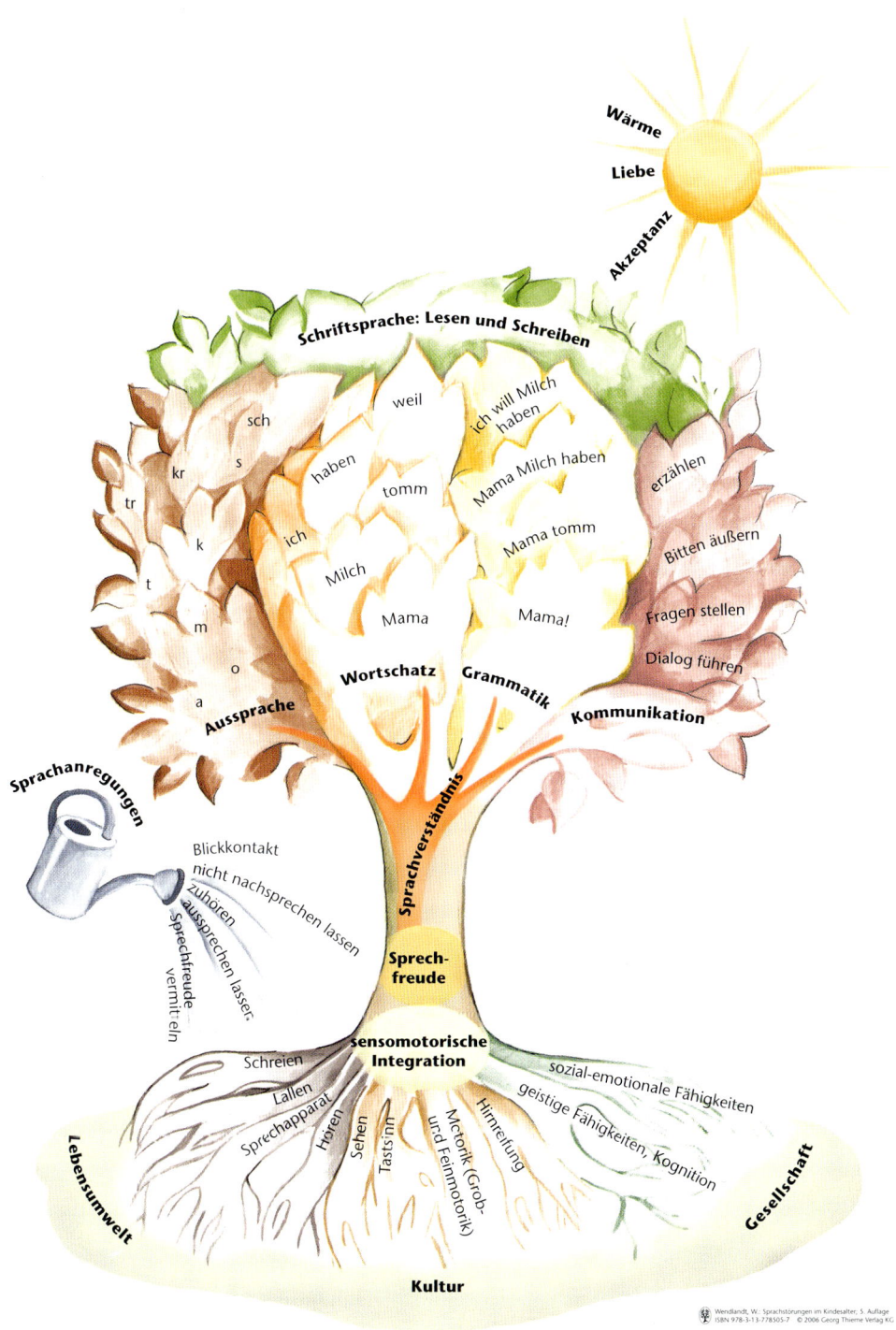

Literaturverzeichnis

Akbaş, Melda: So wie ich will. Mein Leben zwischen Moschee und Minirock, 4. Auflage, München: Carl Bertelsmann, 2010.

Allgemeines Gleichbehandlungsgesetz (AGG), 2006, zuletzt geändert 2009, Bundesministerium der Justiz, abgerufen unter: www.gesetze-im-internet.de/agg/BJNR189710006.html [24.06.2010].

Ansbacher, Heinz L./Ansbacher, Rowena R. (Hrsg.): Alfred Adlers Individualpsychologie, 5. Auflage, übers. v. Gerd Janßen, München/Basel: Ernst Reinhardt, 2004.

Apeltauer, Ernst: Förderprogramme, Modellvorstellungen und empirische Befunde. Zur Wortschatz- und Bedeutungsentwicklung bei türkischen Vorschulkindern, in: Kinder mit Migrationshintergrund. Spracherwerb und Fördermöglichkeiten, hrsg. v. Bernt Ahrenholz, Freiburg: Fillibach, 2006, S. 11–33.

Apeltauer, Ernst: Bedeutungsentwicklung bei zweisprachig aufwachsenden türkischen Vorschulkindern, in: Zweitspracherwerb und curriculare Dimension. Empirische Untersuchungen zum Deutschlernen in Kindergarten und Grundschule, hrsg. v. Ahrenholz, Bernt/Apeltauer, Ernst, Tübingen: Stauffenberg, 2006, S. 31–54.

Bensel, Joachim: Erziehungspsychologische Grundlagen, in: Psychologie für Erzieherinnen und Erzieher, hrsg. v. Armin Krenz, Berlin/Düsseldorf/Mannheim: Cornelsen, 2007, S. 165–208.

Berghoff, Wilfried/Mayer-König, Birgit: Ludmilla, Paul, Hassan, Lisa und Ayşe lernen Deutsch, Baltmannsweiler: Schneider, 2003.

Berlin-Institut für Bevölkerung und Entwicklung. Woellert, Franziska/Kröhnert, Steffen/Sippel, Lilli/ Klingholz, Reiner: Ungenutzte Potenziale. Zur Lage der Integration in Deutschland, Berlin, 2009, abgerufen unter: www.berlin-institut.org/fi leadmin/user_upload/Zuwanderung/Integration_RZ_online.pdf [27.05.2011].

BMFSFJ. Bundesministerium für Familie, Senioren, Frauen und Jugend: 13. Kinder- und Jugendbericht. Bericht über die Lebenssituation junger Menschen und die Leistungen der Kinder- und Jugendhilfe in Deutschland, hrsg. v. Deutscher Bundestag – 16. Wahlperiode, Drucksache 16/12860, Berlin, 2009, abgerufen unter: www.bmfsfj.de/BMFSFJ/Service/Publikationen/publikationsliste,did=128950.html [27.05.2011].

Boos-Nünning, Ursula/Karakaşoğlu, Yasemin: Viele Welten leben. Zur Lebenssituation von Mädchen und Frauen mit Migrationshintergrund. 2. Auflage, Münster: Waxmann, 2006.

Bundesamt für Migration und Flüchtlinge (BAMF), Das Integrationsportal, 2010, abgerufen unter: www.bamf.de [27.05.2011].

Bundesregierung, Presse- und Informationsamt (Hrsg.): Nationaler Integrationsplan. Neue Wege – Neue Chancen, Berlin 2007, abgerufen unter: www.bundesregierung.de/Webs/Breg/DE/Bundesregierung/BeauftragtefuerIntegration/ThemenNeu/NationalerIntegrationsplan/nationaler-integrationsplan.html [24.6.2010].

Bundesregierung, Presse- und Informationsamt: „Raus mit der Sprache. Rein ins Leben," Pressemitteilung Nr.: 390, 20.10.2010, abgerufen unter: www.bundesregierung.de/Webs/Breg/DE/Homepage/home.html [20.10.2010].

Cierpka, Manfred (Hrsg.): FAUSTLOS – Ein Curriculum zur Prävention von aggressivem und gewaltbereitem Verhalten bei Kindern der Klassen 1 bis 3, Göttingen: Hogrefe, 2001.

Chilla, Solveig/Rothweiler, Monika/Babur, Ezel: Kindliche Mehrsprachigkeit. Grundlagen – Störungen – Diagnostik, München/Basel: Ernst Reinhardt, 2010.

Cummins, Jim: Linguistic Interdependence and the Educational Development of Bilingual Children, in: Review of Educational Research 49 (1979), hrsg. v. Baker, Colin/Hornberger, Nancy H., 2001, S. 222–251.

Demirkan, Renan: Septembertee oder das geliehene Leben, Berlin: Kiepenheuer, 2008.

Diekmann, Andreas: Empirische Sozialforschung, 7. Auflage, Reinbek bei Hamburg: Rowohlt, 2001.

Dreikurs, Rudolf: Grundbegriffe der Individualpsychologie. Mit einem Vorwort von Alfred Adler. 8. Auflage, Stuttgart: Klett-Cotta, 1997.

Dreikurs, Rudolf/Blumenthal, Erik: Wie Eltern besser werden. Die häufigsten Erziehungsfehler und ihre Lösungen, Stuttgart: Klett-Cotta 2010.

Fthenakis, Wassilios E./Daut, Marike/Eitel, Andreas/Schmitt, Annette/Wendell, Astrid: Natur-Wissen schaffen. Band 6: Portfolios im Elementarbereich, Troisdorf: Bildungsverlag Eins, 2009.

Gensicke, Thomas: Wertorientierungen, Befinden und Problembewältigung, in: Jugend 2010. 16. Shell Jugendstudie, hrsg. v. Shell Deutschland Holding, Frankfurt am Main: Fischer Taschenbuch, 2010, S. 187–242.

Grundsätze zur Bildungsförderung für Kinder von 0 bis 10 Jahren in Kindertageseinrichtungen und Schulen im Primarbereich in Nordrhein-Westfalen. Mehr Chancen durch Bildung von Anfang an – Entwurf, Ministerium für Schule und Weiterbildung des Landes NRW und Ministerium für Generationen, Familie, Frauen und Integration des Landes NRW (Hrsg.), Düsseldorf, 2010, abgerufen unter: www.schulministerium.nrw.de/BP/Schulsystem/Bildungsgrundsaetze_fuer_den_Elementar-_und_Primarbereich/index.html [27.05.2011].

Fröhlich-Gildhoff, Klaus/Kraus, Gabriele/Rönnau, Maike: Gemeinsam auf dem Weg. Eltern und ErzieherInnen gestalten Erziehungspartnerschaft, in: kindergarten heute 10/ 2006, S. 6–15.

Gibran, Khalil: Der Prophet, München, übers. aus dem Englischen von Giovanni und Ditte Bandini, München: dtv, 2003.

Gündoğdu, Hatice/Zenk, Ulrike: Kampf der Kulturen? Zwei Frauen gestalten Integration, Norderstedt: BoD, 2008.

Gündoğdu, Hatice/Zenk, Ulrike (Hrsg.): Biographische Geschichten über türkeistämmige Jugendliche, Plettenberg: Stadt Plettenberg, 2009.

Hall, Edward T.: The Dance of Life – The other dimension of time, New York: Doubleday, 1983.

Handschuck, Sabine/Klawe, Willy: Interkulturelle Verständigung in der Sozialen Arbeit. Ein Erfahrungs-, Lern- und Übungsprogramm zum Erwerb interkultureller Kompetenz, Weinheim/München: Juventa, 2004.

Haug-Schnabel, Gabriele/Krenz, Armin: Entwicklungspsychologische Grundlagen, in: Psychologie für Erzieherinnen und Erzieher, hrsg. v. Armin Krenz, Berlin/Düsseldorf/Mannheim: Cornelsen, 2007, S. 79–164.

Hoffmann-Biencourt, Anja: Resilienz, in: Praxisbuch Sozialpädagogik. Arbeitsmaterialien und Methoden, Band 8, hrsg. v. Norbert Kühne, Troisdorf: Bildungsverlag EINS, 2010, S. 42–67.

Hofstede, Geert: Lokales Denken, globales Handeln. Interkulturelle Zusammenarbeit und globales Management, München: dtv, 2006.

Hoppenstedt, Gila (Hrsg.): Meine Sprache als Chance. Handbuch zur Förderung von Mehrsprachigkeit, Troisdorf: Bildungsverlag EINS, 2010.

Iven, Claudia: Sprache in der Sozialpädagogik, 2. Auflage, Troisdorf: Bildungsverlag EINS, 2009.

Iven, Claudia: Aktivitäten zur Sprachförderung. Sprachliche Bildung, 3-6 Jahre, Troisdorf: Bildungsverlag EINS, 2010.

Iven, Claudia: Basiswissen Sprachförderung für die sozialpädagogische Erstausbildung, Köln: Bildungsverlag EINS, 2011.

Kempf, Wilhelm: Forschungsmethoden – ein Überblick, in: Psychologie. Ein Grundkurs, hrsg. v. Keupp, Heiner/Weber, Klaus, Reinbek bei Hamburg: Rowohlt, 2001, S. 222–239.

Keupp, Heiner u. a.: Identitätskonstruktionen. Das Patchwork der Identitäten in der Spätmoderne. 2. Auflage, Reinbek bei Hamburg: Rowohlt, 2002.

KiBiz, Gesetz zur frühen Bildung und Förderung von Kindern (Kinderbildungsgesetz – KiBiz) – Viertes Gesetz zur Ausführung des Kinder- und Jugendhilfegesetzes – SGB VIII – Vom 30.10.2007, in: Gesetz und Verordnungsblatt für das Land Nordrhein-Westfalen – Nr. 25 vom 16. November 2007.

Kiwit, Ralf/Schlösser, Elke: Sprechen, singen, spielen mit den Kleinsten (Mediabook): Sprachliche Entwicklung spielerisch und musikalisch fördern, Farbbroschüre und CD mit Liedern, Reimen und Spielanleitungen zur Sprachförderung von 0 bis 3 Jahren, illustriert von Kasia Sander, Münster: Ökotopia, 2010.

Kızılhan, Jan İ.: Biographiearbeit für Kinder und Jugendliche mit Migrationshintergrund, in: Forum Erziehungshilfen, Heft 2, 11. Jahrgang, 2005, S. 140–143.

Kızılhan, Jan İ.: Spezifisches Behandlungskonzept in der Psychosomatik für Migranten, in: Gesundheit und Integration – Ein Handbuch für Modelle guter Praxis, hrsg. v. Beauftragte der Bundesregierung für Migration, Flüchtlinge und Integration, Berlin, 2006, S. 200–206.

Kızılhan, Jan İ.: Migrationserfahrung als Ausgangspunkt von Biographiearbeit. Ein Ansatz zum besseren Verständnis und zur Integration, 2007, abgerufen unter: www.soziales.ktn.gv.at/35139p_DE.doc [25.7.2010].

Kızılhan, Jan İ.: Islam, Migration und Integration. Konflikte jugendlicher Migranten mit islamischem Hintergrund, in: conflict and communication online, No. 1, Vol. 7, 2008, abgerufen unter: www.cco.regener-online.de/2008_1/pdf/kizilhan_2008.pdf [15.05.2010].

Kızılhan, Jan İ.: Subjektive Krankheitswahrnehmung bei Migranten aus familienorientierten Gesellschaften. Internetportal für Migration. Heinrich-Böll-Stiftung, Berlin, 2009, abgerufen unter: www.migration-boell.de/web/integration/47_2112.asp [01.08.2010].

Kızılhan, Jan İ.: Migration, Identität und Gesundheit, in: Familiendynamik, Heft 1, 35. Jahrgang, 2010, S. 50–59.

Kon-Lab. Das Sprachförderprogramm, entwickelt von Zvi Penner, Gesamtpaket Kindergarten, Troisdorf: Bildungsverlag EINS, 2009.

Küls, Holger: Gehirnforschung, Lernen und Spracherwerb, in: Kindergartenpädagogik – Online-Handbuch – , hrsg. v. Martin R. Textor, 2003, abgerufen unter: www.kindergartenpaedagogik.de/1024.html [17.10.2010].

Küls, Holger/Moh, Petra/Pohl-Menninga, Margreth: Lernfelder Sozialpädagogik, Troisdorf: Bildungsverlag EINS, 2004.

Laschet, Armin: Aufsteigerrepublik: Zuwanderung als Chance, Köln: Kiepenheuer & Witsch, 2009.

Leontjew, Alexej N.: Tätigkeit, Bewusstsein, Persönlichkeit, Stuttgart: Klett, 1977.

Leontjew, Alexej N.: Probleme der Entwicklung des Psychischen, Königstein/Ts.: Athenäum, 1980.

Lerner, Richard M./Alberts, Amy E./Bobek, Deborah L.: Engagierte Jugend – Lebendige Gesellschaft. Möglichkeiten der Stärkung von Demokratie und sozialer Gerechtigkeit durch positive Jugendentwicklung. Expertise zum Carl Bertelsmann-Preis 2007. Vorbilder bilden. Übers. aus dem Amerikanischen von Janina Gatzky, Bertelsmann-Stiftung, abgerufen unter: www.bertelsmann-stiftung.de/bst/de/media/xcms_bst_dms_20816_20817_2.pdf [19.09.2010].

Maletzke, Gerhard: Interkulturelle Kommunikation, Opladen: Westdeutscher Verlag, 1996.

Merkel, Johannes: Weißt du was, sprechen macht Spaß. Sprachliche Bildung anregen und unterstützen. Sprachliche Bildung, 3-6 Jahre, Troisdorf: Bildungsverlag EINS, 2010.

Metzger, Wolfgang (Hrsg.): Adler, Alfred. Praxis und Theorie der Individualpsychologie, 5. Auflage, Frankfurt am Main: Fischer Taschenbuch, 1989.

Meulemann, Heiner: Identität, Werte und Kollektivorientierung, in: Deutschland-Trendbuch – Fakten und Orientierungen, hrsg. v. Korte, Karl-Rudolf/ Weidenfeld, Werner, Bonn: Leske und Budrich, 2001, S. 184–211.

Meyer-Timpe, Ulrike: Alles Glückssache, in: Die Zeit, Nr. 27, 25.06.2009, S. 22.

Piaget, Jean: Psychologie der Intelligenz, Stuttgart: Klett-Cotta, 2000.

OECD: Definition und Auswahl von Schlüsselkompetenzen – Zusammenfassung, 2005, abgerufen unter: www.deseco.admin.ch/bfs/deseco/en/index/03/04.parsys.97111. downloadList.89603.DownloadFile.tmp/2005.dskcexecutivesummary.ge.pdf [01.09.2010].

OECD, Berlin, 2006, PISA 2006 – Ergebnisse Deutschland, abgerufen unter: www.oecd.org/document/21/0,3343,de_34968570_39907066_43316757_1_1_1_1,00.html [25.07.2010].

Przybilla, Olaf: Das Glück ist eine Aktentasche. Sengül Obinger wurde mit 18 zwangsverheiratet, ihr Mann schoss auf sie – und doch hat sie sich hochgekämpft, in: Süddeutsche Zeitung, Nr. 210, 11./12. September 2010, S. 37.

RAA, Regionale Arbeitsstellen zur Förderung von Kindern und Jugendlichen aus Zuwandererfamilien, NRW: Griffbereit, gefördert vom Ministerium für Generationen, Familie,

Frauen und Integration des Landes NRW, Essen, 2008, abgerufen unter: www.raa.de/griffbereit.html [27.09.2010].

RAA, Regionale Arbeitsstellen zur Förderung von Kindern und Jugendlichen aus Zuwandererfamilien, NRW : Rucksack, gefördert vom Ministerium für Generationen, Familie, Frauen und Integration des Landes NRW, Essen, 2008, abgerufen unter: www.rucksack-griffbereit.raa.de [27.09.2010].

Reese, Christine: Lernchance Lebensgeschichten, in: Islam im Klassenzimmer, hrsg. v. Sanem Kleff, Hamburg: Edition Körber-Stiftung, 2005, S. 151–158.

Richtlinien und Lehrpläne zur Erprobung. Fachschulen des Sozialwesens. Fachrichtung Sozialpädagogik, Ministerium für Schule und Weiterbildung des Landes NRW (Hrsg.), Düsseldorf, 7605/ 2010, abgerufen unter: www.berufsbildung.schulministerium.nrw.de/cms/upload/_lehrplaene/e/sozialpaedagogik.pdf [20.05.2010].

Sachverständigenrat deutscher Stiftungen für Integration und Migration (SVR): Einwanderungsgesellschaft 2010. Jahresgutachten 2010 mit Integrationsbarometer, Berlin, Druckhaus Berlin-Mitte GmbH, 2010, abgerufen unter: www.svr-migration.de/wp-content/uploads/2010/05/einwanderungsgesellschaft_2010.pdf [17.06.2010].

Schlösser, Elke: Zusammenarbeit mit Eltern – interkulturell. Informationen und Methoden zur Kooperation mit deutschen und zugewanderten Eltern in Kindergarten, Grundschule und Familienbildung, Münster: Ökotopia, 2004.

Schlösser, Elke: Wir verstehen uns gut: Spielerisch Deutsch lernen. Methoden und Bausteine zur Sprachförderung für deutsche und zugewanderte Kinder als Integrationsbeitrag in Kindergarten und Grundschule, mit CD: Wir verstehen uns gut. Lieder zur Sprachförderung, Münster: Ökotopia, 2007.

Schlösser, Elke: Sprachliche Entwicklung fördern von Anfang an! Grundlagen und Praxisanregungen zur Sprachstärkung unter Dreijähriger in Familie, Tagespflege, Kindertageseinrichtung und Familienzentrum. Ordner inkl. Elternbroschüre. Zusätzliches MediaBook von Ralf Kiwit und Elke Schlösser, Münster: Ökotopia, 2010.

Shell Deutschland Holding (Hrsg.): Jugend 2010. 16. Shell Jugendstudie, Frankfurt am Main: Fischer Taschenbuch, 2010.

SGB, Sozialgesetzbuch, Achtes Buch (VIII) – Kinder- und Jugendhilfe – Artikel 1 des Gesetzes vom 26.06.1990, zuletzt geändert am 06.07.2009, (BGBl. I S. 1696), Bundesministerium der Justiz, Berlin, 2009.

Spitzer, Manfred: Lernen. Gehirnforschung und die Schule des Lebens, Heidelberg/Berlin: Spektrum Akademischer Verlag, 2002.

Stein, Margit: Wie können wir Kindern Werte vermitteln? Werteerziehung in Familie und Schule, München: Ernst Reinhardt, 2008.

Textor, Martin R.: Elternarbeit mit Migrant/innen, in: Kindergartenpädagogik – Online Handbuch, hrsg. v. Martin R. Textor, 2006, abgerufen unter: www.kindergartenpaedagogik.de/1438.html [10.08.2010].

Toprak, Ahmet: „Ich bin eigentlich nicht aggressiv". Theorie und Praxis eines Anti-Aggressions-Kurses mit türkischstämmigen Jugendlichen, Freiburg: Lambertus, 2001.

Toprak, Ahmet: „Wer sein Kind nicht schlägt, hat später das Nachsehen". Elterliche Gewaltanwendung in türkischen Migrantenfamilien und Konsequenzen für die Elternarbeit, Herbolzheim: Centaurus 2004.

Toprak, Ahmet: Jungen und Gewalt. Die Anwendung der Konfrontativen Pädagogik in der Beratungssituation mit türkischen Jugendlichen, Herbolzheim: Centaurus, 2006.

Toprak, Ahmet: Das schwache Geschlecht – die türkischen Männer. Zwangsheirat, häusliche Gewalt, Doppelmoral der Ehre, 2. Auflage, Freiburg: Lambertus, 2007.

Toprak, Ahmet: Integrationsunwillige Muslime? Ein Milieubericht, Freiburg: Lambertus, 2010.

Toprak, Ahmet.: „Kleine Prinzen oder das schwache Geschlecht – Männlichkeitsbilder bei muslimisch-türkischen Jungen und Männern". Vortrag bei der Fachtagung, Männlichkeitsbilder. Männliche Identität. Geschlechterrollen', Iserlohn 23.4.2010.

Ulich, Michaela/Mayr, Toni: Sismik. Sprachverhalten und Interesse an Sprache bei Migrantenkindern in Kindertageseinrichtungen (Beobachtungsbogen und Begleitheft), Freiburg: Herder, 2003.

Uslucan, Hacı-Halil: „Man muss zu Gewalt greifen, weil man nur so beachtet wird." Antidemokratische Einstellungen deutscher und türkischer Jugendlicher: Gewaltakzeptanz und autoritäre Haltungen, in: Zeitschrift für Sozialpädagogik, H. 1, 6. Jahrgang, 2008, S. 74–99.

Viernickel, Susanne/Völkel, Petra/Focali, Ergin (Hrsg.): Sprachen und Kulturen sichtbar machen. Interkulturelle Bildungsarbeit mit Kleinstkindern. Bildung von Anfang an, Troisdorf: Bildungsverlag EINS, 2009.

Wendtland, Wolfgang: Sprachstörungen im Kindesalter, 4. Auflage, Stuttgart: Thieme Verlag, 2000.

Wilkinson, Richard G.: Kranke Gesellschaften: Soziales Gleichgewicht und Gesundheit, übers. v. Pitner, Marie-Therese/Grabmayr, Susanna, Wien: Springer, 2001.

Zenk, Hannah: Seismo-Toolbox. A qualitative, audio-visual demand analysis in form of workshops, Masterthesis ZHdK 2010, abgerufen unter: http://seismo-toolbox.com [06.06.2010].

Zimmermann-Kogel, Katrin/Kühne, Norbert (Hrsg.): Praxisbuch Sozialpädagogik, Arbeitsmaterialien und Methoden, Band 1, Troisdorf: Bildungsverlag EINS, 2005.

Filme und Unterrichtsmaterialien

Almanya – Willkommen in Deutschland, Film von Yasemin Samdereli, Deutschland, 2010.

Die Fremde, Film von Feo Aladağ, Deutschland, 2010.

Ehre. Eine interkulturelle Filmreihe, Wuppertal, Medienprojekt, 2009.

Ein Wiegenlied für Hamza. Kindertagesstätten als Orte der Begegnung, Film von Mark Gielen, DECET, 2003.

Farzanefar, Amin: Filmheft – Die Fremde, Deutschland, 2010, abgerufen unter: www.bpb.de/publikationen/W4QLS0,0,0,Die_Fremde.html [27.05.2011].

Fightgirl Ayşe, Film von Natasha Arthy, Dänemark, 2007, DVR030017D, Nimbus Film, 2009.

Friedensschlag. Das Jahr der Entscheidung, Film von Gerardo Milsztein, 2010, abgerufen unter: www.friedensschlag.de [12.05.2010].

Jung und Moslem in Deutschland, Dokumentationsreihe von und über junge Moslems, ihren Glauben und ihr Leben, Teil 1–4, Medienprojekt, Wuppertal, 2005–2006.

Knallhart, Film von Detlev Buck, München, Universum Film, 2006.

La classe entre les murs, Film von Laurent Cantet, Zürich, pelicanfilms, 2009.

Rhythm is it. You can change your life in a dance class, Film von Thomas Grube und Enrique Sanchez Lansch, Berlin, Boomtownmedia International, 2005. Infos unter www.rhythmisit.de.

Twele, Holger: Filmheft – Fightgirl Ayşe. Ideen und Materialien für den Unterricht mit didaktisch-methodischen Anregungen für die Filmbesprechung, 2009, abgerufen unter: www.kino-ab-10.de/downloads/begleitmaterial/fightgirl-ayse/fightgirl_ayse.pdf [05.09.2010].

Wut, Film von Züli Aladağ, Hamburg, Mondo entertainment, 2007.

Zeit der Wünsche, Dilekler Zamanı, Film von Tevfik Başer (Buch) und Rolf Schübel (Regie), Hamburg, Filmfabrik Köln und Universal Pictures Germany, 2005.

Bilderbücher deutsch-türkisch

Aktal, Akal/Gholizadeh, Fariba: Das gefräßige Buchmonster. Aç Gözlü Kitap Canavarı, übers. ins Deutsche von Reinhard Fischer, Berlin: Edition Orient, 2008.

Cengiz, Gülsüm: Kırmızı Mantarlar. Fliegenpilze, übers. ins Deutsche von Sabine Adatepe, Hückelhoven: Anadolu, 2004.

Heine, Helme: Freunde. Weinheim/Basel: Beltz und Gelberg, 2004.

Heine, Helme: Üç Arkadaş, übers. ins Türkische von Aras Ören, Weinheim/Basel: Beltz und Gelberg, 2007.

Hoppenstedt, Gila (Hrsg.): Freundschaft – Arkadaşlık, Bilderbuch zur Förderung der Mehrsprachigkeit, Troisdorf: Bildungsverlag EINS, 2010.

Pfister, Marcus: Gökkuşağı Balığı, Bana Yardım Et! Regenbogenfisch, komm hilf mir, türkischer Text von Kemal Kurt, 2. Auflage, Tunhout, Belgien: NordSüd, 2008.

Bildquellenverzeichnis

- Claus Mikosch/fotolia.com: Umschlagfoto
- picture-alliance/ZB: S. 7
- purestock/getty images: S. 13
- Fotos von Projekten der Schüler des Gertrud Bäumer Berufskollegs Duisburg, zur Verfügung gestellt von den Autorinnen: S. 15 (2x), 16 (5x)
- Bildungsverlag Eins, Köln/Christian Schlüter, Essen: S. 27
- picture-alliance/dpa: S. 65, 119
- picture-alliance/dpa: S.79
- Biografische Geschichten über türkeistämmige Jugendliche, herausgegeben von Hatice Gündoğdu und Ulrike Zenk, 2009, Coverbild: S. 89
- Fightgirl Ayşe (Dänemark 2007), Dt. Kinostart 2009, Filmplakat: S. 97
- Mit freundlicher Genehmigung des Thieme Verlags, aus: Sprachstörungen im Kindesalter, von Wolfgang Wendlandt, 6. Auflage, Stuttgart, 2010, © Thieme Verlag: S. 141

Sachwortverzeichnis

Symbols

(Bi-)Literalität 82 f.

A

Ambiguitätstoleranz 21 f.
Assimilation 10
Ausbildungsziel 22

B

berufliche Handlungskompetenz 22
Bildung 94
bildungsbenachteiligte Milieus 10, 28, 38, 49
Bildungsbereich 25, 113, 130, 135
Bildungsförderung 8, 23, 69, 76
Bildungsprozess 74, 103
Bildungs- und Entwicklungsprozess 69
Bildungs- und Erziehungsarbeit 78
Bildungs- und Erziehungsauftrag 69
Bildungs- und Erziehungsprozess 70
Bindungen 103
Biografie 50, 136
Biografiearbeit 87 f., 136 f.,
biografischer Ansatz 50 ff.
biografische Geschichten 89
biografisch Arbeit 84, 135, 138
biographisches Erzählen 88

C

Code-Mixing 48, 79

D

Diaspora-Konservatismus 50, 52

Diskriminierung 20, 31, 48, 51

E

Ehre 21, 49, 97, 102
Ehrenhaftigkeit 44, 45
Ehr- und Moralvorstellungen 51
Elternkooperation 21 f., 70, 74
Empathie 20, 22, 87, 103
entmutigende Faktoren 32
Entmutigung 36, 85
Entwicklungspotenzial 8
Entwicklungs- und Bildungsprozess 76
Ermutigung 84 f., 110
Erstsprache 78, 80 ff.
erzieherisches Handlungskonzept 131, 135
Erzieherkompetenz 82 f.
Erziehungskonzept 40, 134
Erziehungspartnerschaft 71 ff.
Erziehungsstil 42, 95, 100
Erziehungsziele 43, 72, 74, 80, 134

F

Fachkompetenz 22
Familie 55
Film 96 f.
finale Persönlichkeitstheorie 133
Freizeit 58, 60
Freundschaften 58, 60

G

Gemeinschaftsgefühl 28, 35, 38, 85, 112
Grenzen 94, 100 f., 107, 109, 112
Grenzziehung 106 f.

Grundsätze zur Bildungsförderung 25, 70, 74, 131, 135

H

Halbsprachigkeit 77
Handlungskompetenz 19
Handlungskonzept 132, 139
Human- und Sozialkompetenz 22

I

Identität 21, 50, 76, 78, 88, 94, 135
Identitätsbildung 77, 135, 136
Identitätsdiffusion 52
Identitätsentwicklung 46, 87
Individualpsychologie 28, 29
Inklusion 9
Integration 8, 10, 22, 28, 39, 50, 66, 74, 77, 89, 91, 95, 126, 128
Interdependenz 78
Interferenzfehler 79
interkulturelle Kompetenz 17 f., 22 ff., 66, 74, 87
interkulturelle Pädagogik 75
interkulturelle Projektarbeit 22

J

Jugendliche mit Migrationshintergrund 49, 53, 87 ff., 92

K

Kinderbildungsgesetz (KiBiz) 23
kognitive Kompetenz 18
kommunikative Kompetenz 21 f., 74

konfrontatives Gespräch 104 ff.
konfrontative Methode 22, 110 ff.
Konsequenz 101 ff., 106 ff.
Konservatismus 49
Körperbewusstsein 61
Kultur 17, 21, 50 f.
Kulturdimensionen 18
Kulturpyramide 17

L

lebensweltlicher Ansatz 53
Leitfadeninterview 89
lenkende Handlungskompetenz 84, 98
Lernkompetenz 22
Lernsituationen 23

M

Männlichkeit 48, 97
Männlichkeitskonzept 46, 49
Mehrsprachigkeit 20, 66, 77, 83
Migranten 8 ff., 22, 49 ff., 71 ff., 87, 96, 127 ff.
Migranteneltern 70
Migrantenkinder 80, 102, 139
migrantische Jugendliche 40, 102 f., 105
Migrationshintergrund 28, 38, 53, 66 ff., 96, 103, 126, 128, 131
migrationspädagogischer Ansatz 39
migrationspädagogisches Handlungskonzept 84
Minderwertigkeitskomplex 21, 32, 29, 34 ff.
Muttersprache 77, 78

P

pädagogisches Konzept 73
Parallelgesellschaft 28, 67, 129

Parallelwelt 31
Persönlichkeitstheorie 28
Potenzial 8 ff., 83, 103, 134, 136
Projekt 20, 75, 88, 131, 135, 137
Projektarbeit 131, 135, 137
psychische Erkrankung 52

Q

qualitative Inhaltsanalyse 39
quantitativer Forschungsansatz 53

R

Reflexion der Werte 91, 97
Regeln 92, 100, 101, 107, 110 f.
Regeln und Konsequenzen 139
resilient 101
Resilienz 103
resilienzpädagogisches Handlungskonzept 103
Respekt 102, 105, 106
Ressourcen 66, 88, 93, 136
Rollendistanz 20, 22

S

Sach- und Methodenkompetenz 24, 135
seelisch Fehlentwicklung 38
Selbstbildungspotenzial 22, 101, 130
Selbstkompetenz 24, 135
Selbstwertgefühl 85 ff., 95, 110
Sicherungen 37
Sicherungstendenzen 37
Somatisierung 52
soziale Kompetenzen 94 f.
Sozialisationsfaktoren 134
Sozialkompetenz 24, 135
Sprachbaum 80, 137
Sprachentwicklung 80, 83

Spracherwerb 80, 81, 82
Sprachförderangebote 75
Sprachförderung 23, 76, 80 ff., 135 ff.
Sprachkompetenz 76 ff.
sprachliches Vorbild 81
Sprachtraining 84

T

transkulturelle Identität 87
türkeistämmige Jugendliche 30 f., 40, 88
türkeistämmige Kinder 33
türkeistämmigen Jugendlichen 40
türkeistämmigen Kindern und Jugendlichen 102
türkischer Migrationshintergrund 28, 58, 126 f.

U

Überbetonung 49
Überkompensationsstrategien 35

V

verstehensorientierte Handlungskompetenz 84
Vorbilder 96

W

Werte 21 f., 49 ff., 84, 91 ff.
Werteerziehung 94
Wertevermittlung 94, 96
Wertevorstellung 50, 87, 98
Wertorientierung 91, 93

Z

Zeitsystem 19
Zweisprachigkeit 77, 82 f.
Zweitsprache 20, 78 ff.
Zweitspracherwerb 77 ff., 82 f., 113